▶ 山东大学创新转化管理系列教材

创新转化管理概论

CHUAGNXIN ZHUANHUA GUANLI GAILUN

陈志军 等◎编著

中国财经出版传媒集团

经济科学出版社
Economic Science Press

图书在版编目（CIP）数据

创新转化管理概论/陈志军等编著．－－北京：经
济科学出版社，2023.2
山东大学创新转化管理系列教材
ISBN 978－7－5218－4555－6

Ⅰ.①创…　Ⅱ.①陈…　Ⅲ.①技术革新－转化－高等
学校－教材　Ⅳ.①F062.4

中国国家版本馆 CIP 数据核字（2023）第 033056 号

责任编辑：于　源　侯雅琦
责任校对：郑淑艳
责任印制：范　艳

创新转化管理概论

陈志军　等编著

经济科学出版社出版、发行　新华书店经销
社址：北京市海淀区阜成路甲 28 号　邮编：100142
总编部电话：010－88191217　发行部电话：010－88191522
网址：www.esp.com.cn
电子邮箱：esp@esp.com.cn
天猫网店：经济科学出版社旗舰店
网址：http：//jjkxcbs.tmall.com
北京鑫海金澳胶印有限公司印装
710×1000　16 开　15.5 印张　262000 字
2023 年 3 月第 1 版　2023 年 3 月第 1 次印刷
ISBN 978－7－5218－4555－6　定价：49.00 元
（图书出现印装问题，本社负责调换。电话：010－88191510）
（版权所有　侵权必究　打击盗版　举报热线：010－88191661
QQ：2242791300　营销中心电话：010－88191537
电子邮箱：dbts@esp.com.cn）

前　　言

　　近年来，我国科技创新取得一系列重要进展，由世界知识产权组织发布的《2021 年全球创新指数报告》显示，我国创新质量及全球创新指数排名连续 9 年位居中等收入经济体首位，位列全球第 12 位。我国在促进产学研深度合作、发展打造特色产业、做实做强做优实体经济等方面采取的诸多措施，为企业创新发展营造了良好环境和扎实基础。但是，当前我国科技创新与成果转化领域仍存在亟待解决的突出问题。例如，基础科学研究短板突出、技术研发聚焦产业发展瓶颈和需求不够、科技管理和人才发展机制尚不完善、创新文化有待形成、许多科技成果无法有效转化为现实生产力等。

　　以科技创新中心为引领，通过科技成果的高质量供给和高质量转化来构建发展新动能，已成为推动我国经济社会可持续发展的重要动力，而如何认识和管理创新转化过程，正是其中的关键环节。创新转化管理是理论与实践紧密结合的新兴学科，是社会科学、自然科学与工程技术相结合的交叉学科，旨在研究创新转化的科学规律和方法，以及转化环节引导和促进创新的管理方法，其特点是以实际问题为导向，应用社会科学的分析方法，结合自然科学的基础知识和工程技术的工具，研究创新转化管理实践。

　　近年来，山东大学积极摸索"政产学研金服用"相融合的模式，与地方政府、企业、高校开展了深度合作和共同探索。为培养创新转化专业人才，参与并助推创新转化实践，山东大学国际创新转化学院的部分教师协同编著了本教材。写作分工是：郭庆存执笔第一章，赵云执笔第二章，牛水叶执笔第三章，郗玉娟执笔第四章、第五章，刘振执笔第六章，徐英杰、陈卓执笔第七章，许可执笔第八章。主编陈志军主持了全书的编写工作，刘振协助主编做了大量统稿和校对工作，夏宇寰和王琳及刘逸初、李娜两位硕士生参与了本书的校对和格式体例调整工作。本书得以付梓，还要感谢山东大学管理学院钟耕深教授和经济科学出版社编辑老师们的大力支持。

本书可作为高等学校创新转化课程的本科生教材，也可供研究生、MBA 学员以及从事创新转化相关工作的人士学习使用，有助于使学习者了解、认识创新转化管理实践，并为更好地从事创新转化管理相关工作奠定知识基础。由于创新转化管理的理论研究、教学及人才培养等工作在我国处于起步阶段，书中难免有不尽如人意甚至是错误之处，期望得到专家与读者的宝贵建议与指导。

本书编者

2023 年春

目　　录

第一章

创新与创新转化的内涵与方式

从计划经济时代有计划有组织的科技成果推广，到改革开放以来社会主义市场经济条件下的科技成果转化，科技成果及其向现实生产力的转化，一直都是科技创新促进经济社会发展的关键环节。同时我们也应看到，随着现代信息技术与数字经济、生命科学技术与基因工程等为代表的新科技革命及其产业化发展，原有科技成果转化的概念和认知正在被打破，创新转化正在成为科技成果转化的新常态和新理念，构建创新转化生态系统也正在从理论走向实践。

第一节　核 心 概 念

创新是引领发展的第一动力，坚持创新在我国现代化建设全局中的核心地位，把科技自立自强作为国家发展的战略支撑已经成为共识。然而，关于创新、科技成果及其转化、创新转化的概念与主要形式等，学界尚存在不同观点，因此有必要先对这些概念的内涵和外延进行界定。

一、创新

按照创新的经典学说，创新是利用已存在的自然资源创造新事物的一种手段。创新理论的奠基人、著名经济学家约瑟夫·熊彼特把创新定义为建立一种新的生产函数，即企业家实行对生产要素的新组合，具体包括：①引入一种新产品；②采用一种新的生产方法；③开辟新市场；④获得原料或半成品的新供给来源；⑤建立新的企业组织形式。创新是打破旧的平衡建立新的平衡，从而促进经济增长的最主要力量。① 其中，①②是我们目前认为的技术创新（主要指企业新产品、新技术的开发、应用与产业化），③是人们通常理解的市场创新，④是供应链创新，⑤是组织与管理创新。早在1912年，约瑟夫·熊彼特教授就在其著作《经济发展理论》中创立了这一创新理论，该理论至今仍被经济学与管理界奉为经典。

然而，随着科技进步与社会发展，尤其是随着以信息技术为代表的新技术产业渗透能力的不断加强，以及其积极影响的日益凸显，我们对于创新的认识持续深入。在进入网络化、数字化知识经济时代的21世纪，人们进一步认识到创新是创新生态下技术进步与应用创新的"创新双螺旋结构"共同演进的产物。目前，国家创新驱动发展战略中强调的科技创新，一系列科技法律法规、科技政策中提及的科技创新，以及"保护知识产权就是保护创新"中的创新，远远超出了一百多年前约瑟夫·熊彼特教授提出的创新范畴，其内涵和外延都有了较大的扩展和变化。

2012年9月23日，中共中央、国务院印发的《关于深化科技体制改革加快国家创新体系建设的意见》（以下简称《意见》）进一步提升了对创新的认识。《意见》提出推动创新体系协调发展，明确应"统筹技术创新、知识创新、国防科技创新、区域创新和科技中介服务体系建设，建立基础研究、应用研究、成果转化和产业化紧密结合、协调发展机制。支持和鼓励各创新主体根据自身特色和优势，探索多种形式的协同创新模式……加强技术创新基地建设，发挥骨干企业和转制院所作用，提高产业关键技术研发攻关水平，促进技术成果工程化、产业化"。因此，对创新的概念及边界的认识，已经从微观个体层面拓展到宏观经济社会发展层面。可以将创新理解为：研究创设新理论、创造新技术与新物品、开创新产业、创设新模式（管理与商业模式）的知识发现、创造与运用的智力活动行为和实践过程。

二、科技成果及其转化

《中华人民共和国促进科技成果转化法》指出，科技成果是指通过科学研究与技术开发所产生的具有实用价值的成果。科技成果按照其研究性质，

---

① 邱新华. "熊彼特创新理论"对中国创新发展的启示 [J]. 对外经贸, 2020 (7)：106 - 108, 121.

可以分为基础研究成果、应用研究成果和发展工作成果三类。其特征表现为：新颖性与先进性；实用性与重复性；具有独立、完整的内容和存在形式；通过一定形式予以确认。不论是改革开放前有计划的技术推广活动，还是改革开放后的市场化技术转移转化活动，都是科技成果的应用过程。科技成果经应用之后，变成了有形新产品、新材料或新工艺技术系统，并且产生了新效果，促进了企业发展与市场繁荣。因此，科技成果转化成为表述这类科技与经济活动的专有名词。

《中华人民共和国促进科技成果转化法》明确提出，"本法所称科技成果转化，是指为提高生产力水平而对科技成果所进行的后续试验、开发、应用、推广直至形成新技术、新工艺、新材料、新产品，发展新产业等活动。"根据该定义，科技成果转化的内涵与外延如下：

第一，科技成果转化中的科技成果必须具有实用价值。具体表现为通过对这种科技成果进行的后续试验、开发、应用，可以促进形成新产品、新工艺、新材料或新系统。在此基础上，通过有效的市场推广能够发展成为新的产业。值得注意的是，导致科技成果转化不成功的原因很多。同一项科技成果在某个企业转化获得成功，在另外一个企业实施转化未必同样取得成功。因此，一项科技成果的实用价值不因某个具体案例未达成预期效果，如未能形成新产品、新工艺、新材料或新系统乃至新的产业等而予以否定。

第二，科技成果转化的目的是获得经济和社会效益。现实中由于某些政策不完善，确有某些企业为了满足获得享受高新技术企业税收优惠的必要条件而"制造"一些所谓的"科技成果转化项目"。为防止出现这种问题，国家在财政支持的重大科技成果转化项目的验收评估过程中，明确将科技成果转化实施后取得的实际效果（如新产品销售和盈利情况、经济效益的改善和提升等）作为重要的评价与考核指标。

第三，科技成果转化本身就是一种科技创新实践活动，包括基于现有科技成果所进行的后续试验、开发、应用和一系列技术推广活动。有些科技成果虽然在经过实验室的验证证明、申请专利的同时又在权威学术期刊发表，获得业界认可，但能否成为可工业化制造的产品还需后续试验和相关工艺技术研究开发。只有跨越所谓的"死亡之谷"（后续试验开发失败的风险），才能取得产业化应用成功。该过程包含大量的科技创新工作，既有技术与工艺创新，又有对原有初步技术解决方案的改进和优化，甚至还包括基于新产品市场化所需要的商业模式创新。

第四，实施科技成果转化所取得新的科技成果，包括新产品、新工艺、新材料或新系统，属于后续开发成果。若合同或者计划无其他约定，其知识产权归属于为后续开发成果的取得做出创造性贡献的一方。这一方既可以继续进行产业化应用，也可以转让或者许可他人进行产业化转化。

三、创新转化

在分析科技成果转化的影响因素时，大多会将科技成果的"成熟度"作为重要内容加以研究，该因素甚至一度成为科技成果转化的研究热点。近年来，在以企业为主体的技术创新体系建设和国家创新驱动战略的有效推进下，企业的创新意识、获得自主知识产权的意识和创新实力不断增强，科技成果转化已从重视"成熟"科技成果应用，转变为基于特定价值判断对某项科技成果的后续研发与产业化创新，进而实现产业化转化——创新转化的基本路径，而创新转化正在成为科技成果转化的"新常态"。

1993 年出台的《中华人民共和国科学技术进步法》将"经济建设依靠科学技术，科学技术面向经济建设"的科技工作方针上升为国家意志。2007 年修订后的《中华人民共和国科学技术进步法》进一步明确界定了国家科技工作的方针与总体目标，即"国家坚持科学发展观，实施科教兴国战略，实行自主创新、重点跨越、支撑发展、引领未来的科学技术工作指导方针，构建国家创新体系，建设创新型国家"。2021 年 12 月 24 日第十三届全国人大常委会第三十二次会议第二次修订通过的《中华人民共和国科学技术进步法》进一步明确："国家坚持新发展理念，坚持科技创新在国家现代化建设全局中的核心地位，把科技自立自强作为国家发展的战略支撑，实施科教兴国战略、人才强国战略和创新驱动发展战略，走中国特色自主创新道路，建设科技强国。"显然，无论是"依靠"和"面向"方针、实施科教兴国战略、"构建国家创新体系，建设创新型国家"，还是"坚持科技创新在国家现代化建设全局中的核心地位"，促进科技成果向现实生产力转化——创新转化，都是其中的关键环节。

在国家上述有关促进科技成果转化法规政策条件下，我国科技成果转化的具体方式也在不断演进，为从理论上探寻转化的过程与内在机制，提供了良好条件。结合科技成果转化的实践不难发现，科技成果转化本身就是一个不断创新发展的过程，"创新转化"才是"成果转化"更为本质性的表达。

因此，创新转化就是指，在科学研究和技术开发及试验发展的各个环节上，通过一系列创新活动，使创新成果转化为新的技术、产品、工艺、材料或者系统，并实际应用于生产经营活动、取得积极的经济与社会效果的过程。从科技创新的各阶段各环节及其相互关系可见，无论是从基础研究到应用研究，从应用研究到技术开发（实验发展），还是从技术开发到产业化应用推广，所有转化环节成功跨越的本质都是不断进行"从创新到转化"的过程。创新是从知识发现、创造到运用的实践过程。在这个过程中，创新转化贯穿始终，转化是每一个阶段的具体目标和追求。前一阶段的创新成果是后续创新转化的基础和条件，如此不断演进和跃迁，从而成就科技创新支撑和引领经济社会发展的大势。

四、创新转化的方式

创新转化的方式主要包括以下六种：

第一，以科技成果作价投资，折算股份或者出资比例合作、合资实施转化。这种方式既包括科技人员自主投资实施转化，也包括引入外部投资者实施转化。例如，"浙大中控""积成电子""青岛软控"等已经上市的各产业领域领军企业，就是由高校科研及科技管理人员基于其特定科技成果持续性创新所创办的科技创新企业。

第二，通过技术转让合同购买（受让）他人科技成果实施转化。

第三，通过技术许可合同获权他人使用该科技成果实施转化。

第四，通过合作开发合同、以特定科技成果作为起点和初始条件，与他人共同实施转化。

第五，通过技术咨询服务合同的方式，聘请有关科技人员指导实施某项科技成果转化或者指导其进行特定技术成果产业化开发。

第六，通过其他协商确定的具体方式实施转化。

上述第一种转化方式，又可具体分为三种：科技人员与单位签订协议，"买断"其职务科技成果权益，并以此自主创业；科技人员以其享有的职务科技成果部分经济权益（一般不低于50%）作为出资，与其他主体（企业或者其他投资人）合作合资设立转化该科技成果的企业；科技人员以其取得的非职务科技成果（如非职务发明专利等）自主创业。

上述第二至第四种方式，属于合同法和技术市场管理部门定义的"四技合同"（技术转让合同、技术许可合同、技术开发合同、技术咨询服务合同）形式实施成果转化的方式。其中第二、第三种方式，属于标准的技术转移、成果转化形式，是我国技术市场管理部门重点统计的。随着我国风险投资的兴起和科创版的推出，上述第一种方式，已经演化为科创企业创设与发展的主要形式。

随着ITC技术、现代生物技术与产业的发展，在诸多新科技产业领域，传统科技成果转化的相关概念正在发生着重大变化。以创新促成的转化，可以发生在科技创新的任何一个环节。相应地，"基础研究—应用研究—产品与工艺开发（试验发展）"，这种传统的科技创新三阶段论正在被打破。一方面，其相互间关系日渐密切；另一方面，其边界正趋于模糊，转化可以发生在科技创新链条的任何环节，并非只有成熟的可工业化应用的科技成果才是可转化的科技成果。随着企业成为技术创新的主体且转化水平不断提高，科技成果转化的方式、企业切入创新链的时机和初始条件选择也发生着重大变化。以发现和进入新技术领域、解决关键与"卡脖子"技术问题为目标的科技创新工作，不仅是大学和研究机构的努力方向，也正逐步成为众多科技创新型企业的重要工作。而科技创新与成果转化之间的关系日益密切，科技成果转化越来越强调创新成果向现实生产力的转化。因此，从助推经济社会发展角度看，创新转化已成为更高层级的科技成果转化。

第二节 基础研究与创新转化

基础科学研究旨在研究发现新的科学现象与规律、创设新理论，形成新的认知，属于知识创新范畴。现代基础科学研究依据其目的性不同，可分为面向特定应用领域乃至重大战略需求的有计划、有目的的基础科学研究和自由探索式基础科学研究。基础研究成果，既可以为应用研究提供指引，也可以为进一步的研发创新提供基础支撑。

一、基础研究是创新转化的重要环节

根据科学研究与试验发展（Research and Development, R&D）的不同阶段，人们通常将其划分为基础研究、应用研究和试验发展。基础科学研究，

其目的在于探索和认识自然界与人类自身，以揭示客观事物的本质、运动规律，获得新发现、新学说、新知识，包括对已有的规律、发现、学说和知识做系统性的补充而进行的理论研究和科学实验。基础研究成果一般以科学论文、学术著作为主要表现形式。早期的基础科学研究大多没有具体应用目标，甚至不少都是根据科学家自己的兴趣爱好而进行的所谓纯科学研究。基于其研究成果，科学家可以获得自然科学的发现权并因此而得到社会的尊重与奖励，并不在意其是否具有经济学意义上的价值。传统意义上的科技成果转化所称科技成果，也主要是指应用技术成果，而不包括基础研究成果。

《中华人民共和国促进科技成果转化法》（2015 年修正）第二条明确规定："本法所称科技成果，是指通过科学研究与技术开发所产生的具有实用价值的成果。"这种可以在技术市场上进行交易的具有实用价值的科技成果，又被称为应用技术成果。相应地，以应用技术成果为目标的研究开发活动，被称为应用研究。由此，通常人们所说的科技创新工作被分为基础科学研究与应用开发研究。然而，随着现代科学技术的发展，尤其是国家创新体系的建设与国家财政的科技投入不断增长，人们关于基础科学研究的传统认知也在发生变化。不论是面向宇宙星辰的天文学研究，还是如今的太空与深海探索计划，都表明基础科学研究已经从早期的科学家们单纯探寻未知世界的渴望与兴趣，开始更多地表现为具有现实或者潜在应用目的的科学研究。

目前，国家财政支持的基础科学研究计划更是被赋予国家使命。早在 1945 年，美国科技管理体系的奠基人、麻省理工学院前副校长、工程系主任范内瓦·布什教授在其著作《科学——没有止境的前沿》中指出，科学作为"没有止境的边疆"将取代物理上的边疆，成为推动国家经济与社会发展变化的新动力；同时，该著作提出了国家要设置科学基金以支持基础科学研究的建议。战后美国的科研资助体系是由美国各政府机构（国防部、能源部、卫生部、农业部、国家科学基金会和国家宇航局等）依照各自的计划进行资助并依法管理的体系。除了国家实验室系由政府财政科研经费支持外，政府科技经费一直是各大学所获科研经费的主要来源。依据这些计划，美国各大学的基础研究也并非都是自由探索式的，而主要是使命导向的基础研究，即各联邦政府机构按其使命支持大学的基础研究，资助的重点领域和目标都有明确的要求，比如计算机、电子、材料科学、与军事相关的应用科学和工程以及医药和生命科学领域的研究为其支持的重点。资助原则是基础研究，最终要能产生效益，具有明确的目标导向。

其实，一项有明确应用目标的重大基础科学研究的成果完成之后，基于该成果的应用研究即被提上日程，并将取得解决特定问题的应用技术成果作为目标。而这一过程本身就是一种创新转化——通过科技创新将基础科学理论成果转化成为应用技术成果，成为创新转化过程的第一个重要环节。按照国家科技创新体系的总体设计，基础科学研究计划与重大产业领域的应用研究和科技攻关计划的支撑与衔接关系，充分体现了从基础研究到应用研究的创新转化。

我国自第一个国家中长期科技发展规划①制定实施以来，国家和地方政府科技发展规划和年度计划基本上也是按照"有所为有所不为"的原则，选择事关可持续发展、具有重大战略意义和应用前景的若干领域和重点方向进行重大基础研究项目计划的部署，并且尽可能与后续应用研究与发展计划相衔接。目前，已取得了一些重要进展和成效。《中华人民共和国科学技术进步法》第二十二条明确规定："国家完善学科布局和知识体系建设，推进学科交叉融合，促进基础研究与应用研究协调发展。"

相对发达的市场经济国家也特别关注基础研究计划与应用开发计划的衔接。例如，法国国家科技计划就包括"基础研究计划""应用和目的性研究计划""研究与技术发展动员计划""技术发展计划"等。这些计划大多都有明确的优先资助领域和明确的研究目标。根据科技界公认的一般原则，基础科学研究应充分尊重科学家的自由，让其在具体研究工作中具有充分的自由发挥空间和余地。这种自由一般表现为两个方面：一是研究领域、方向与课题选择的自由，可以在给定的科研规划或者计划课题申请指南中做出自己的选择，也可以自拟题目提出申请；二是完全可以根据自己的兴趣在特定领域从事研究工作，如国家科学基金和国家实验室支持的自由探索项目。

二、基础研究成果是创新转化的重要动力

在国家创新体系中，基础科学研究体系又被称为知识创新体系，代表性创新主体是研究型大学。我国以自然科学基金或以基础科学研究计划予以支持。在当今国际科技与产业竞争中，基于基础研究的原始创新，尤其是那些对于突破产业技术发展瓶颈所依赖的重大原始创新的作用越来越重要。

---

① 即我国《一九五六——一九六七年科学技术发展远景规划纲要（修正草案）》。

由于原始创新属于从"0"到"1"的突破，远比从"1"到"N"的应用技术研发与拓展面临更大的困难和挑战。然而，一旦取得成功，特别是具有明确目标导向的基础科学研究上取得的重大原始创新成果，对于科技进步的推动作用往往是革命性的。例如，二战期间原子能的重大基础研究突破导致原子弹的成功发明和制造；青霉素的早期发现（1928 年佛莱明在其实验室获得的研究成果），加上此后众多科学家在菌种的筛选、培养、提纯与临床实验研究等方面的不懈努力，美国制药企业于 1942 年开始对青霉素进行大批量生产。

从基础科学研究的重大发现，到重大技术发明，再到产业化应用，不断向人们展示出始于基础研究的重大原始创新成果经创新转化的巨大威力；同时，这也意味着有明确目标追求的重大基础科学研究已经成为政府通过科技发展规划予以支持与主导的有组织科研活动，并由此开启了科学与国家关系的新时代。各国对于基础研究及其创新转化的重视程度达到新的高度。世界上的创新型国家主要以通过基础研究取得原始创新成果进而取得产业技术上的重大突破，乃至取得颠覆性技术创新的重大成果，从而在新的一轮产业技术竞争中取得优势地位。该过程是各创新型国家制定科技创新规划与计划的重要战略目标。

基于基础科学研究取得的原始创新成果不仅为新技术、新材料、新产品、新系统的研究开发提供了方向指引和理论基础，而且为后续应用研究取得科技成果的知识产权价值的提升创造了无可比拟的前提条件。基于原始创新成果依法取得的发明专利，容易形成对于所处技术领域乃至产品与产业领域一定期间的合法垄断，从而为企业创造强有力的竞争优势。特别是在通信与信息技术领域，这种基于原始创新成果而获得的发明专利，往往在边际成本几乎为零的情况下，取得巨大的市场利益。

三、基础研究缩短创新转化周期

长期以来，人们已习惯于将科技创新活动及其所创造的学术与科学研究事业划分为基础科学、应用基础科学与技术、应用技术研究与开发（试验发展）、产业化开发与后续创新。相应地，从事基础科学研究的科技工作者一般被称为学者或科学家，从事应用技术研发的科技工作者一般被称为工程师或技术专家，分工比较明确，各自所属科技机构的属性也比较明确，乃至大学也分为理科院校和工科院校。但目前它们之间的边界，特别是应用基础研究和应用研究的边界正趋于模糊，而且从基础科学研究到技术研发，再到产业化开发的创新转化路径和周期在缩短。这在信息科学技术和生命科学技术领域最为突出。例如，基于量子科学研究而在原子能利用技术方面取得的创新转化成功，基于基因科学研究而发明的"基因剪刀"技术，都正在推动着相关产业技术的变革与进步。此外，这种基于重大原始创新成果所进行的创新转化往往是连续且交织在一起的。信息、通信与计算机科学与技术的快速发展，特别是互联网（信息高速公路）、移动通信（5G）、人工智能与数字产业的兴起与发展，使得从基础科学研究到应用研究，再到产业化应用的周期大为缩短。在某些专业技术领域，这种区分已经变得不再有意义。例如，山东大学网络空间安全学院首任院长王小云教授从事密码学理论及相关数学问题研究多年，设计了我国哈希函数标准 SM3。该标准很快便在金融、交通、国家电网等重要经济领域广泛使用，其巨大的社会经济效益迅速得以体现。

从科学发现到技术发明，再到系列技术解决方案乃至产业技术标准的创设，构成了创新转化的最高级形态。这也为现代科技创新管理提出了新的要求，即必须从研究制定科技发展规划和计划开始，做好基础研究与应用开发研究的转化衔接，以最大限度地缩短研发周期和创新转化周期，提高国家科技创新体系的运行效率，加速建设科技自立自强、创新型强国战略目标的实现。

第三节　应用技术研发与创新转化

应用技术研发是指利用基础研究发现和创设的理论知识（基础科研成果），围绕特定的应用目标，研究设计新的方法（技术解决方案）、创造新的物品（包括新产品、新材料、新的植物品种等）和新的系统的研究与实验发展活动。相对于特定的基础科研成果，应用技术研发属于创新转化的第一个环节，具体可划分为应用研究与技术开发（或试验发展）两部分。前者包括在特定实验室条件下进行的具有特定应用目标的研究与实验；后者主要是指在此基础上进行的放大实验和进一步的产业化开发——后续创新转化工作，使其适用于工业化制造。应用技术研发取得成果为应用技术成果，以发明和实用新型专利、计算机软件和非专利技术秘密（包括符合技术秘密要求的计算机源代码等）为主要表现形式。这种研究创制新技术、新物品（包括新产品、新材料等）、新品种、新工艺和新系统的创造性活动是最具有经济学创新内涵的技术创新活动。

一、应用技术研发为创新转化提供技术来源

应用技术研发既包括基于某项基础科学研究成果的创新转化——转化为应用研究成果，如华为的 5G 研发应用技术成果成就了 5G 通信产业技术标准，也包括在此基础上的进一步创新转化，即基于应用技术研发成果的创新转化。那些购买华为 5G 专利许可、接受华为技术支持，通过差异化的设计推出自己产品与服务的企业技术创新工作，正是此类创新转化。

传统意义上的研究型大学是基础科学研究的主力军，在从事自然科学基础理论研究的同时，承担培养未来科学家和学者的重任；国家和政府部门出资设立的独立科研机构、地方政府出资设立的研究机构为应用技术研发的主力军，旨在研究解决产业技术发展所面临的关键性与共性技术问题，为产业技术创新与发展提供技术支持；企业技术中心作为直接面向市场的研发机构，主要从事参与市场所需要的新产品、新技术、新工艺、新系统的研制与相关技术创新活动。所谓"产学研"合作与协同创新主要是指这三方面科技力量在创新转化链条上的对接与协同，以加速从基础科学成果到应用技术成果，再到产品化开发与产业化应用的创新转化。

随着国家创新体系建设工程的不断推进，特别是高等教育事业的快速发展、科研院所体制的改革与企业化转制、新型科研组织机构的兴起、高新技术企业和科技创新型企业的发展等，科技创新组织机构的总体布局与属性也在发生变化。具有科学研究与技术开发能力的大学，不再仅根据其学科特点与专长分为研究型大学和工程技术类大学或学院。许多学校既加大对基础研究的投入，也积极面向经济建设主战场，服务于高质量发展，在应用技术研发乃至产业化上发力；原中央各部委科研院所改制为企业后，面向行业共性与关键技术的研发受到一定的影响，但也催生出一大批具备科技创新实力的科技创新型企业，成为产业技术创新和创新转化活跃的主体；特别是一大批新型科研机构的崛起，它们以其相对灵活的运行机制，迅速将基于基础研究的原始创新成果转化为重要的应用技术成果，加速了产业化应用的进程，正在成为创新转化的新生力量；部分创新实力较强的企业不满足于基于应用技

术成果的创新转化，已经将创新转化的起点前移到某些基础科学成果。一个可喜的变化是，应用研究开发的资源投入不断增长，相应的应用技术成果的产出也呈增长态势，这从我国专利申请与授权量的增长情况中可以看出。

二、应用技术研发对创新转化的影响

一项应用技术成果，能否被成功地进行创新转化成为产品或者服务，能否成为其他企业用于生产制造的器件或组件，或者成为某一产业链上重要的一环，为产业技术升级与发展做出独特的贡献，影响因素是多方面的。但作为从事创新转化管理与专业服务工作的技术创新管理者和技术经理人，必须清楚地了解和把握拟转化成果本身的属性及其技术演进状态。

长期以来，我国科技界通常采用的技术成果鉴定方式是分析评价一项应用技术成果先进性的主要形式和方法。2016 年 6 月 23 日，依据《科技部关于对部分规章和文件予以废止的决定》，原国家科委 1994 年发布的《科学技术成果鉴定办法》不再作为科技行政管理规章执行。《科技部关于对部分规章和文件予以废止的决定》规定科技成果鉴定改变管理方式，不再作为行政审批的事项，而改由行业组织或中介机构实行自律管理。但《科学技术成果鉴定办法》所确定的评价与鉴定方法，经变通后，仍被进行科技成果鉴定和评价的行业组织或中介机构所采用。

依据《科学技术成果鉴定办法》规定，科技成果鉴定所指的科技成果主要是指执行政府各级科技计划完成的应用技术成果，不包括基础理论成果和软科学成果。鉴定的方法包括检测鉴定、会议鉴定、函审鉴定。

检测鉴定，指由专业技术检测机构通过检验、测试性能指标等方式，对应用技术成果进行评价。采用检测鉴定的方法时，一般要由组织鉴定单位或者主持鉴定单位指定经过省、自治区、直辖市或者国务院有关部门认定的专业技术检测机构进行检验、测试。专业技术检测机构出具的检测报告是检测鉴定的主要依据，由检测鉴定专家小组据此提出综合评价意见。

会议鉴定又称同行专家评议，指由同行专家采用会议形式对科技成果做出评价。需要进行现场考察、测试，并经过答辩评议才能做出评价的应用技术成果，可以采用这种形式。

函审鉴定，指同行专家通过书面审查有关技术资料，对应用技术成果做出评价。不需要进行现场考察、测试和答辩即可做出评价的科技成果，可以采用函审鉴定形式。采用函审鉴定时，由组织鉴定单位或者主持鉴定单位聘请同行专家五至九人组成函审组，鉴定结论依据函审组专家 3/4 以上多数的意见形成。

关于应用技术成果的先进性评价，以前习惯上用"国际领先""国际先进""填补国内空白""国内领先""国内先进"等作为先进性标准结论，以致许多涉及应用技术成果评价的表格中常常见到这些"标准语"。这种评价的主要作用是方便管理部门对科技成果的标准化管理，对于评价其创新转化的价值与可行性仅供参考。对于旨在分析判断其是否具有创新转化的价值与可行性，主要就以下四个方面进行分析评价：

第一，是否属于基于原始创新取得的重大技术性突破。这类重大技术性突破的主要标志是解决了所属技术领域从"0"到"1"的问题，形成了具有自主知识产权的核心技术，可导致对于原有产品和市场竞争格局的颠覆与重构，或者能够确保在市场上的竞争优势地位。

第二，技术演化的阶段与态势如何，是否存在替代性技术、竞争性技术。据此分析判断该技术的生命周期长短及发展态势，包括后续创新转化与升级迭代的态势，以及创新转化的后续技术研发难度等。

第三，从产业化价值上判断是否被市场接受，从而判断是否具有可转化价值。

第四，关注应用技术成果所处的技术演进状态，分析判断其转化为工业化产品需要的创新转化投入与可能的风险。这里的技术演进状态是指应用技术成果不断接近产业化应用的程度或者距离产业化应用"门槛"的距离，意味着实施创新转化的主体还需要付出多少投入。另外，所处技术演进状态也决定了对实施创新转化的主体创新转化能力和水平的要求。对于此项指标，人们习惯上以应用技术成果的"成熟度"来度量和表述。一项应用技术成果越成熟，其到达产业化应用的距离越短，创新转化难度随之降低。

上述前三项主要是针对拟转化应用技术成果的价值分析与判断，第四项是与该应用技术成果所处技术演进状态密切相关的创新转化难度与风险的分析判断。

三、创新转化主体应具备的能力和条件

当我们通过选择适当的评价与分析方法来考察一项应用技术成果的价值

及其技术演进状态，选择了特定应用技术成果作为创新转化的起点和技术来源之后，面临的第二个问题就是要考察实施创新转化的一方是否具备必要的能力和条件。

对于承担创新转化任务的企业来说，这种创新能力包括具备与其相适应的研究开发实力（包括技术研发组织机构和必要的研发人员），确保能够将一项技术解决方案根据企业生产制造实际需要，创新转化成为相应可实施的技术工艺流程和作业指导书，最终能够将样品变成产品并推向市场。其中涉及的条件，既包括后续研发、实验与产业化开发试验的条件，也包括技术管理规范与流程等软约束条件，还包括企业的资金保障条件与相应的风险承担能力。

如果说一项应用技术成果只是给出了专利和非专利技术秘密等技术解决方案，能否将这些技术解决方案变成企业的生产与制造工艺和方法，能否变成可销售的产品与商品，则要看后续的试验发展或产业化技术开发。而这种产业化技术开发本质上也是创新，它是将专利和非专利应用技术成果通过一系列的创新过程转化成可工业化操作的工艺方法乃至标准流程和符合质量标准的产品，涉及相应的工艺创新、产品创新和一系列的技术改进和设备与工装的改造等创新活动。因此，产业化开发本质上是基于应用技术成果的创新转化。

人们习惯上将产业化开发的过程称为中间试验或者工程化开发、工业化放大试验。这类创新转化往往要求所转化的应用技术成果相对成熟，即已经经过小试，技术路线具备可重复性且表现较好，即将进入产业化开发的门槛。相应地，对于承担创新转化的企业来说，其后续创新转化能力主要体现在工业化开发，以及技术、工艺优化与管控方面。

实施创新转化的企业是否能构建起创新转化项目实施所必需的创新链与产业链，以及其所处周边条件与环境是否满足其要求，也是所有从事创新转化管理与服务专业工作的技术经理人和技术管理者必须认真面对的问题。即使是在前述条件都满足的情况下，如果特定应用技术成果创新转化所必需的创新链、产业链及周边条件不满足，也难以实现成功转化。对于从事该项创新转化的企业来说，这里的创新链是指企业通过产学研合作、参加产业创新联盟和协同创新平台等，为企业创新转化构建起所必需的开放合作、协同创新的关系与链接。对于重要的产业技术与产品创新转化来说，单靠一个企业单打独斗的年代已经成为过去，只有建立起自己的创新体系与创新链的企业，才有可能有效地弥补自己在创新转化过程中的专业技术储备不足与短板，达成创新转化的目的。

企业创新转化所依托的周边条件包括周边技术条件与产业化配套条件，即必要的供应链与产业链支撑条件。对于创新性较强的应用技术成果来说，其创新转化过程中所需要的材料、元器件、组件等，往往也需要配套厂商做必要的适应性、配合性开发。这些条件的缺失，也是导致创新转化难以成功的因素。基于一项原始创新取得重大突破的应用技术成果及其创新转化的过程，也是完善创新链与产业链的过程。

第四节　创新转化生态系统的内涵、要素与特征

生态系统是指在自然界一定空间内，生物与环境构成的统一整体，其中的生物与环境之间相互影响和制约，并在一定时期内处于相对稳定的动态平衡状态。生态系统是开放系统，是由生物群落及其生存环境共同组成的动态平衡系统。为了维系自身的稳定与发展，生态系统需要不断输入能量，否则就有崩溃的危险。创新转化涉及主体及要素众多，相互间互动关系较为复杂且处于动态变化之中，与生态系统及其特征具有某种程度的相似性。

一、创新转化生态系统的内涵及要素

创新生态系统是由核心企业、配套组织等共生单元在一定的共生环境中，通过各种共生模式在所形成的共生界面上从事价值创造、价值获取等共生活动的复杂系统。创新生态系统是企业为不断壮大自身、应对外部各种不确定性与挑战，以知识创造为核心，与利益相关的个体、组织、物种、种群、群落共同作用与影响，形成基于技术、制度演化的动态、共生、可持续发展的"生命"系统。类似于自然生态系统，创新生态系统的最终目的是通过互补协作和共创共享获取高质量的技术，推动商业和经济增长，进而获得可持续发展的企业、产业、区域竞争优势。

相比创新生态系统，创新转化生态系统更加强调创新成果向现实生产力的落地转化。创新转化生态系统是典型的以人为中心的生态系统，在这个系统中，基于系统化、体系化的整体设计与运营机制，充分发挥各类主

体的主观能动性。而这种整体性的系统设计，必须符合创新转化生态系统运行的内在规律。创新转化作为生态系统也应遵循其作为生态系统的结构与功能，具体表现为创新转化体系的总体设计与构建。创新转化体系是创新体系最重要的组成部分，从功能与目标定位来看，甚至就是创新体系本身。根据经济合作与发展组织（Organization for Economic Co-operation and Development，OECD）1997年的定义，国家创新体系是"由公共部门和私营部门的各种机构组成的网络，这些机构的活动和相互作用决定了一个国家扩散知识和技术的能力，并影响国家的创新表现"。

《国家中长期科学和技术发展规划纲要（2006—2020年）》明确提出："深化科技体制改革的目标是推进和完善国家创新体系建设。国家创新体系是以政府为主导、充分发挥市场配置资源的基础性作用、各类科技创新主体紧密联系和有效互动的社会系统……建设以企业为主体、产学研结合的技术创新体系，并将其作为全面推进国家创新体系建设的突破口。"以企业为主体、产学研结合的技术创新体系，其实就是创新转化体系。构建政、产、学、研、金、服、用协同创新的创新生态系统，也就成为国家创新体系建设的最重大的工程。

其中，政府作为国家创新体系的主导者，在制定创新法规政策与宏观战略等方面具有主导作用；企业、高等学校、研究机构是创新转化的主力军；金融支撑系统、创新转化专业服务系统、应用场景与市场，在创新转化生态系统中发挥着各自的专业职能，共同推动创新转化生态系统的健康发展。20世纪末探讨的"大学—产业—政府"三者关系所形成的三重螺旋理论即为研究热点。三重螺旋理论以创新为中心，强调大学、产业、政府之间的沟通与联系，促进科技成果的市场化和社会效益的实现。近年来，三重螺旋理论又拓展为四重和五重螺旋理论，在原有大学、产业、政府三要素关系研究的基础上，逐步增加了用户和自然环境要素。

山东省人民政府于2019年发布的《关于打造"政产学研金服用"创新创业共同体的实施意见》中所提到的"政产学研金服用"，进一步概括了创新转化生态系统的构建要素。其中，"政"指政府在支持研发创新及推动科技成果市场化中的政策引导和政策扶持作用，以及推动科技创新的协调联动机制；"产"指充分发挥企业在创新转化系统中的主导作用，打通企业到科研成果之间的路径，推动企业与科研机构之间的合作，并增强企业自身研发能力；"学"指科技人才是创新转化系统要素的核心和根本，打通高校到企业间的人才培养、人才使用、人才发展的渠道；"研"指科学研究是创新转化的源头和起点，以市场为导向，以增加社会价值为目标，使科学研究真正服务于社会；"金"指搭建金融服务平台，分阶段提供贷款、质押、贴息、入股、财政资金、风险投资、企业上市等多种科技金融合作模式，促进科技成果产权化；"服"指构建创新转化的科技服务平台，为成果转化提供物理空间和基础设施，以及一系列服务支持，以提高创业成功率，促进科技成果转化；"用"指科技成果转化的社会效用是创新转化的最终落脚点，确保创新转化能够服务于企业、服务于社会、服务于国民经济发展。

二、创新转化生态系统的特征

（一）系统各构成要素自主生长

在创新转化生态系统中，最活跃的要素是自主创新主体——企业、大学和研究机构，简称为"产、学、研"。在政府营造的创新环境条件下（包括政策法规、财政资源等），企业为了在市场竞争中生存与发展，势必通过自主创新转化为自己争得相对优势的竞争地位与发展空间；大学也必然会积极通过科技创新不断延伸、拓展和进入新的学科专业领域，努力保持其在相应科学技术领域与学科领域的先进性和必要的领先程度；科研机构更是如此，除了专注于科学技术研究之外，也在积极探索和尝试将研究成果向现实生产力的转化模式与路径。

在市场经济条件下，企业作为自主经营的营利性组织，凭借自己的产品与服务赢得客户，从而赢得市场。任何一种现有产品与服务一旦进入市场并取得较好的市场利益，势必会引来众多竞争者。只有那些通过创新转化成功开辟新的市场并受到知识产权保护的产品和服务，才能在有限时间与空间内享有独占和领先于他人的权利，从而获得相对丰厚的收益。这不仅可以填补创新转化前期投入的成本，而且能为后续启动新一轮研发与创新转化创造条件。

大学和科研机构也有类似企业的内生性创新转化机制。科研经费不仅是研究型大学的重要资金来源，而且是研究型大学的重要评价指标。目前，科研经费的获取事实上大多采用了竞标机制，而"评标"的重要参考指标就是该大学作为竞争性项目申请单位，是否具备相应的研究基础及研究水平。这些是由其过往取得的科技创新成果及其水平决定的。大学和科研机构的内生性创新转化机制可以概括为：在科学研究与技术开发上取得成果——以此为基础申请项目获得科研经费支持——取得更新、更好的科研成果——以此为基础继续申请更多科研经费支持。在此过程中，政府制定的相关政策事关科研经费等科技创新资源的分配，起到了重要的引导作用。为了鼓励和引导创新主体致力于创新转化，国家相关部门出台相应政策支持，大学和科研机构作为创新转化的主体也在努力协助企业开展更为高效的创新转化工作。随着科技评价制度的不断改革与优化，"把论文写在祖国大地上"被越来越多的大学和科研机构接受并内化为实际行动。在创新转化生态系统中，大学与科研机构作为创新转化主体的这种内在的自主生长机制将发挥更大的作用。

为促进创新转化，将更多科技创新工作对标服务于经济建设与社会发展，政府鼓励设置以创新转化为主要职能的新型研发机构。这类研发机构以科技成果的产业化开发（试验发展）为主要创新工作，旨在推进创新成果的落地转化。这类机构初期可以获得一定的财政支持，后续主要基于自主创新开展创新转化、帮助企业实施创新转化等方式取得市场化收益，从而不断发展。

（二）系统构成要素间协同创新发展

创新转化生态系统中的"产、学、研"三部分，各自担当不同的社会角色，属于互为环境与条件的协同共生关系，互为"供需合作伙伴"。例如，没有高水平研究型大学，企业的创新人才将成为无源之水，可转化的高水平成果也将难以获得；同样，没有创新型企业的健康成长与发展，大学的创新型人才也将难以找到可以发挥专业技能的岗位，会阻碍创新成果的转化。在大科技与开放式创新发展的新时代，产学研和谐共生与协同创新是高效率成长与发展应该恪守的准则。

在创新转化生态系统中，直接面向有形商品市场与服务需求的企业最了解市场与消费者需要什么样的产品与服务，擅长制造与销售。在激烈的市场竞争中，企业特别需要能够转化成为具有市场竞争力产品的科技成果，以及具有创新转化专业技术能力的人才。大学作为从事科学研究、培养创新人才的组织，不仅与企业没有直接竞争关系，还一直将企业作为服务的对象和主要客户，为企业输送人才、提供可供转化的科技成果。由于很多企业不具备创新转化技术条件和专业实力，因而从事应用技术研发的科研机构，尤其是旨在为企业创新转化提供服务的新型研发机构，就更容易与企业结成创新转化的合作伙伴。

从产学研协同创新转化的实践发展来看，其中的主要影响因素有三点：首先，某些大学与科研机构的自身定位不清晰，急于并不擅长的浅层次"短平快"技术开发，以致无法形成大学、科研机构与企业之间的技术势差，甚至落后于企业的技术研发，难以实现技术转移与创新转化；其次，企业的创新转化能力有限，以致即使拿到特定技术的专利许可，也难以实施成果转化，结果是相互埋怨，甚至导致双方对簿公堂，不欢而散；最后，市场化交易成本太高、谈判周期过长，导致协同过程中错失技术与产业成长良机。因此，为了促进产学研合作与构建协同创新转化机制，国家出台了一系列支持政策。例如，支持建设产学研创新联盟，支持产教融合发展，支持以企业为主、大学和科研机构参加的重大产业技术创新项目等举措，旨在缓解和消除上述不利因素的影响。同时，为确保创新转化生态系统的有序运行，科技金融的能量输入（包括科创企业的直接融资等）与创新转化服务机构的专业化工作，是保障创新转化生态系统健康发展的重要补充。其中，除了政府科技财政引导性资金支持以外，相应支持更多地表现为市场化、规范化的科创投资与风险投资。

无论是从一项科技成果的创新转化开启新的科技创业之路，还是从一个科技创新项目开始实施企业内创新转化，都要通过面向市场的一系列创新转化工作，才能取得市场化的成功。该过程不仅需要持续投入，而且需要面临较高的不确定性和潜在风险，而风险投资的引入则有助于保障创新转化的稳定与持续性。发端于美国硅谷的风险投资，为硅谷创新转化培育和发展高新技术企业起到了重要示范和引领作用。美国的纳斯达克证券交易所更是将科技创新型企业的上市作为首选，催生了一大批知名高科技公司。我国自 20 世纪 80 年代中后期开始配合支持高新技术产业发展，支持和引导风险投资进入科技创新与创新转化领域。随着"大众创业、万众创新"不断深化，政府支持科技风险投资的政策力度不断加大，许多地方政府推出由政府财政出资的风险投资母基金，支持创新转化成就科创企业发展。

2009 年 10 月 23 日，中国创业板举行开板启动仪式，首批 28 家创业板公司开启股票上市融资。据财联社 2022 年 10 月 30 日讯（记者 林坚）报道，截至 2022 年 10 月 23 日，已有 1206 家企业登陆创业板，其中不少企业已经成长为业界龙头。2018 年 11 月 5 日，在首届中国国际进口博览会开幕式上，国家主席习近平宣布设立科创板并进行注册制试点。此后发布的《关于在上海证券交易所设立科创板并试点注册制的实施意见》强调，科创板坚持面向世界科技前沿、面向经济主战场、面向国家重大需求，主要服务于符合国家战略、突破关键核心技术、市场认可度高的科技创新企业。重点支持新一代信息技术、高端装备、新材料、新能源、节能环保以及生物医药等高新技术产业和战略性新兴产业，推动互联网、大数据、云计算、人工智能和制造业深度融合，引领中高端消费，推动质量变革、效率变革、动力变革。据《北京商报》2022年3月22日报道，自开市以来，截至2022年3月22日，已有401家科创企业成功上市。

此外，在创新转化生态系统中，专门服务于创新转化的科技服务机构，比如各类技术转移与服务中心，以及其专业服务人员——技术经理人，也是重要补充。来源于"产、学、研"的各类科技创新成果，需要结合专业技术转移机构和相关科技服务机构的专业服务，在具备相应创新转化条件、需求和能力的科技服务机构的协助下，达成落地转化。这不仅对创新转化生态系统中的产业化实施主体而言是激励，而且对于前期科技创新成果的提供方也是激励，并且有助于形成内生性、发展性的正向积极循环，让创新转化生态系统生生不息。

（三）系统构成要素间循环互动

创新转化生态系统是开放创新与发展系统，其中不同类别和属性的创新主体之间也存在链接与循环机制。没有高水平科学研究所形成的原创性科技成果，试图通过创新转化形成产业技术上的突破就成了无源之水；同样，没有明确的产业技术发展需求和目标，甚至没有市场需求，技术研发与创新转化就成了无的之矢。

创新转化生态系统中的链接与循环机制，可以概括为两个方面：一是国内创新转化主体与国内行业内的其他创新转化主体之间形成互为"供需"的关系，进而建立起从基础研究到应用研究，从应用研究到试验发展（产业化开发）创新转化的循环，可称为"内循环关系"；二是国内创新转化主体与行业外、国外创新主体合作，形成从基础研究到应用研究，从应用研究到试验发展（产业化开发）创新转化的循环，可称为"外循环关系"。这种基于开放式创新的跨界融合的双循环创新转化活动，可最大限度利用一切可利用的创新转化资源，同时也为创新转化生态系统不断注入新活力。国家建设创新体系、培植创新转化生态系统的过程中，也在通过相关政策的激励与保障作用，不断强化这种链接与循环机制建设，如其中创新链与产业链的有机衔接与协同，也是链接与循环机制的体现。

在创新转化生态系统的这种循环中，"用"也是一个不可或缺的重要环节，对致力于某些新产品、新产业开拓的创新转化活动来说，甚至是至关重要的。例如，智能交通产业的创立与发展，预计到2025年全球市场规模将超过2500亿美元（李爱雄和贾长林，2018）。在交通产业方面，如果用户都习惯于采用那些经过长期使用稳定可靠不出问题的系统，哪怕是通行效率再低，也无须因此而承担责任，那么就没有一个城市、一个街区乃至没有一条道路会在智能交通方面最先做出尝试和投入，其结果势必不会促成如今智能交通产业的形成与发展。因此，国家和地方出台"政府首购"政策，对于创新转化形成的具有良好经济与社会效益的新设备、新系统的购买和使用予以支持。新设备、新系统正是由于经过用户的实际使用与反馈，不断发现问题、解决问题，从而得以不断改进、不断创新迭代，实现新产业的培育和成长。

参考文献

［1］北京商报. 科创板个股突破400只！总市值约5.4万亿元 还有144家"后备军"［EB/OL］.（2022 - 03 - 22）. https：//finance. eastmoney. com/a/202203222319147185. html.

［2］李爱雄，贾长林. 科技成果及科技成果转化若干基本概念的辨析与思考［J］. 产业创新研究，2018（3）：60 - 62.

［3］邱新华. "熊彼特创新理论"对中国创新发展的启示［J］. 对外经贸，2020（7）：106 - 108，121.

［4］新浪财经. 创业板13周年：聚焦3大重点领域，近400家公司实现市值翻番［EB/OL］.（2022 - 10 - 30）. https：//baijiahao. baidu. com/s？id = 1748099066961642525&wfr = spider&for = pc.

第二章

创新转化公共政策

第一节　创新转化公共政策概述

在科技全球化背景下，创新转化活动越来越显著地依赖于公共政策的支持。政府、企业、高校需要紧密互动，才能够有效推动创新转化项目的实施。创新转化公共政策作为政府参与创新活动的关键渠道，需要充分结合各创新主体的实践才能发挥应用的效果。从扶持对象、扶持方式等多个维度厘清创新转化公共政策的主要内容，梳理创新转化公共政策的发展历程，才能准确把握创新转化公共政策的发展趋势，实现最大限度地学好、用好公共政策，助力创新转化实践。

一、创新转化公共政策的定义

创新转化公共政策是直接与创新转化密切相关的，由中央或地方立法机关和行政机构制定的全国性或地方性政策法规的总和，包含法律法规、规划、意见、办法、细则、条例、公告、通知等多种类型（张剑等，2016）。创新转化公共政策是指针对创新相关的一类特殊活动所指定的公共政策，包括但不限于为提高生产力水平而对科技成果所进行的后续试验、开发、应用、推广直至形成新技术、新工艺、新材料、新产品及发展新产业等活动（李兰花等，2020）。从该定义看，科技成果是有价值的，但不一定具有市场价值。要实现科技成果的价值，必须对科技成果进行后续试验、开发、应用和推广，即通过这四类活动将科技成果的潜在价值转化成现实的生产力（肖国芳和李建强，2015）。

创新转化公共政策的主要目的是促进全社会科技创新和科技成果转化。

随着科学与技术分工链条逐渐深化，创新转化逐渐成为新科学、新技术进入经济社会领域的特殊环节。为充分发挥持续高强度科研投入的社会效应，各国政府都为创新转化环节制定了相应的公共政策。我国《中华人民共和国促进科技成果转化法》（2015 年修正）、《中华人民共和国科学技术进步法》（2021 年修订）等法律法规为创新转化活动提供了基本规范与指引，各部门、各地方也针对创新转化具体过程制定相应政策和创造良好制度环境。

二、创新转化公共政策的分类

（一）按效力级别分类

创新转化公共政策根据效力差异可分为法律、行政法规（中央、部门法规、地方法规）、行政规章（部门规章、地方规章）、行政性措施、规范性文件等。由于创新转化涉及三大主体，包括科技成果完成者——高校、科研机构，创新转化实施者——企业，从科技成果持有者向科技成果实施者转移的中间环节——技术市场和技术交易中介。创新转化公共政策涉及科技、财政、投资、税收、人才、产业、金融、政府采购、军民融合等多种类型、多种级别的公共政策协同。

1. 涉及创新转化的法律

创新转化法律是指涉及规范参与创新转化活动主体间社会关系的各类法律，既包含具有科技基本法性质的《中华人民共和国科学技术进步法》《中华人民共和国促进科技成果转化法》，也包括规范专门行为的《中华人民共和国专利法》《中华人民共和国反不正当竞争法》《中华人民共和国农业技术推广法》等。这些法律在创新转化活动中发挥基础性作用。另外，最高人民法院还制定了若干相关司法解释，如《最高人民法院印发〈关于充分发挥审判职能作用为深化科技体制改革和加快国家创新体系建设提供司法保障的意见〉的通知》等。

2. 创新转化行政法规

创新转化相关行政法规是国务院为领导和管理国家创新转化各项行政工作，根据宪法和法律，并且按照《行政法规制定程序条例》（2017 年修订）规定而制定的各类法规的总称。创新转化行政法规的制定主体是国务院，行政法规根据宪法和法律的授权制定，行政法规必须经过法定程序制定并具有法律效力。例如，《中共中央 国务院关于深化科技体制改革加快国家创新体系建设的意见》（2012 年）、《国家创新驱动发展战略纲要》（2016 年）、《关于分类推进人才评价机制改革的指导意见》（2018 年）等，从顶层战略保障创新转化发展方向。国家先后设立科技攻关计划、星火计划、火炬计划、重点新产品计划、国家科技成果重点推广计划、科技型中小企业技术创新基金、国家科技重大专项等一系列科技计划（专项、基金）；同时，《国务院关于加快科技服务业发展的若干意见》（2014 年）、《"十三五"国家科技创新规划》（2016 年）、《国家技术转移体系建设方案》（2017 年）等针对创新转化活动的规范性文件，也是创新转化行政法规的重要组成部分。

3. 创新转化行政规章

创新转化行政规章指国务院各部委以及各省、自治区、直辖市的人民政府和省、自治区的人民政府所在地的市以及设区市的人民政府，为促进创新转化活动而根据宪法、法律和行政法规等制定和发布的规范性文件，包括中央行政规章与地方性行政规章。如《促进高等学校科技成果转移转化行动计划》（2016 年）、《国家科技成果转移转化示范区建设指引》（2017 年）、《国家科技成果转化引导基金管理暂行办法》（2021 年）等中央各部门制定的行政规章，以及《北京市促进科技成果转移转化行动方案》（2016 年）、《关于新时代深化科技体制改革加快推进全国科技创新中心建设的若干政策措施》（2019 年）等地方政府制定的规章。

（二）按扶持对象分类

1. 创新转化主体政策

创新转化主体包括高校、科研机构、企业和科技人员，扶持创新转化主体的公共政策主要指支持高校院所和企业等主体实施科技成果转化的政策。作为转化主体之一的科技人员是科技成果转化中不可或缺的力量，其作用发挥得如何直接影响科技成果转化的成败。支持科技人员从事科技成果转化的政策包括成果转化绩效评价、职称评聘、奖酬金、兼职兼薪、离岗创新创业等。《促进科技成果转移转化行动方案》第二部分第（六）条第 20 项提出："继续实施万名专家服务基层行动计划、科技特派员、科技创业者行动、企业院士行、先进适用技术项目推广等。"该类政策是组织科技人员面向企业实施科技成果转化的重要政策措施。

2. 创新转化项目政策

创新转化公共政策可直接扶持创新转化项目，主要支持科研项目研发、科技成果转化及产业化，包括应用性科研项目、研究开发费用税前加计扣除等。例如，《国务院办公厅关于强化企业技术创新主体地位全面提升企业创新能力的意见》（2013年）第二部分第（三）条提出的"实施国家高技术产业化示范项目、国家科技成果转化引导基金、国家重大科技成果转化项目、国家文化科技创新工程等"和"实施用户示范工程"，都是对转化项目的扶持。

3. 创新转化中介服务政策

创新转化实施过程涉及科技成果的转移，一般须通过相应载体进行。产学研合作组织、产业园区、科技孵化器等机构都是科技成果转移的媒介或通道，共同构成创新转化中介服务体系。创新转化公共政策针对中介服务体系也进行了支持与资源布局，如2018年科技部发布《科技企业孵化器管理办法》。《国务院办公厅关于强化企业技术创新主体地位全面提升企业创新能力的意见》（2013年）第二部分第（三）条提出，"依托国家自主创新示范区、国家高新技术产业开发区、国家创新型（试点）城市、国家高技术产业基地、国家新型工业化示范基地、信息化与工业化融合示范区、国家农业科技园区、国家级文化和科技融合示范基地、国家现代服务业产业化基地等，完善技术转移和产业化服务体系"。

（三）按扶持方式分类

1. 发布指引、规划、指南、目录

例如，《国家科技成果转移转化示范区建设指引》（2017年）提出了国家科技成果转移转化示范区建设的原则与目标、建设布局与条件、重点示范任务、建设程序和组织实施，设计了一套指标体系。对有志申请示范区建设的省（自治区、直辖市）政府而言，有较强的引导和促进作用。

2. 认定

认定一般指政府有关部门按照一定程序对符合认定条件的申请者做出肯定或否定判断的行为。高新技术企业认定就属于这一扶持方式。认定可理解为政府对某一行为或某一机构予以背书，因此是一种比较重要的扶持方式。

3. 财政补贴或资助

财政补贴或资助一般是政府对某一机构、项目或活动等给予财政资助支持，可细分为无偿拨款、贷款贴息、资本金注入等。

4. 税收优惠

税收优惠可细分为税率优惠、税基扣除优惠、抵税、延时纳税等。免税或在基准税率基础上实行优惠税率，都是税率优惠。费用加计扣除或收入减计计算等，都是税基优惠。延时纳税是指缴税时暂不缴纳，允许延缓一段时间再缴税，包括递延纳税和分期缴税等。

此外，有时一项政策中包含多种扶持方式。例如，高新技术企业税收优惠政策同时采用认定与税收优惠两种方式，而且"认定"是给企业一个"高新技术企业"的名分，是该政策执行的前提，本身就是一种扶持政策。但经认定的高新技术企业不一定可享受减按15%的税率征收企业所得税的优惠。例如企业处于亏损状态，或者取得"高新技术企业"称号后，由于相关指标发生变化，不再符合高新技术企业的条件，就不能享受减按15%的税率征收企业所得税的优惠。

三、创新转化公共政策的功能

创新转化公共政策，既涉及政策内部各类政策工具的相互搭配与构建，也涉及创新价值链的各个环节（马江娜等，2017）。在创新活动分工日趋复杂、竞争愈发激烈的背景下，创新转化公共政策对创新活动的影响日益显著。创新转化公共政策成为创新生态的关键环境特征，正在发挥调节创新主体关系、构建创新体系、增强创新能力等多项功能。

（一）创新转化公共政策有利于调节科技与产业部门的关系

创新转化环节的专业化与显性化是创新活动日益复杂、经济增长依赖科技创新的必然结果。在新古典经济增长模型中，技术进步作为外生变量存在，技术进步因素作为重要经济影响因素存在，但是技术进步的来源被视为不确定的、偶然的。近一百年来的经济增长使得越来越多的经济学家开始认识到经济增长的源头来自可持续的技术进步。保罗·罗默和罗伯特·卢卡斯的内生经济增长模型将技术进步和人力资本积累作为解释经济增长的两个可持续原因，科学研究与试验发展（R&D）部门的技术积累成为国家经济增长的内在原因之一（杨帆，2013）。虽然宏观上技术进步对经济增长的重要性早就得到重视，但促进技术进步的有效手段却长期处于缺失状态。从"永无止境的前沿"到"欧洲悖论"，促进技术进步的公共政策持续处于探索状态。在两次工业革命之后，社会主流产品与服务中蕴含的技术成分随时间变化逐渐积累，任何单一的科技创新造成的影响都体现为多维度变化。同时，新理论、新技术进入社会的难度也在不断增加。来自独立个体的创新成果难以直接进入社会经济体系，往往需要经过多层加工与优化才能应用于各类产品之中成为推动经济发展的动力。从研发投入到技术进步的路径拉长使得创新转化作为特定环节的专业化程度不断提高，为此制定针对性公共政策的重要性也显著增加。

创新转化公共政策是以科技成果转化政策为主体的，面向市场治理、保护公共长期利益的制度安排，创新转化公共政策的必要性，源于创新活动中政府角色日益重要。自 1912 年经济学家约瑟夫·熊彼特在《经济发展理论》中提出"创新理论"以来，科技成果转移转化相关理论不断演进，亨瑞·埃茨科瓦茨和勒特·雷德斯道夫提出"三重螺旋理论"，强调政府、产业和大学三者的协同作用。在该理论中，政府、产业和大学根据市场要求联结起来，形成三种力量交叉影响、相互促进的三螺旋关系，成为解决当前科技成果转移转化问题的主要思路。科技成果转化利益主体的多元性，科技成果转化过程的长期性以及科技成果转化机制的复杂性，决定了支撑科技成果转化的政策类别的多样性与政策内容的宽泛性。因此，科技成果转化政策体系的完整性、开放性以及自洽性至关重要。

科学与技术经历两百多年发展，逐渐呈现出融合与相互促进的趋势，创新与商业的关系也更加复杂，创新转化逐渐成为新科学、新技术进入经济社会领域的必经过程。在第二次世界大战后，科研与产业领域的分工逐渐细化。1945 年范内瓦·布什《科学：没有止境的前沿》报告，奠定了美国科学政策的基础架构，其中提出的"基础研究→应用研究→开发→生产经营"的科技研发活动线性模型，揭示了科学与技术间关系的新特征。科技成果从产生到发挥社会经济效益需要经过一个较长链条，从应用开发到生产经营的多种活动都是支撑创新实现转化的过程。从价值链角度看，科技创新体系中创新主体的创新活动可分为知识产生、知识转化、知识传播三阶段，单元内创新、跨单元合作、跨企业合作、选择、发展、传播六环节，如图 2-1 所示。在实际创新发生过程中，除知识产生过程外，其余环节都可称为广义的创新转化过程。在商业化较为成熟的领域中，知识转化过程可视为狭义的创新转化过程。

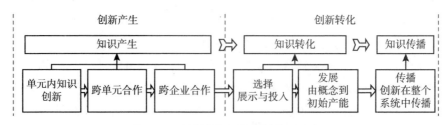

图 2 – 1　创新转化与创新链关系示意

资料来源：Stephen Roper A，Jun Du B，James H. Love B. Modelling the Innovation Value Chain ［J］. *Research Policy*，2008，37（6 – 7）：961 – 977.

创新转化可以发生在多个创新主体的活动中，不仅可以由市场上的既有企业承担，也可以基于创新通过企业孵化实现。在创新成果产生后，完成产品化、商业化的过程是多样的。多种不同主体的参与要求科技成果转化政策的设计需要在兼顾各方利益的基础上，不断根据理论、技术的变迁进行适应性调整，实现周期性动态适应。相比于其他科技政策，转化政策将更多依赖于部门间、中央地方间的协同。作为引导和拉动全社会科技创新的重要引擎，稳定增长的财政科技投入已成为政府持续推动科学技术进步与促进创新驱动发展的关键性供给政策工具。同时，伴随着科技研发规模的不断扩张和资金投入的稳定增长，财政性资金项目产出科技成果和国立科研机构研发成果，特别是其中知识权的运用与转化已经成为衡量财政科技投入效率及其对社会创新能力提升的重要指标。

（二）创新转化公共政策加速了国家创新体系的构建

在创新转化存在普遍困难的背景下，第二次世界大战中各个国家持续的科技投入已积累大量科研成果。为改善科研创新的生态，提高科研创新的回报、获取市场价值，各国都试图通过改善政策环境解决创新转化过程存在的市场失灵、需求不足等问题。20 世纪 90 年代中后期，各国政府从国家竞争力高度介入知识生产、应用和传播全过程。由于综合国力竞争的主体是国家，竞争的层次上升到国与国之间，因此创新不仅是企业自己的事情，还是整个国家的事业。

20 世纪 80 年代，以弗里曼、纳尔逊等为代表的学者在关于日美创新体系在国家经济发展中作用的研究中，建立了国家创新体系理论，认为政府可通过国家创新体系建设提高国家整体创新能力。创新体系以企业为主体，以市场经济为主要原则，国家以创新环境构建确保自由竞争的规则促进企业对研发的投入。20 世纪 90 年代以来，经济合作与发展组织（Organization for Economic Co – operation and Development，OECD）连续出版《国家创新体系》（1997 年）、《管理国家创新体系》（2006 年）等，欧盟委员会、世界银行等对创新型国家越发关注。无论是发达国家还是发展中国家，都纷纷将创新体系建设纳入国家战略，以促进国家与产业竞争力培养。从理论界到实务界，从政府到中介组织，从学者到企业家，也都纷纷探讨促进科学、技术与创新发展的理论与方法，将创新作为赢得竞争优势的手段已成共识。

国家创新体系各组成部分都具有自组织特点，通过契约关系交叉融合并且自我生长，如图 2 – 2 所示。但是，作为体系主角的政府也需要及时对系统进行调整。其核心工作是资源分配、战略意志贯彻、政策调整，以此影响体系运行，达成政府所希望的效果。因此，创新体系的运行机制在政府计划这只"看得见的手"和市场自由配置资源这只"看不见的手"的共同作用下实现良性循环。国家创新体系的核心是企业技术创新组织的正常运转以及获得国家创新体系其他要素的广泛支持，从而促进企业技术创新能力成长和国际竞争力提升。国家的创新能力最终表现为企业的产品质量和竞争力得到世界认可。对企业来说，能够生产其他国家不能生产或者质量更值得信赖、功能独特的产品，是打开世界市场的敲门砖。低成本、低价格、低质量的产品难成世界级品牌。因此，国家创新体系的成功，其实是企业的成功。企业经营的关键是技术创新的成功，技术创新的成功关键是技术创新战略与创新管理的成功。

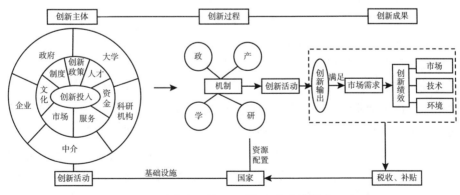

图 2 – 2 国家创新体系作用机制与创新转化示意

资料来源：吴寿仁. 科技成果转化政策导读 ［M］. 上海：上海交通大学出版社，2019.

（三）创新转化公共政策有助于创新转化活动的资源保障

政府可以通过制定公共政策以及财政、人才及技术等方面的支持，保证科技成果的顺利转化，主要包括人才政策、转化主体、财政政策、技术政策、金融政策、基础设施保障等。

在人才方面，科技成果转化的核心与关键是科技人员。科技人员的参与度、积极性和创造性，直接关系到成果转化的成败及效果好坏。科技人员的积极性、创造性与科技成果奖酬金政策的落实力度有关，而科技人员的参与度又与科技人员兼职政策及离岗创新创业政策的落实力度有关。人才政策主要包括技术经理人、奖酬金、兼职兼薪、离岗创新创业、职称评定等政策。

在资金方面，创新转化公共政策可以通过建立国家科技成果转化基金、创投子基金、绩效奖励、贷款风险补偿、技术创新引导专项等政策，保障创新转化活动的资金需求。虽然我国现行有关促进科技进步的税收优惠政策的数量较多，但主要是基于一定时期经济发展的需要以及科技活动各阶段的需要分别制定的，而且基本通过对一些基本税收法规的某些条款进行修订、补充而形成，缺乏通盘研究和统筹规划，重点不突出，片面性较强，执行中易出现偏差。此外，现行优惠政策主要以企业为优惠对象，而不是以具体的科技研究项目为优惠对象。只要确认为科技企业，即使进行了科技研究与开发，也不能享受税收优惠待遇，造成了政策的缺位。财政政策还包括相关税收政策，主要包括研发费用加计扣除政策、现金收入减按50%征个税、技术转让收入减免企业所得税、技术开发、技术转让免征增值税、股权奖励递延纳税、分期缴税等。税收政策具有较强的调控作用：对鼓励和支持的行为，实行税收优惠；对不鼓励或限制的行为，加征税收。科技成果转化一直以来是国家着力推进的科技活动。国家先后出台了一些税收优惠政策支持科技成果转化。特别是近年来，促进科技成果转化的税收优惠政策不断推出，力度不断加大，对促进科技成果转化起到了很好的激励作用。企业研发费用税前加计扣除政策和高新技术企业认定及税收优惠政策都是科技成果转化政策。这两项政策均是针对企业实施多年的税收优惠政策，受关注度高，受益面广。

另外，还可以通过金融政策保障资金需求，主要包括资产证券化、股权投资与信贷结合、创业投资政策、高风险基金等政策。科技成果转化是技术、资金、人才、管理、市场等要素资源的组合与配置过程，是整合科技资源优势服务经济社会发展需要的必然选择。只有转化为现实生产力，才能实现科技成果的价值和使用价值，发挥科技创新对经济社会发展的支撑引领作用。然而，由于科技成果转化具有资本投入大、研发周期长、不确定性高等特点，其长期面临融资难与资金瓶颈的问题，科技与资本"两张皮"现象严重，科技与资本的"联姻"面临着协同匹配度低的问题，严重影响了科技成果转化与创新资源优势的发挥，迫切需要科技金融服务体系的有力支撑。

在基础设施方面，创新转化政策还可以为创新转化提供基础设施条件，主要包括研发仪器设备共享、科技文献资源共享、产业技术创新平台、研发机构政策、工程（技术）研究中心、中试、熟化机构、产业技术研发机构、重点实验室等政策支持。2015 年中共中央办公厅、国务院办公厅联合印发的《深化科技体制改革实施方案》，2016 年中共中央、国务院印发的《国家创新驱动发展战略纲要》均指出，要多部门联合推动专业化的技术转移服务体系建设，完善高校、科研院所技术转移工作体系，构建全国技术交易市场体系，制定促进技术交易和相关服务业发展的措施。

（四）创新转化公共政策增强了创新转化主体的市场活力

创新转化公共政策为创新成果提供产品或技术的推广、政策支持或参考标准。在产品方面，创新转化公共政策主要包括政府采购创新产品政策、创新产品保险政策、创新产品市场准入政策等。党的十九届五中全会提出，"坚持创新在我国现代化建设全局中的核心地位，把科技自立自强作为国家发展的战略支撑"。切实做到"创新驱动发展""科技自立自强"，在政府采购政策中，建议要进一步助力国产自主创新产业发展，加大对重大创新产品和服务、核心关键技术的采购力度，扩大首购、订购等非招标方式的应用，打通拓宽政府采购支持国产创新产品的渠道。2018 年，《国务院关于推动创新创业高质量发展打造"双创"升级版的意见》要求，完善创新创业产品和服务政府采购等政策措施，完善支持创新和中小企业的政府采购政策，发挥采购政策功能，加大对重大创新产品和服务、核心关键技术的采购力度，扩大首购、订购等非招标方式的应用。

《科技部、质检总局、国家标准委关于在国家科技计划专项实施中加强技术标准研制工作的指导意见》指出，科技主管部门和标准化主管部门建立健全科技成果向技术标准转化的工作机制，选择部分重点领域开展科技成果向技术标准转化试点，支持在研或已结题验收的专项项目（课题）产出应用前景广、市场需求大的成果转化为技术标准，加速科技成果产业化、市场化应用进程。

在技术方面，创新转化公共政策主要包括应用型科研计划、科普政策等。校企协同创新模式是指企业与高校建立战略合作伙伴关系，结合高校原始创新优势与企业科技成果应用能力优势，成立协同创新中心、创新研究院、联合实验室、联合技术中心等多种形式的校企协同创新平台。此种模式将企业需求导向与技术创新驱动有机结合，加强了基础研究与工程应用的衔接。围绕国家发展战略的重大需求，不断凝练、落实和完成重大协同创新任务，是推进协同创新中心建设的主线。重大协同创新任务的落实既是国家需求、问题导向的体现，也是核心协同单位能力和地位的体现，更是组织开展协同创新的基础和条件。重大协同创新任务组织和完成的质量、水平与贡献，是评价协同创新中心建设成效的核心内容和根本依据。

创新转化公共政策可以为创新活动提供信息共享、科技评价、载体建设等多种服务支持。在信息共享方面，建立科技报告制度和科技成果信息系统。2015年修订的《中华人民共和国促进科技成果转化法》提出，要建立、完善科技报告制度和科技成果信息系统。利用财政资金设立的科技项目的承担者应当按照规定及时提交相关科技报告，并将科技成果和相关知识产权信息汇交到科技成果信息系统。2016年《国务院办公厅关于印发促进科技成果转移转化行动方案的通知》指出，要开展科技成果信息汇交与发布工作，发布转化先进适用的科技成果包，建立国家科技成果信息系统，构建由财政资金支持产生的科技成果转化项目库与数据服务平台，加强科技成果信息汇交，加强科技成果数据资源开发利用。在评价方面，科技成果评价作为科技创新的重要组成部分，越来越受到高校及研究机构的重视，只有将科技成果转化为生产力才能发挥出巨大的作用。科技部已正式废止《科学技术成果鉴定办法》，各级科技行政管理部门的科技成果评价工作将由委托方交给专业评价机构执行。新型科技成果评价将由市场"唱主角"，通过第三方专业评价机构对科技成果的科学、技术、经济及社会等价值进行客观、公正的评价。此举将有利于科技成果尽快获得投资方、合作方的认可以及政府支持，便于技术交易的顺利进行。

在载体建设方面，创新转化公共政策通过高新区、企业孵化器、众创空间、创业苗圃、创业加速器、产业化基地等创新转化政策提升服务水平，激发技术市场活力。科技企业孵化器是培育和扶植高新技术中小企业的服务机构。科技企业孵化器发展具有明显的区域特征，它作为一种特殊的经济技术组织形态，对于转化科技成果、扶植新创企业、吸引人才、培育企业家、创造就业机会、减少投资风险以及繁荣区域经济具有非常重要的作用。当前，科技企业孵化器已成为地方政府加速科技产业化、发展区域经济的政策工具。创新驱动发展是长期的发展战略，我国政府已将"双创"作为一项重要举措推行。大学是科技创新的源头之水，大学科技园是科技成果转化、创新驱动发展的重要载体，未来会进一步加强对国家大学科技园的指导和支持，充分肯定大学科技园过去所发挥的历史作用，同时推动大学科技园进一步探索以加快创新发展，为推动国家的创新发展提供有力保障。

第二节 我国创新转化公共政策的历史回顾

我国创新转化公共政策的发展，大致可分为科技成果转化起步发展（1978 ~ 1984 年）、市场探索（1985 ~ 1995 年）、加速发展（1996 ~ 2005年）、重点突破（2006 ~ 2015 年）和法治完善（2016 ~ 2022 年）五个阶段（吴寿仁，2018），如图 2 - 3 所示。

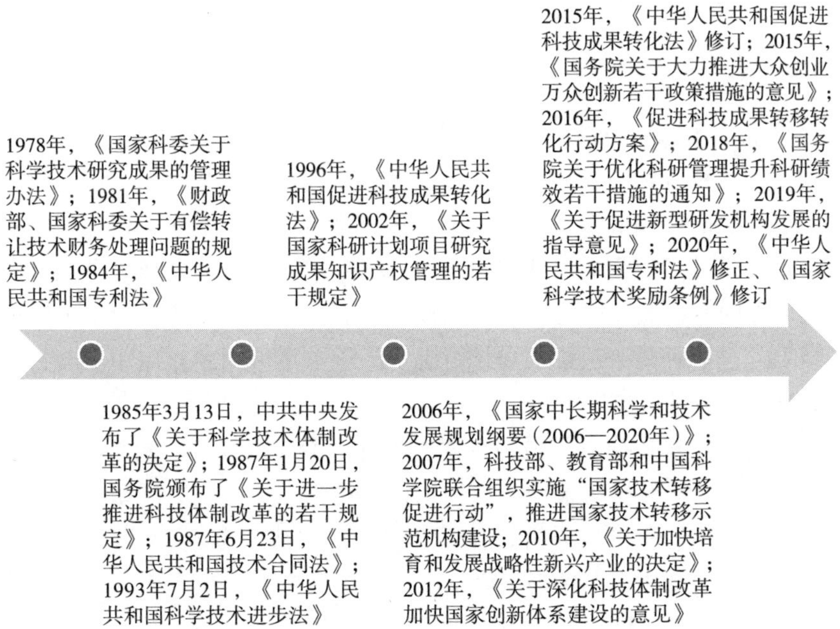

2015年，《中华人民共和国促进科技成果转化法》修订；2015年，《国务院关于大力推进大众创业万众创新若干政策措施的意见》；2016年，《促进科技成果转移转化行动方案》；2018年，《国务院关于优化科研管理提升科研绩效若干措施的通知》；2019年，《关于促进新型研发机构发展的指导意见》；2020年，《中华人民共和国专利法》修正、《国家科学技术奖励条例》修订

1978年，《国家科委关于科学技术研究成果的管理办法》；1981年，《财政部、国家科委关于有偿转让技术财务处理问题的规定》；1984年，《中华人民共和国专利法》

1996年，《中华人民共和国促进科技成果转化法》；2002年，《关于国家科研计划项目研究成果知识产权管理的若干规定》

1985年3月13日，中共中央发布了《关于科学技术体制改革的决定》；1987年1月20日，国务院颁布了《关于进一步推进科技体制改革的若干规定》；1987年6月23日，《中华人民共和国技术合同法》；1993年7月2日，《中华人民共和国科学技术进步法》

2006年，《国家中长期科学和技术发展规划纲要（2006—2020年）》；2007年，科技部、教育部和中国科学院联合组织实施"国家技术转移促进行动"，推进国家技术转移示范机构建设；2010年，《关于加快培育和发展战略性新兴产业的决定》；2012年，《关于深化科技体制改革加快国家创新体系建设的意见》

图 2 - 3 公共政策演化历程（根据政策发布时间整理）

资料来源：笔者根据政策发布时间整理。

一、起步发展阶段 (1978~1984 年)

科技成果转化起步发展阶段以 1978 年 3 月召开的全国科学大会上邓小平提出的"科学技术是生产力"论断为开端，伴随着改革开放的进程开始起步。

(一) 在基础制度建设方面

1980 年，国务院颁布《关于开展和保护社会主义竞争的暂行规定》，指出技术成果要实行有偿转让，首次肯定了技术的商品属性。1981 年，《关于我国科学技术发展方针的汇报提纲》提出加强技术开发与推广工作。为实现这一方针，同年《关于我国科学技术发展方针的汇报提纲》提出抓好"四个转移"：科学技术由实验室向生产转移，由单纯军用向军民兼用转移，由沿海向内地转移，由国外向国内转移。1982 年 9 月，党的十二大提出"经济建设必须依靠科学技术，科学技术必须面向经济建设"的科技发展指导方针，政策走向是"放活科研机构，放活科技人员"。

(二) 在专项政策设计方面

1983 年，国家科委颁布《加强技术转移和技术服务工作的通知》，标志着中国技术转移市场的初步建立（兰筱琳等，2018）。1984 年，国家颁布了《中华人民共和国专利法》，鼓励发明创造及推广应用。同年，国家科委发布了《关于科学技术研究成果管理的规定（试行）》，明确科技成果是"对某科学技术研究问题，通过试验研究，调查考察取得具有一定实用价值或学术意义的结果，包括研究课题虽未全部结束，但已取得可以独立应用或具有一定学术意义的阶段性成果"。

科技成果管理是指对科技成果进行鉴定、登记、申报、奖励以及统计、分析、归档和促进科技成果推广应用、转移转化、产业化等活动。当时已经建立了比较完善的科技成果管理体系，包括科技成果鉴定、科技成果登记、科技成果奖励、科技成果保密、科技成果交流推广、知识产权管理和科技评估（评价）。其中，科技成果交流推广就属于科技成果转化。国家科委于1979 年成立了科技成果管理办公室，1984 年发布了《关于科学技术研究成果管理的规定（试行）》，明确科技成果实行分级管理。在起步发展期，科技成果的概念被明确提出，也针对成果的奖励、评价等方面制定了多项政策，为科技成果转化的后续发展奠定了现实基础。

二、市场探索阶段（1985～1995 年）

此阶段是科技创新体制重大改革的阶段。1985 年颁布的《中共中央关于科学技术体制改革的决定》的核心是破除原有科研体系的制度惯性，改变科研机构的激励机制，引导其为经济建设主战场服务。此后，我国开始通过公共政策逐步建立科技成果转化的市场化和激励机制。科技体制改革的目的是使科学技术成果迅速、广泛地应用于生产。市场探索阶段的难点与举措都围绕科技成果商品化，以改革科技拨款制度、开拓技术市场为突破口，通过促进技术转移，使其迅速应用于生产，充分调动科技人员的积极性。

（一）在技术市场基础规则制定方面

1987 年实施的《中华人民共和国技术合同法》，建立了科技成果转化的市场机制；另外，1988 年实施的《技术合同管理暂行规定》、1989 年实施的《中华人民共和国技术合同法实施条例》、1991 年实施的《技术合同仲裁机构仲裁规则》等，都是我国技术合同法体系的重要组成部分。技术合同系列政策为科研人员合理取得收入、增加科技相关经济活动提供了重要依据。

（二）在创新转化市场构建的初期阶段

政策设计的核心是通过科技体制改革解放生产力，加速科技成果向现实生产力转化。1985 年后，随着公共政策的陆续推出，有组织、有计划、系统地推动了科技体制改革。随着科技体制改革的推进，逐步建立起有利于科技成果转化的体制机制。这一阶段，我国科技成果转化仍处于成果应用推广的层面，主要特征是政府推动和机制搞活双管齐下：一方面，政府通过实施一系列科技计划推动科技成果应用推广；另一方面，通过科技体制改革，释放科研机构和科技人员的活力，开拓技术市场。通过一系列举措，各方面起步和发展较快，为后续科技进步与产业发展充分融合奠定了坚实基础。

三、加速发展阶段（1996～2005 年）

此阶段是我国国家创新体系的布局和建设阶段，随着科技体制改革不断深化，国家创新体系在多维度布局建设，科技成果转化进入加速发展阶段。这一阶段的标志性政策是 1996 年实施的《中华人民共和国促进科技成果转化法》，建立了科技成果转化的奖励和税收优惠机制，科技成果转化的载体建设进入较快发展阶段。

（一）在专业化机构建设方面

1998 年创办的高新技术创业服务中心（科技企业孵化器）被列入火炬计划。1999 年，科技部、教育部正式启动国家大学科技园试点，同年 12 月确立了 15 个国家大学科技园建设试点，并纳入创业孵化服务体系。国家科委于 1997 年印发《生产力促进中心管理办法》以下简称《办法》，2003 年《中华人民共和国中小企业促进法》对该《办法》进行修订。2004 年的《关于进一步加快生产力促进中心发展的意见》，指明生产力促进中心承担面向中小企业的先进技术推广、产学研联合等职能，并提出加强国家级示范生产力促进中心建设。随着科技成果规模不断扩大，政策开始关注调整知识产权归属，平衡各方利益关系。2002 年，《关于国家科研计划项目研究成果知识产权管理的若干规定》，调整了财政资助形成的科技成果知识产权归属，平衡国家、单位和研究者之间的利益关系，激励科研院所、高等院校及其科技人员转化科技成果。

（二）在专项支持方面

实施国家科技成果重点推广计划，该计划是由国务院批准实施的国家重点科技计划，1989 年开始试行。1997 年颁布《国家科技成果重点推广计划管理办法》，目的是通过推广先进、成熟及适用的科技成果，重点解决工农业生产，以及高新技术产业、新兴产业发展中存在的重点、难点及热点问题，促进科技与经济紧密结合。

（三）在法律体系方面

这一阶段中《中华人民共和国促进科技成果转化法》等法律规范相继

出台。虽然政策受益面较小、落实力度不大，推动科技成果转移转化的实际效果比较有限，但是适度超前的制度设计为后续产业的快速扩张提供了政策空间，科技成果转化的实践探索也为后续发展提供了重要经验。在这一阶段，政策主体呈现多元化、协同化趋势。从相对单一的政策颁发者扩展到由国家发改委、科技部、教育部、人事部、财政部、中国人民银行、国家税务总局、国家工商行政管理局、国家知识产权局、工业和信息化部、农业部等十几个部门独立或联合颁布技术转移政策，地方政府、党委及人大在制定和执行技术转移政策上日益活跃。政策协同性不断增强，为有效执行《中华人民共和国促进科技成果转化法》，国家科委和国家工商行政管理局发布《关于以高新技术成果出资入股若干问题的规定》，科技部等7个部门联合制定了《关于促进科技成果转化的若干规定》。1999 年颁发的《中共中央 国务院关于加强技术创新，发展高科技，实现产业化的决定》，对相关财政政策、税收政策、人事政策、专项政策做了安排，较好地体现了政策之间的统筹、协调及互动。

四、重点突破阶段（2006~2015 年）

此阶段是国家科技创新体系的运行及提高阶段，《国家中长期科学和技术发展规划纲要（2006—2020 年）》（2006 年）成为检验国家创新系统设计的政策工具和提升动力，也是科技成果转化进入发展新阶段的主要标志。在《国家中长期科学和技术发展规划纲要（2006—2020 年）》中，对科学和技术的长期发展做出了全面规划和部署，是新时期指导我国科学和技术发展的纲领性文件。其中，强调了企业作为技术创新主体的地位，阐述了技术创新就是将技术和创意转化为产品和服务，进而产生市场价值的过程（李胜会和夏敏，2021）。

（一）在产学研协同方面

2007 年，科技部、教育部和中国科学院联合组织实施"国家技术转移促进行动"，推进国家技术转移示范机构建设，同时发布《国家技术转移示范机构管理办法》《国家技术转移促进行动实施方案》，旨在使我国技术转移的环境得到明显优化，国家与区域技术转移体系逐渐完善，大学和科研院所与企业之间，以及行业和领域间、区域间、国际间的知识流动和技术转移进一步活跃，国家公共财政资金投入项目的产业化、商业化取得重大突破，企业的自主创新能力和核心竞争力获得较大提升，为建设创新型国家提供有力支撑。

（二）在产业政策方面

国务院 2010 年下发《关于加快培育和发展战略性新兴产业的决定》，旨在充分发挥市场的拉动力量，着眼于突破一批关键核心技术，加强前沿性、战略性产业技术集成创新，提升我国战略性新兴产业发展的质量和效益。2012 年，国家知识产权局、科技部等 9 部门联合推进知识产权服务业发展。2014 年，国务院提出加强科技服务业发展，并对符合条件的科技企业孵化器、大学科技园实施税收优惠政策，拓宽科技成果转化的投入渠道。

（三）在体系建设方面

为加快推进创新型国家建设，充分发挥科技对经济社会发展的支撑引领作用，2012 年中共中央、国务院印发《关于深化科技体制改革加快国家创新体系建设的意见》。这是指导我国科技改革发展和创新型国家建设的又一个纲领性文件，标志着我国建设创新型国家的进程进入一个新的历史节点。该文件强调了加快建立企业为主体、市场为导向、产学研用紧密结合的技术创新体系，充分发挥企业在技术创新决策、研发投入、科研组织和成果转化中的主体作用，吸纳企业参与国家科技项目的决策，产业目标明确的国家重大科技项目由有条件的企业牵头组织实施。

（四）在试点示范方面

政策在科技成果的处置、收益权限等方面，通过试点方式不断探索，助力新型示范区实现科技产业化突破。2011 年，财政部在中关村国家自主创新示范区进行科技成果处置权和收益权管理改革试点，下放了规定限额以下科技成果的处置权，扩大了收益权，将国有技术类无形资产与有形资产区别管理。2013 年，试点范围扩大到东湖国家自主创新示范区、张江国家自主创新示范区和合芜蚌自主创新综合试验区。2014 年，经国务院批准，在国家自主创新示范区、合芜蚌自主创新综合试验区开展深化科技成果使用、处置和收益管理改革试点，下放了试点单位科技成果处置、使用权，转化收益全部留归单位自主分配。

（五）在金融支持方面

2011 年，中央财政设立促进科技成果转化的引导基金，支持财政资金资助形成的科技成果转化。2011 年，科技部、财政部等 8 部门联合推进金融对科技成果转化的支持。2014 年，中国人民银行、科技部、中国银行业监督管理委员会等 6 部门联合推动科技和金融深层次结合，提出要着力培育和发展服务科技创新的金融组织体系。2014 年，我国第一支专注于专利运营和技术转移的基金诞生，旨在帮助高科技企业获取核心专利技术。之后，北京、广东等地先后成立了具有政府背景的知识产权运营公司。

这一阶段开始由依赖政府的主导作用向更加注重激发技术转移主体的活力过渡，探索充分发挥市场驱动作用的有效政策。党的十八届三中全会提出，市场在资源配置中起决定性作用，市场驱动在技术转移中的作用更加明显，并强调打破行政主导，由市场决定技术创新项目、经费分配及成果评价，从而促进科技成果资本化、产业化。

五、法治完善阶段（2016～2022 年）

此阶段的科技成果转化进入法治完善期。2015 年，第十二届全国人大常委会第十六次会议表决通过《全国人民代表大会常务委员会关于修改〈中华人民共和国促进科技成果转化法〉的决定》，标志着我国新一轮科技成果转化体制机制全面改革进入深水区，"打破障碍、简政放权"已成为当前阶段成果转化体制改革的基本方向。

（一）在法律体系方面

《促进科技成果转化法》致力于从根本上解决科技与经济结合问题，核心是建立健全科技成果转化的市场机制，主要手段是通过科技投入、政策激励、权利配置等方式加强产学研结合，进一步确立企业在国家创新体系中的主体地位。2016 年，国务院印发《实施〈中华人民共和国促进科技成果转化法〉若干规定》，这是落实转化法最关键的实施细则。《中华人民共和国促进科技成果转化法》《实施〈中华人民共和国促进科技成果转化法〉若干规定》和《促进科技成果转移转化行动方案》形成了从修订法律条款、制定配套细则、部署具体任务的政策组合。这个政策组合一共包括

8 个方面，26 项重点任务，聚焦激发创新主体科技成果转移转化的积极性，着力加快高校和科研院所成果的转移转化。在理顺机制方面，取消审批，给予科研机构、大学转移转化科技成果的处置权、收益权，确定了科技人员最低 50% 以上的分配比例，培育一批机制灵活、面向市场的转移服务体系，支持企业和高校、科研院所共同进行成果转化。2020 年，《中华人民共和国专利法》《国家科学技术奖励条例》分别进行了修正、修订，习近平总书记在科学家座谈会、经济社会领域专家座谈会、全面推动长江经济带发展座谈会及中央政治局第二十四次集体学习等讲话中，均对科技成果转化提出了新指示和新要求，包括"要依托我国超大规模市场和完备产业体系，创造有利于新技术快速大规模应用和迭代升级的独特优势，加速科技成果向现实生产力转化，提升产业链水平，维护产业链安全"①"要激发各类主体活力，破除制约要素自由流动的制度藩篱，推动科技成果转化"② 等，这些重要讲话既为科技成果转化指明了方向，也提出了具体要求。

（二）在顶层规划方面

2016 年《国家创新驱动发展战略纲要》（以下简称《纲要》）发布；其中，促进科技成果转化成为实施创新驱动发展战略的重要内容，创新驱动发展是面向未来的一项重大战略，科技创新必须摆在国家发展全局的核心位置。《纲要》是新时期推进创新工作的纲领性文件，是建设创新型国家的行动指南，具有非常重大的现实意义和深远历史意义。2020 年，《中共中央关于制定国民经济和社会发展第十四个五年规划和二〇三五年远景目标的建议》提出"加强知识产权保护，大幅提高科技成果转移转化成效"，对未来科技成果转化提出了更高要求。同年 3 月，《中共中央 国务院关于构建更加完善的要素市场化配置体制机制的意见》提出"加快发展技术要素市场"，并提出了健全职务科技成果产权制度、完善科技创新资源配置方式、培育发展技术转移机构和技术经理人、促进技术要素与资本要素融合发展和支持国际科技创新合作 5 个方面的措施。同年 5 月，《中共中央 国务院关于新时代加快完善社会主义市场经济体制的意见》提出"建立以企业为主体、市场为导向、

---

① 习近平. 在经济社会领域专家座谈会上的讲话 [M]. 北京：人民出版社，2020：6.
② 习近平. 论把握新发展阶段、贯彻新发展理念、构建新发展格局 [M]. 北京：中央文献出版社，2021：442.

产学研深度融合的技术创新体系，支持大中小企业和各类主体融通创新，创新促进科技成果转化机制""完善技术成果转化公开交易与监管体系，推动科技成果转化和产业化"。

（三）在激励机制方面

2015 年，《国务院关于大力推进大众创业万众创新若干政策措施的意见》发布，进一步强化了科技企业孵化器、大学科技园、研发费用加计扣除、固定资产加速折旧等税收优惠政策。2018 年，国务院发布《关于优化科研管理提升科研绩效若干措施的通知》，从薪酬激励、科研项目绩效分类评价、综合绩效评价、主体责任等方面关注成果转移转化、应用推广以及产生的经济社会效益，改善科技成果转化过程。2019 年，科技部印发《关于促进新型研发机构发展的指导意见》，通过发展新型研发机构，进一步优化科研力量布局，强化产业技术供给，促进科技成果转移转化，推动科技创新和经济社会发展深度融合。

在这一阶段，创新驱动发展战略的实施增强了对科技成果转化规律的认识，对科技成果转移转化进行了系统设计，统筹科研、科技成果转化及产业化各环节。明确高校、科研机构、企业三者之间的定位，对科技成果转移转化进行了体制机制改革，将科技成果无形资产管理与有形资产管理区别开来，将科技成果处置权、使用权、收益权下放给高校院所，允许科技成果资产采取协商定价方式成交，大幅提高科技人员奖励与报酬的比例等（刘国新等，2022），并通过修订《中华人民共和国促进科技成果转化法》将这些制度以法律条文形式固化下来，《中共中央 国务院关于新时代加快完善社会主义市场经济体制的意见》等顶层政策也为运行机制的优化进一步扫清了障碍。

第三节　创新转化公共政策的国际经验和发展趋势

一、创新转化公共政策的国际经验

（一）美国的政策探索效果显著

政府在创新体系建设中发挥着主导作用，美国政府持续使用科技政策强化国家创新体系建设。1945 年，范内瓦·布什向总统提交报告《科学：没有止境的前沿》，并提出了进一步加强科学研究，以创造和保持科技领先优势的建议。随后，美国成立了国家科学基金会（National Science Foundation，NSF）和高级研究计划局［Advanced Research Projects Agency，ARPA；国防部高级研究计划局（Defense Advanced Research Projects Agency，DARPA）的前身］等科研管理机构，联邦政府、高校等研究院所、大型军工企业合作的创新体系——军工创新综合体建成，为成就美国的强国地位做出了重要贡献。

美国 1980 年制定的《拜杜法》（即《1980 年大学与小企业专利程序法案》）和《史蒂文森—怀特技术创新法》（简称《1980 年技术创新法》），作为促进财政资助知识产权转移运用的制度典范，通过优化政府资助研发项目形成专利发明的权利归属制度，完善大学、私营企业参与联邦实验室的合作研发制度，激发大学和国立科研机构通过获得专利权而实现技术转移转化的积极性，鼓励小企业作为创新主体积极参与政府资助研发项目，从而促进大学、国立科研机构与产业部门基于知识产权建立更为紧密的技术联系，进而推动美国产业复兴与发展。

随后，美国通过不断修订相关政策法律，辅以与法律配套实施的联邦行政条例的具体适用规则，建立了一整套成熟完善的促进财政资助成果商业化的法律制度体系，为全世界提供了财政资助成果的权利归属与运用转移的基本范式。同时，1999 年通过的《发明人保护法》，降低专利申请费和维持费，确立专利早期公开制度并更新了保护期延长法。2005 年 12 月 15 日，美国出台了新的《国家创新法案》，成立总统创新委员会，促进公共和私营部门的创新；设立促进创新资助计划，增加联邦机构对科技部门的研发资助；增加国家对基础研究的投入等。2011 年通过的《美国发明法案》（America Invents Act，AIA）从先发明制度修改为先申请制度，现有技术从相对新颖性变更为绝对新颖性，改革了专利授权后重申程序，增加了授权后重审程序和双方重审程序，提高了故意侵权的认定条件，最佳实施例不再作为无效理由等。总体而言，美国的科技成果转化公共政策实现了通过市场机制主导完成国家权利让渡，对全社会技术进步产生了显著的促进作用。例如，2021 年末全球市值前 10 名的公司中有 7 家是美国科技类公司，全球 11 家市值千亿美元以上的半导体公司中有 9 家是美国公司[①]。2021《美国创新与竞争法案》内容进

---

① 证券时报. 全球上市公司市值百强榜（2021）：总市值相当于 1.6 个美国 GDP，11 家中国上市公司入榜，腾讯阿里跌出前十［EB/OL］.（2022 – 01 – 29）. https：// stcn. com/article/detail/517635. html.

一步拓宽，集成了产业、科技、安全、外交、教育等方方面面的内容，涉及 2500 亿美元的投资，体现出维护先进技术全球领先与霸主地位的"决心"。2022 年 8 月，美国政府发布《芯片和科学法案》，旨在持续巩固在芯片领域的主导权。

（二）日本的政策以技术追赶为特征

日本为实现技术内生性增长，于 1995 年颁布《科学技术基本法》，明确提出"科技创新立国"的基本国策，要求政府加强基础研究和服务日本产业发展的原始创新，并高度重视创新成果的运用和转化。在政府主导下，日本先后制定了一系列完善大学技术转移的组织机构建设的法律制度。1996 年的《独立行政事业法人科学技术振兴机构法》，规定由政府主导设立科学技术振兴事业团，负责推进研究支援活动和技术转移活动，将大学或研究所的研发成果产业化，培育和创造新的产业。1998 年的《关于促进大学等的技术研究成果向民间事业者转移的法律》（简称《大学等技术转移促进法》或《TLO 法》），鼓励大学设立私营技术转移机构（Technology License Organization，TLO）推动研发成果的商业化。而且，通过为技术转移机构提供资金支持与债务担保，减免其专利申请和维持费用，允许国立大学员工在技术转移机构兼职等方式，促进大学及国立研究机构将技术成果向企业转移。日本的公共政策更强调全流程的科技创新，即从产生到市场化的科技内生增长体系，由政府主导完善技术转移制度体系，在公共政策中体现出更多的计划性，市场的作用是功能性的，权属、利益分配等关键制度体现出更多临时性特征。

（三）欧洲的政策关注权利清晰

欧洲的科技成果转化公共政策聚焦在研发主体意愿自由与收益重新分配上。例如，对于其他政府资助项目的知识产权，根据 2001 年英国专利局制定的政策，政府资助项目产生的知识产权一般属于研究机构和大学。德国在 2002 年公布《德国雇员发明法》修正案，废除了大学雇员优先的传统，大学对国家资助项目的科研成果享有所有权，而不是以前的由雇员所有。

总之，西方国家科技成果转化政策的主要对象是国家设立的研究开发机构、高等院校，政策着力点是通过建立科技成果转化的产权激励机制、收入分配奖励和税收激励机制，促进科研院所、高等院校及科技人员转化科技成果。同时，政府还积极推进专业化技术转移服务体系建设，推进多元化科技成果转移转化投入渠道建设，以及建立适合科技成果转化的科研评价体系。相关政策根据不同时期科技与经济发展的需求不断调整与完善，注重科技成果转化的法治化建设。同时，科技成果转移转化政策的作用范围不断扩大，激励机制不断完善，激励力度不断提高，技术转移服务体系建设逐步推进，多元化科技成果转移转化投入渠道正在形成。

二、我国创新转化公共政策的发展趋势

新时期推动科技成果转化的政策思路，越来越从"重点突破"向"体系施策"转变，尤其是科技成果转化"三部曲"的实施，取得了明显的成效（张玉华等，2022）。根据中国科技成果转化年度报告披露的数据：2021年，3450家高校院所以转让、许可、作价投资方式转化科技成果的合同项数呈增长趋势。2020年中国科技成果转化年度报告显示，个人获得的现金和股权奖励金额达53.1亿元，其中现金奖励金额为30.9亿元，比上一年增长17.9%；股权奖励为22.2亿元，科技创富效应进一步显现；技术开发、咨询、服务合同金额超过10亿元的单位共8家，2019年与企业共建研发机构、转移机构、转化服务平台总数为10770家，同比增长27.2%；创设和参股新公司2073家，高校院所兼职从事成果转化和离岗创业人员数量为14210人，同比增加23.4%。

（一）公共政策聚焦企业需求，逐步实现系统优化

随着经济与技术互动关系的复杂程度进一步上升，为了促进科研与市场的结合，企业在创新转化中的作用将更加突出，科技成果转化活动应当"发挥企业的主体作用"，遵循自愿、互利、公平、诚实信用的原则，依照法律法规和合同约定，享有权益，承担风险。完善企业参与科研组织、实施的制度，规定利用财政资金设立科技项目，制定相关科技规划、计划，编制项目指南时应当听取相关行业、企业的意见（马波和何迎春，2020）。对利用财政资金设立的具有市场应用前景、产业目标明确的科技项目，政府有关部门、管理机构应当发挥企业在研究开发方向选择、项目实施和成果应用中的主导作用。推进产学研合作，规定国家鼓励企业与研究开发机构、高校及其他组织采取联合建立研究开发平台、技术转移机构或者技术创新联盟等产学研合作方式，共同开展研究开发、成果应用与推广、标准研究与制定等活动。鼓励研究开发机构、高校与企业及其他组织开展科技人员交流。支持企业与研究开发机构、高

校、职业院校及培训机构联合建立学生实习实践培训基地和研究生科研实践工作机构，共同培养专业技术人才和高技能人才（郝涛等，2021）。

现有激励政策中存在不足与偏颇。例如，奖酬金提取比例一度被认为是推进科技成果转化力度的标志，但实践表明奖酬金提取比例与科技成果转化率之间的相关性并不大。即使科技成果转化收益全部给了科技人员，科技成果转化率也不见得就很高。创新转化项目的顺利实施，不能片面追求科技人员的积极性，需要同时兼顾其他因素的作用。奖酬金政策的核心要义在于，应用性科技项目在立项时就要树立科技成果转化导向。政策的兑现或落实受诸多因素的影响，包括科技成果转化本身、法律法规之间的衔接、工资制度、国资监管、税收扶持政策等。任何一个方面的问题没有解决好，都会影响科技成果的研究开发与转化。科技成果得到了有效转化，并取得了收益，才有可能给科技人员计提奖酬金。科技人员预见到可以获得奖酬金，才会在进行科技成果转化过程中增加投入。

（二）完善知识产权制度建设，规范知识产权处置与保护

随着科技成果转化率的不断加大，知识产权与科技创新在科技成果转化中的作用日益上升。加强科技创新，可以促进科技成果推广转化工作，科技成果转化必然会对知识产权问题进行研究（贾雷坡等，2022）。越来越多的国家都已经制定和实施了知识产权与科技创新战略。面对国际上知识产权保护的发展趋势和中国在开放条件下面临的知识产权形势，中国必须加紧制定和实施知识产权战略来保护国家的技术安全，促进国内的自主创新能力，限制跨国公司的知识产权滥用。知识产权保护不力是制约科技成果转化的突出问题，将严重降低创新收益的预期，从而降低创新投入和先进技术引进（朱雪忠和胡锴，2020）。

加强科技成果转化中的知识产权保护。一要提升企事业单位知识产权保护与管理能力，将企业知识产权管理制度与科技成果转化活动相融合，鼓励企业建立内部技术转移机构，配备合理的人员队伍，加强投资能力建设。二要加强对职务成果的保护，完善跨企业知识产权保护平台建设，避免职务科技成果的擅自转让或者变相转让。三要加强对单位权益的保护，科技成果完成单位可以规定或者与科技人员约定奖励和报酬的方式、数额和时限，兼顾科技人员积极性与单位权益，发挥典型案例示范作用。

（三）融合产业政策，突出战略性新兴产业的关键作用

与其他产业相比，战略性新兴产业具有发展潜力高、经济带动性强、环境污染低、技术知识密集等特点。这些特点在为其科技成果转移转化带来高收益的同时，也大大提高了转化难度：一方面，战略性新兴产业对科研水平要求高、依赖性强，优质科技成果的诞生难导致了其转化难；另一方面，战略性新兴产业科技成果的转移转化包括了技术开发、产品开发、工程化生产、市场开发等多个阶段，是一个复杂的系统性工程，大量的不确定因素导致了其风险高（肖尤丹，2017）。因此，战略性新兴产业领域将成为创新转化的关键领域。以实现工程化为目标，推动技术成果的扩散工程化生产是战略性新兴产业科技成果转移转化过程中的关键一环。地方应当加强对中试基地建设的帮助与扶持，通过设立中试基地建设专项，对当地重点产业的中试基地建设予以重点支持。依托地方高新技术产业园区，联合政府、企业、高校、科研院所、科技中介服务平台等多方力量共建中试基地，开展深度合作。同时，引入风险投资机构参与中试基地建设，一方面为中试基地提供充足的资金支持；另一方面利用其市场分析能力对中试项目的可行性进行把关，提高成功率。除此之外，还可以探索建立科研数据采集平台和技术创新服务平台，提供科技成果从实验室研发到产品规模化生产各阶段所需的资源信息，开展检测咨询对接服务，推动各类产业基地合理布局，提高转化效率。

（四）强调专业化主体激励政策，提高优质服务供给水平

专业化技术转移机构是为科技成果转移转化活动提供全链条、综合性服务的专业机构。通过建立专业化技术转移机构开展科技成果转化是国外高校开展技术转移和成果转化的重要方式，核心是让专业的人干专业的事，发挥技术经理人的专业优势，为高校和科研人员转化成果提供专业化服务。科技部、教育部长期重视高校科技成果转化工作，2016 年两部联合发布《关于加强高等学校科技成果转移转化工作的若干意见》，积极贯彻落实国家促进科技成果转移转化"三部曲"，相关部门相继出台国有资产、兼职兼薪、税收优惠等支持政策，极大激发了科研人员的创新积极性，高校科技成果转化量质齐升，对经济高质量发展支撑作用日益凸显。

党的十九届四中全会做出创新促进科技成果转化机制的重要部署。2020 年，中共中央、国务院印发《关于构建更加完善的要素市场化配置体制机制

的意见》，将培育发展技术转移机构作为加快发展技术要素市场的重要举措和明确任务，提出新的更高要求。高校作为我国科技创新的重要战略力量和高地，在加快推动科技成果转化、支撑经济社会发展方面还可以发挥更大作用。统计分析发现，科技成果转化成效较好的高校普遍设立了适合自身特点的技术转移机构，专业化技术转移机制比较完善，专业服务能力有所增强，在技术转移、成果转化过程中发挥了重要作用（江雨薇等，2022）。《中国科技成果转化 2021 年度报告》显示，已有 802 家高校院所自建技术转移机构，但建立的机构不同程度存在服务水平低、发挥作用弱等问题，难以有效承担高校科技成果转移转化的职责和使命。

在"十四五"规划期间，推动创新能力强、科技成果多的高校普遍建立技术转移机构，落实科技成果转化各项政策措施，提升转移转化服务能力，有效运行并发挥作用，促进高校科技成果转化水平大幅提升，力争实现"全覆盖"。同时考虑到各高校的不同情况和成果转化的不同形式与特点，提出了设立内设机构、与地方联合设立专业化机构、全资设立公司三种主要的技术转移机构建设模式，也鼓励各高校结合实际探索新的建设方式和运作机制。

（五）关注试点先行政策，加速重点区域突破

政策层面勇于探索、先行先试，在推动我国科研事业单位科技成果转化政策法规环境优化方面，发挥了积极的"改革试验田"作用。2020 年，科技部公布《关于加快推动国家科技成果转移转化示范区建设发展的通知》指出，以服务科技型企业为重点，发挥支撑复工复产示范带动作用，国家科技成果转移转化示范区（以下简称"示范区"）要全面落实科技支撑复工复产和经济平稳运行的若干措施。通过成果转化助力示范区成为新基建、新技术、新材料、新装备、新产品、新业态的主阵地，培育一批科技成果转化示范企业。以示范区主导产业为重点，加快推进重大科技成果转化应用。示范区要聚焦高新区、农高区等科技园区主导产业，加快培育新兴产业和创新型产业集群，定期发布技术需求清单和新技术应用场景清单，建立以企业为主体的科技成果转化中试熟化基地，加强产学研协同技术攻关与成果转化应用（孙喜，2021）。支持承担国家科技计划项目的企业，突破碎片化支持障碍，加速在示范区开展成果落地转化（王斌和谭清美，2021）。

（六）优化科技成果评价体系，筑牢创新转化公共政策基础

科技成果评价是创新转化中不断激励创新质量提高的重要动力。2021年，国务院办公厅发布的《关于完善科技成果评价机制的指导意见》中提出，要打破现有科技成果评价体系，既"破"又"立"，建立全新的科技成果评价机制，对原有机制存在的痛点、堵点、难点做出了指引性的系统部署。坚持科学分类、多维评价、灵活激励，以建立更加正向、科学、公平、公正的科技评价体系，从创新源头破解长期以来科技成果供给质量低、人才评价体系僵化单一、科技创新动力不足等瓶颈问题，构建正向价值导向，激发科技人员创新创造活力、加快形成一流的科技创新生态环境。科技成果评价机制是提升科技创新能力至关重要的指挥棒，关键在于解决好"评什么""谁来评""如何评""怎么用"等几个核心问题（陈柏强和黄婧涵，2022）。

未来为了进一步提高创新转化效率，创新转化公共政策可以着力建立科学合理的科研评价导向，细化科技成果转化从业人员考核晋升细则，以质量、贡献和转化绩效为导向，激发科研人员转化热情。建立科技成果分类评价系列标准，加强现有可操作性强的科技成果评价标准的推广应用，引导科技成果评价行业规范有序发展（刘磊等，2020）。适时将技术成熟度评价纳入国家科技计划立项、验收评审标准中，同时作为国家科技成果转化引导基金等科技金融投资决策的条件，发挥好科技成果评价在成果转化中的作用。

案例
龙芯——实现从无"芯"到有"芯"的跨越

"龙芯"CPU是我国自主研发的第一款通用计算机微处理器，由中国科学院计算技术研究所自行研制。它采用了寄存器换名、动态调度、乱序执行等主流体系结构技术，在通用CPU体系结构设计技术方面处于国内领先和国际先进水平，在动态流水线的具体实现技术和硬件对系统安全性的支持方面，实现了重要创新。

微处理器是计算机系统及各类电子设备的核心，其设计和制造是技术实力的象征。因为缺乏自主微处理器设计技术，我国信息产业中的许多核心技术及产品主要依赖进口，而每年仅个人计算机和服务器中使用的微处理器芯片，中国企业及消费者便为之付出了巨额版权费，包括联想公司这样的大企

业的利润也是相当低的，主要原因就是买芯片组装的商业模式，只是一个组装工厂而已。而且，在国际 CPU 巨头 AMD 与英特尔的明争暗斗中，中国 PC 厂商无论怎样都掩盖不了"看他人脸色"的尴尬处境，既要哄着占有份额优势的英特尔，又不敢得罪价格占优的 AMD，而这一切都是因为中国 PC 产业长期以来没有占据技术的制高点。

2001 年 5 月，在中国科学院计算技术研究所知识创新工程支持下，龙芯课题组正式成立。2001 年 8 月 19 日，龙芯 1 号设计与验证系统成功启动 linux 操作系统；10 月 10 日通过中科院组织的鉴定。2002 年 8 月 10 日，首片龙芯 1 号龙芯 XIA 50 流片成功。2002 年 9 月 22 日，龙芯 1 号通过中科院组织的鉴定，9 月 28 日举行龙芯 1 号发布会。时任人民代表大会常务委员会副委员长路甬祥、全国政协副主席周光召参加了龙芯 1 号发布会。2003 年 10 月 17 日，龙芯 2 号首片 MZD 110 流片成功。2004 年 9 月 28 日，经过多次改进后的龙芯 2C 芯片 DXP 100 流片成功。

龙芯 1 号研发成功后，中科院计算所与江苏综艺集团等合资组建北京神州龙芯集成电路设计有限公司，主要从事研发。之后又设立江苏中科梦兰电子科技有限公司与江苏中科龙梦科技有限公司两个产业化子公司，前者侧重研发，后者侧重生产与销售。而当时公司的核心研发体系、团队、部分组织管理者多为中科院计算所人员，这样并不能让龙芯真正走向市场化。为适应市场要求，加上为融资铺垫，2008 年以来，龙芯市场化开始加速。当年组建了"龙芯中科"，其启动资金来源于计算所种子公司、计算所和团队人士，最终成为一个在体制上与中科院没有关联的实体。2009 年，龙芯电脑被列入首批国家级自主创新产品目录和江苏省自主创新产品目录，江苏中科梦兰电子科技有限公司被列为常熟市电子信息产业振兴规划的核心企业，常熟市率先采购了 1 万台龙芯电脑。同年 12 月，在中国南京政府采购产品展览会上，省财政部门和江苏中科梦兰电子科技有限公司签下了江苏省支持自主创新产品政府首购第一单。两三年内，江苏中科梦兰电子科技有限公司的 15 万台龙芯电脑走进省内 5000 所中小学课堂。江苏省和常熟市的首购，大大加速了龙芯的市场化进程。政府对龙芯计算机的首购，不仅体现了政府支持自主创新产品的坚定决心，同时也使得龙芯计算机真正达到了规模化普及应用水平。

资料来源：《全国科技管理干部培训阅读丛书》编委会. 科技创新案例选编 [M]. 北京：科学出版社，2014.

思考题:

1. 创新转化法律法规的作用有哪些?
2. 阐述创新转化公共政策的政策工具主要分类与内涵。
3. 列举不同时期创新转化公共政策的不同之处。

参考文献

[1] 陈柏强, 黄婧涵. 政府创新补贴对区域科技成果转化的影响——基于市场竞争公平性的门槛效应 [J]. 科技管理研究, 2022, 42 (8): 66 – 73.

[2] 郝涛, 丁堃, 林德明, 等. 高校科技成果转化政策工具的选择偏好与配置研究——36 所"双一流"高校政策文本分析 [J]. 情报杂志, 2021, 40 (12): 80 – 86.

[3] 贾雷坡, 张志旻, 唐隆华. 中国高校和科研机构科技成果转化的问题与对策研究 [J]. 中国科学基金, 2022, 36 (2): 309 – 315.

[4] 江雨薇, 陈君沂, 林丽娇, 等. 政策计量视角下破除"唯论文"政策扩散的特征分析 [J]. 情报理论与实践, 2022, 45 (6): 89 – 91.

[5] 兰筱琳, 洪茂椿, 黄茂兴. 面向战略性新兴产业的科技成果转化机制探索 [J]. 科学学研究, 2018 (8): 1375 – 1383.

[6] 李兰花, 郑素丽, 徐戈, 等. 技术转移办公室促进了高校技术转移吗? [J]. 科学学研究, 2020, 38 (1): 76 – 84.

[7] 李胜会, 夏敏. 中国科技成果转化政策变迁: 制度驱动抑或市场导向 [J]. 中国科技论坛, 2021 (10): 1 – 13.

[8] 刘国新, 张峰, 张鹏飞, 等. 我国高校技术转移机构建设模式与策略选择 [J]. 科技进步与对策, 2022, 39 (5): 1 – 10.

[9] 刘磊, 胡恩华, 单红梅. 科技成果转化研究述评——基于知识图谱的可视化分析 [J]. 经济体制改革, 2020 (2): 120 – 128.

[10] 马波, 何迎春. 国家财政资助项目科技成果权属的历史沿革, 制度障碍和解决方案 [J]. 中国科技论坛, 2020 (11): 48 – 55.

[11] 马江娜, 李华, 王方. 中国科技成果转化政策文本分析——基于政策工具和创新价值链双重视角 [J]. 科技管理研究, 2017 (7): 9.

[12] 孙喜. 重新理解创新型国家建设的"企业本位论" [J]. 科研管

理，2021，42（9）：24－33.

　　［13］王斌，谭清美．区域技术资源碎片化的科技成果转化抑制效应及其治理［J］．经济体制改革，2021（6）：49－55.

　　［14］吴寿仁．中国科技成果转化40年［J］．中国科技论坛，2018，270（10）：7－21.

　　［15］肖国芳，李建强．改革开放以来中国技术转移政策演变趋势，问题与启示［J］．科技进步与对策，2015，32（6）：115－119.

　　［16］肖尤丹．中国科技成果转化制度体系：法律、政策及其实践［M］．北京：科学技术文献出版社，2017.

　　［17］杨帆．多维驱动因素的内生经济增长模型——技术进步与人力资本积累的交叉外部性及其增长效应［J］．工业技术经济，2013（7）：9.

　　［18］张剑，黄萃，叶选挺，等．中国公共政策扩散的文献量化研究——以科技成果转化政策为例［J］．中国软科学，2016（2）：145－155.

　　［19］张玉华，李茂洲，杨旭淼．基于主题模型的地方科技成果转化政策组态效应研究［J］．中国科技论坛，2022（5）：11－20.

　　［20］朱雪忠，胡锴．中国技术市场的政策过程，政策工具与设计理念［J］．中国软科学，2020（4）：1－16.

第三章

企业与创新转化

第一节　企业与创新转化概述

当今世界正步入知识经济、信息技术的时代，全球科技、经济一体化趋势日益明显，世界范围市场竞争日趋激烈，没有创新就没有高新技术产业，传统产业也难以可持续发展。制度、管理与技术创新是企业赖以生存和发展的重要基础，企业只有不断增加创新资本投入及知本投入，才能在激烈的竞争中占有一席之地。企业是市场经济主体，也是科技成果转化主体，其主体地位能否得到充分体现，不仅影响企业本身技术水平的高低，更对一国的经济实力有着不可替代的影响。

一、企业的分类

企业是从事生产、流通、服务等经济活动，以生产或服务满足社会需要，实行自主经营、独立核算、依法设立，具有经济法人资格的一种营利性的经济组织。根据不同分类标准，企业分类有多种形式。根据法律组织形式，企业可划分为独资企业、合伙企业和公司。根据国家统计局的《统计上大中小微型企业划分办法（2017）》，企业可划分为大型、中型、小型、微型四种类型。

为了便于探讨企业创新转化问题，本章将企业划分为高新技术企业和传统企业（即非高新技术企业）两类。高新技术企业大多是知识创造型企业，而传统企业大多是劳动或资本密集型企业。

高新技术企业是指在《国家重点支持的高新技术领域》内，持续进行研究开发与技术成果转化，形成企业核心自主知识产权，并以此为基础开展经营活动，在中国境内（不包括港、澳、台地区）注册一年以上的居民企业。它是知识密集、技术密集的经济实体。一言以蔽之，高新技术企业是指在生产经营过程中，投入大量研发费用，拥有较高比率的科技型人才，研究开发、生产销售创新产品或创新技术服务的企业。

根据 2016 年《高新技术企业认定管理办法》，申请高新技术企业认定包含八大领域，分别是电子信息技术、生物与新医药技术、航空航天技术、新材料技术、高技术服务业、新能源及节能技术、资源与环境技术、高新技术改造传统产业。2020 年统计数据表明，我国高新技术企业已达到 27.5 万家，高新技术企业总营业收入已达到 51.3 万亿元，有效带动了我国战略性新兴产业发展。

二、高新技术企业的特征

与传统企业相比，高新技术企业具有高技术人才密集、高投入、高创新、高收益、高成长、高风险以及合作与共享的组织文化等特征属性。

（一）高技术人才密集性

高新技术企业与传统企业的最大区别在于其以知识为基础，集技术、智力、信息、知识等高级生产要素于一体。《高新技术企业认定管理办法》规定：高新技术企业从事研发和相关技术创新活动的科技人员占企业当年职工总数的比例不低于10%。高新技术企业的关键经营资源是人力资源，特别是高智力人力资源，即具有较高程度异质性劳动能力的人力资源。高新技术企业发展过程中起着核心和关键作用的是高技术人才。高新技术企业中的人力资本所有者包括创新者（主要指经营创新者和科研创新者）、管理者、生产者。由于创新活动是高新技术企业经营活动中的日常活动，因此在高新技术企业中，最重要的不是管理者，而是经营和技术的创新者。

（二）高投入性

高新技术企业的高投入性主要表现在研发产品商品化阶段的试验和推广、专用设备等方面需要大量资金。技术难度越大、越复杂，需要投入的资金越多。在研发阶段，通常要经过中间试验，这一环节的投入费用弹性很大，有时投入后一无所获，有时须多次试验、不断追加投入才能成功。中间试验费用在整个开发过程所占比例很大。在商品化阶段，为了及时将新产品推向市场并提高市场占有率，须投入巨大的广告和其他促销费用。据统计，高新技术企业研发投入强度一般为 5% ~ 15%，最高可达 50%，其研发成果商品化所需投资又要比研发投入强度高 5 ~ 10 倍。

（三）高创新性

2016 年修订的《高新技术企业认定管理工作指引》规定：不具备知识产权的企业不能认定为高新技术企业，将知识产权作为高新技术企业认定的必要条件。高新技术企业认定时的一个重要指标就是新产品和新技术在销售额中的比重，技术、产品、市场及管理等创新在高新技术企业中的作用十分显著。高新技术企业要保持竞争优势，必须时刻围绕创新主线开展工作，不创新甚至创新缓慢，企业都将面临淘汰。《科创属性评价指引（试行）》（2020）将满足包括知识产权在内的三项常规指标作为评价科创属性的必要条件，如果高新技术企业不能满足该指标，就不能通过科创属性评价，从而无法实现科创板上市，如科创板首家终止上市的企业"北京木瓜移动科技股份有限公司"。

（四）高收益性

高新技术企业的高收益性来源于其技术和产品的高创新性，这种创新在一定时期内具有垄断性特征。市场的旺盛需求和技术垄断能够吸引愿意支付高价格的购买者，从而带来高额的利润回报。高新技术企业在创业成功之后，通常可以得到数十倍于初始投入的巨大收益。基于股票市场上高新技术板块的表现，也足以说明高新技术企业的高收益性。2019 ~ 2021 年，科创板上市企业的市值不断增长，2019 年 7 月 22 日首批上市的 25 家公司总市值仅为 5293.39 亿元，2021 年末 377 家科创板上市公司总市值达 56305.56 亿元。截至 2022 年 7 月 21 日，科创板上市公司增至 437 家，整体净资产收益率（Return on Equity，ROE）的中位数为 11.27%，高出全部 A 股公司中位数（8.39%）2.88 个百分点。2021 年，净资产收益率在 10% ~ 20% 区间的公司有 157 家，其中 8 家公司净资产收益率超过 20%，展现出较强的盈利能力①。

---

① 证券日报. 砥砺前行 科创板助力"硬科技"企业步履铿锵 [EB/OL]. (2022 – 07 – 22). epaper. zqrb. cn/html/2022 – 07/22/content_860289. htm.

（五）高成长性

由于专利保护、技术诀窍、技术领先、特许经营等因素，高新技术企业的创新产品一旦在市场上取得成功，将给企业带来巨大的竞争优势。企业投资回报率可能在短短几年内增长几十倍甚至上百倍。高收益促成了高新技术企业的高成长。高新技术企业在发展阶段上具有跳跃性，在短期内可能成长为大公司。高新技术企业，特别是科创板的上市公司，近三年营业收入和归母净利润持续增长，展现出卓越的高成长性。2019 年、2020 年、2021 年科创板 437 家上市公司的合计营业收入分别为 5229.28 亿元、6311.95 亿元和 8632.61 亿元。2021 年，近九成公司营业收入实现同比增长，45 家公司全年营业收入超过 100%。2019 年、2020 年、2021 年科创板上市公司的归母净利润总和分别为 335.93 亿元、553.04 亿元、983.15 亿元。2021 年，304 家公司归母净利润实现同比增长，占比近七成，其中 65 家公司同比增长超过 100%[①]。

（六）高风险性

高新技术企业时刻面临高风险，其风险根源主要有四个。一是技术风险。任何一项高新技术，从技术原理构思到技术研发，再到产品（服务）开发，最后到实际应用，由于技术不成熟而具有很多难以预料的不确定性。一般来说，技术越新、越先进，其风险也就越大。二是市场风险。新技术研发、新产品的开发是否真正符合市场的需求，产品或服务的推出是否抓住了有利时机、是否能够产销对路、价格是否能被接受等，不是企业事前能够完全掌控的。三是融资风险。受资本市场资金充裕程度、投融双方信息不对称、投资方的投资偏好和融资条件等诸多因素影响，难以保证及时获得融资。不能事先假设能按企业发展需要适时实现完美融资。四是管理风险。高新技术企业大多由科技人员创办，成立初期管理能力往往比较弱。

（七）合作和共享的组织文化

高新技术企业组织文化的特点是鼓励创新、合作、共享和宽容失败。在企业内部，采用团队工作方式，建立学习型组织，促进知识创新和技术创新。

---

① 证券日报. 砥砺前行 科创板助力"硬科技"企业步履铿锵［EB/OL］.（2022 - 07 - 22）. epaper. zqrb. cn/html/2022 - 07/22/content_860289. htm.

由于高新技术企业的成果具有高度的不确定性和不可预测性，必须对失败有较高的容忍度，以促进企业科技人员的创新行为和创业精神。在高新技术领域，破除"只许成功，不许失败"的老观念，宽容失败就是鼓励创新。《中华人民共和国科学技术进步法》（2021 年修订）规定，"鼓励科学技术人员自由探索，勇于承担风险……原始记录能够证明承担探索性强、风险高的科学技术研究开发项目的科学技术人员已经履行了勤勉尽责义务仍不能完成该项目的，给予免责"，建立宽容失败的企业管理制度。

三、企业在创新转化中的角色与地位

（一）研究开发的重要主体

研发是创新的源头，企业是研究开发的重要主体，企业围绕市场需求有针对性地开展研发工作。创新型领军企业在基础科学发展中具有引导作用，而且在基础研究中的社会地位不断提高，研发投入不断增加，研发效率不断提升。《2020 年全国科技经费投入统计公报》显示，2020 年，企业研究与试验发展（R&D）经费支出 18673.8 亿元，占全国 R&D 经费的比重达 76.6%，对全国增长的贡献达 77.9%。

（二）技术创新的中坚力量

市场经济条件下，企业成为市场竞争的主体，这就要求企业必须不断地进行技术创新。在国家创新体系中，企业是负责完成生产要素重新组合的社会组织。在国家政策指引和法规制度的限制下，企业以市场需求为导向，结合企业内部状况和竞争对手的动向，选择适合本企业发展的技术创新模式，并在选定模式的基础上自行筹资以支持相应的研发、生产和经营，从而成为技术创新投资的主体。近年来，一批具有国际竞争力的创新型企业不断发展壮大，成为技术创新的中坚力量。2021 年，在科创板上市的 313 家公司中，新一代信息技术、生物医药和高端装备制造行业占比合计接近 75%[①]。

---

① 人民日报. 成立两年来，已有上市公司313家，总市值4.95万亿元 科创板，助创新跑出加速度［EB/OL］.（2021 - 08 - 16）. paper. people. com. cn/rmrb/html/2021 - 08/16/nw. D11000renmrb_20210816_1 - 18. htm.

（三）创新收益的分配主体

企业是创新收益的分配主体，以企业为主体的激励性创新利益分配结构能够刺激企业积极开展创新活动，驱动企业取得高质量创新成果并进行有效转化。企业有权对其创新收益进行自主分配，作为创新收益的分配主体，企业除了将部分利润用于自身发展，还可以通过创新收益的分配奖励创新有功人员。国家出台了针对科技成果转化的"项目收益分红政策"，明确项目收益分红是指如果企业可以把科技成果通过转让、许可使用、作价投资等方式进行转化应用，那么核心技术人员将获得不低于转让收益50%的奖励；如果企业通过自主实施或者联合他人实施实现收益，那么核心技术人员可以在 3~5 年之内，每年从科技成果转化的营业利润中获得不低于5%的奖励。

（四）创新转化生态系统的核心构成要素

"十三五"规划以来，随着创新要素全球流动和一体化创新环境的形成，全球创新呈现"线性创新→创新系统→创新生态系统"的演变趋势。构建创新转化生态系统，是实施国家创新战略的内在需求。在创新转化生态系统中，"政产学研金服用"多主体的协同必须以创新企业为协同体系的核心点与增长点，围绕重点产业，以行业骨干企业为主导，联合上下游企业和高校、科研院所，构建多种形式的产业技术创新联盟，围绕产业链构建创新链，推动跨领域跨行业协同创新，加强行业共性关键技术研发和推广应用。例如，航天原点创客以双创成果转化为契机，联合航天云网、航天科工工研院、中国技术交易所、北京股权交易中心、律师事务所以及外部创业公司，探索联合攻关、利益共享、知识产权运营的有效机制与模式，构建了协同发展的产业生态。

第二节　企业创新转化的理论与过程

在实践中，企业驱动的科技成果转化是一个整体过程，具有实用价值的科技成果通常需要经过后续试验、开发、应用、推广直至形成新产品、新工艺、新材料，发展新产业等活动。简言之，企业创新转化的全链条包括了从基础研究、应用研究、技术开发、实验发展到产业化转化的全过程。先从理论视角把握企业创新转化的过程规律，识别传统企业和高新技术企业的不同属性特征，而后从实践视角选择合适的创新转化路径付诸实践，可大幅提升企业科技成果转化的成功率，使得企业创新转化工作"事半功倍"。

一、企业创新转化的理论模型

目前，关于企业创新转化的理论模型研究，较为主流的是"魔川—死谷—达尔文海"理论模型和"政产学研金服用"创新共同体理论模型。前者从企业内部实践视角，认为技术创新成果从走出实验室到技术熟化、产品落地，中间往往要经历从研究到开发的"魔川"、从小试到中试的"死谷"、从中试到产业化的"达尔文海"等一系列攻坚克难的过程。后者从内外部环境及利益相关者关系视角，认为企业驱动的创新转化是"政产学研金服用"要素之间相互耦合、相辅相成的融合创新生态系统。基于上述两个理论模型，进一步识别企业创新转化过程中的关键影响因素，认清企业创新转化的一般过程及规律，可为后续企业创新转化实践提供有效的理论支撑和方法指导。

（一）"魔川—死谷—达尔文海"理论模型

在《创新知识基础》一书中，上海交通大学教授级高工吴寿仁提出科技成果转化的"魔川—死谷—达尔文海"理论模型（吴寿仁，2018），如图 3 - 1 所示，包括从科学研究到商业化的整个过程，可分为研究、开发、商业化、产业化四阶段。研究即科学研究，解决对未知领域的认识问题，研究成果即科学发现，并无明确的应用目的；开发即技术开发，是为科学研究成果找到明确的应用目的，其过程仍是探索性的；商业化即产品开发，即将科技成果转化为具体的产品，为消费者服务；产业化即工艺开发和商业模式开发，为客户提供质优价廉的商品。研究→开发→商业化→产业化，各个阶段的过渡不是一帆风顺的，而是要经历许多波折，跨越许多障碍。

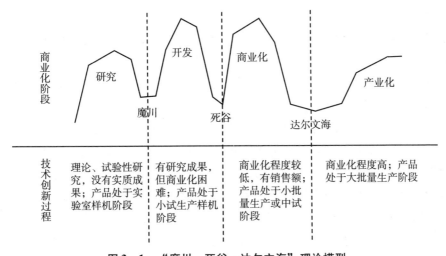

图 3 - 1 "魔川—死谷—达尔文海"理论模型

资料来源：吴寿仁．创新知识基础 ［M］．上海：上海社会科学院出版社，2011.

从科学研究到技术开发转化所经历的障碍被称为魔川，是由技术的不确定性造成的。这就要求研究人员进行大胆的探索、试错，以克服技术的不确定性。

从开发到商业化的过程中，所经历的障碍叫"死谷"（即死亡之谷）。这是由顾客不确定性导致的。这就要求研发人员或者科技成果转化人员准确定义顾客需求，即应当对顾客进行大量的调研，找到顾客的痛点、痒点。破解死谷之道，无非是增加初期投资、尽量节省开支和尽快实现新产品销售这三条途径。

从商业化到产业化所经历的障碍被称为"达尔文海"。这是由市场竞争造成的，即优胜劣汰，关键在于能否找到合适的商业模式。在这一阶段，主要矛盾已经从技术转移到市场，企业不仅要不断降低产品的单位成本，提高产品的性能，既为顾客提供质优价廉产品，还要注重商业模式开发。是否找到合适的商业模式是创新成败的关键。

"魔川—死谷—达尔文海"的创新模型将着眼点放在研究→开发→商业化→产业化各阶段转换中的问题或障碍，每成功地跨越一个障碍，或者解决每一个阶段的难题，科技成果的成熟度就上一个台阶。

（二）"政产学研金服用"创新共同体理论模型

创新转化管理工作是一项系统工程（陈志军，2021），20 世纪末探讨

"大学—产业—政府"三者关系所形成的三重螺旋理论便成为研究热点。三重螺旋理论以创新为中心，强调大学、产业、政府之间的沟通与联系，促进科技成果的市场化和社会效益的实现。近年来，三重螺旋理论又拓展为四重和五重螺旋理论，在原有大学、产业、政府三要素关系的研究基础上，逐步增加了公民社会（或用户）和自然环境要素。

《关于打造"政产学研金服用"创新创业共同体的实施意见》（2019）对"政产学研金服用"创新共同体做了科学阐述。"政"指政府在支持研发创新及推动科技成果市场化中的政策引导和政策扶持作用及推动科技创新的协调联动机制；"产"指充分发挥企业在创新转化系统中的主导作用，打通企业到科研成果之间的路径，推动企业与科研机构之间的合作，并增强企业自身研发能力；"学"指科技人才是创新转化系统要素的核心和根本，打通高校到企业间的人才培养、人才使用、人才发展的渠道；"研"指科学研究是创新转化的源头和起点，以市场为导向，以增加社会价值为目标，使科学研究真正服务于社会；"金"指搭建金融服务平台，分阶段提供贷款、质押、贴息、入股、财政资金、风险投资、企业上市等多种科技金融合作模式，促进科技成果产权化；"服"指构建创新转化的科技服务平台，为成果转化提供物理空间和基础设施，以及一系列的服务支持（如知识产权服务），以提高创业成功率，促进科技成果转化；"用"指科技成果转化的社会效用是创新转化的最终落脚点，确保创新转化能够服务于企业、服务于社会、服务于国民经济发展。

"政产学研金服用"创新共同体协同机制包含六个方面，即"产学研"三重螺旋拉动机制、政府科技政策导向机制、金融机构润滑支持机制、用户需求反馈机制、服务中介平台保障机制和对外部环境的互动反应机制（商贝贝，2019），如图 3 - 2 所示。

企业是整个创新体系的核心主体，企业参与的"产学研"三重螺旋拉动机制是创新共同体的核心动力机制。"政产学研金服用"创新共同体的核心创新主体是产学研，主要强调企业、高校、研究机构每个子系统都像一股螺旋上升的螺旋线，通过三者之间的互动、交叉和融合，不断演变出各种关联模式和组织结构，这些关联模式和组织结构又会给予每个创新主体强烈的信息反馈，促使每个主体不断调整，从而使得整个社会经济系统不断进行着"否定之否定"的螺旋上升式发展。随着科技创新向纵深方向发展，以企业为基本组成单位形成产业组织，借助多个协同创新主体的支持，在螺旋体系中实现自身良性发展。

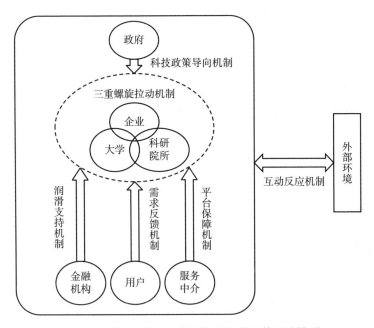

图3-2　"政产学研金服用"创新共同体理论模型

资料来源：王萍萍．"政产学研金服用"创新共同体协同机制研究——基于协同创新网络的视角 [J]．上海市经济管理干部学院学报，2019，17（4）：1-9．

二、企业创新转化的关键影响因素

企业创新转化能否成功以及实际转化绩效好坏受到很多因素影响，通常将影响企业创新转化的因素分为两大类，即显性因素和隐性因素。显性因素主要包括研究开发能力、生产制造能力和新产品优势，隐性因素主要包括创新投入能力、创新管理能力和创新转化能力（夏凯，2019）。

（一）研究开发能力

研究开发能力是影响企业创新转化的最直接因素，较强的研究开发能力有利于研发人员在研发时少走弯路，同时也有利于加强研发人员间的交流与合作，提高研发产品质量和研发效率。研究开发能力主要由研发人员经验与学历、新产品研发周期、研究成果投产率、技术选择能力、技术改造强度等因素构成。

（二）生产制造能力

在科技成果成功研发出来后，企业需要引入或研发相关的生产技术或工艺，将科研成果商品化并实现规模生产，最终投向市场。企业的科技成果只有经过生产制造，并且进入市场为企业带来利润，才算实现真正意义上的研发成功。生产制造能力显著影响着企业技术创新模式的选择。生产制造能力主要由生产计划完成率、生产设备先进水平、引进技术达产率、生产人员综合水平、人均劳动生产率等因素构成。

（三）新产品优势

新产品不仅意味着全新产品，即市场上未曾出现过该产品的原始版本或类似版本，还意味着对市场上已有商品的完善和升级。因此，开发出具有市场竞争力的新产品或服务，不仅是企业研究开发和生产制造的目的，而且也是其提高市场占有率的有效手段，对科技成果的转化成功与否有直接影响。新产品优势主要由新产品的多样性水平、产品技术先进水平、生产成本、产值率和市场占有率等因素构成。

（四）创新投入能力

创新投入分为两个方面，即人力激励投入和其他资金投入。创新投入能力是影响企业创新转化的重要因素之一，主要由研发投入强度、新产品营销强度、非研发投入强度、相关设备投入强度、专职技术人员投入强度、技术培训强度、信息化平台建设程度等因素构成。

（五）创新管理能力

创新管理能力作为一种保障要素，是企业管理水平的重要体现，有利于提升企业的技术创新速度，进而提升企业创新成果进入市场的速度。创新管理能力主要由组织结构适应性、高层管理者的支持与参与、知识产权保护意识、企业制度及核心团队稳定性、企业未来 1～5 年的定位及发展规划的合理性、管理团队素质、创新机制效率等因素构成。

（六）创新转化能力

创新转化能力是衡量企业创新水平的一个重要指标，据此指标可更为准确地选择企业创新转化模式。创新转化能力主要由成本降低率、营销队伍成员能力、市场调研经费投入、产值利税率、研发投入盈利比率、原料利用率、销售多元化程度及销售渠道管理水平、顾客满意度等因素构成。影响企业创新转化的关键因素如表 3-1 所示。

表 3-1　　　　　　　　　　影响企业创新转化的关键因素

大项	一级因素	二级因素
显性影响因素	研究开发能力	研发人员经验与学历
		新产品研发周期
		研究成果投产率
		技术选择能力
		技术改造强度
		与高校、科研院所合作程度
		专利和专有技术人均拥有数
		专业研发人员比例
	生产制造能力	生产计划完成率
		生产设备先进水平
		引进技术达产率
		生产人员综合水平
		人均劳动生产率
		企业在生产制造中的计量、测试和标准化水平状况
		投入产出比率
	新产品优势	新产品的多样性水平
		产品技术先进水平
		生产成本
		产值率
		市场占有率

续表

大项	一级因素	二级因素
隐性影响因素	创新投入能力	研发投入强度
		研发投入增长率
		新产品营销强度
		非研发投入强度
		相关设备投入强度
		专职技术人员投入强度
		技术培训强度
		信息化平台建设程度
		引进科技成果情况
	创新管理能力	组织结构适应性
		高层管理者的支持与参与
		知识产权保护意识
		企业制度及核心团队稳定性
		企业未来1~5年的定位及发展规划的合理性
		企业外部沟通能力
		技术市场所筹集信息的有效性
		经营及抵御风险能力
		技术创新激励机制
		管理团队素质
		创新机制效率
		创新成功率（技术、商业、产业）
	创新转化能力	成本降低率
		营销队伍成员能力
		市场调研经费投入
		产值利税率
		研发投入盈利比率
		原料利用率
		销售多元化程度及销售渠道管理水平
		顾客满意度
		技术创新成功率
		质量提高率
		新产品广告支出比例
		获利方式

资料来源：夏凯. 冰山理论视角下科技型中小企业技术创新模式选择研究［D］. 哈尔滨：哈尔滨工程大学，2019.

三、高新技术企业的创新转化过程

高新技术企业创新转化的一般过程通常包含两个阶段，如图3-3所示：第一阶段是创新生成阶段，决定了企业基本创新模式和创新资源的利用模式；第二阶段是创新转化阶段，是对第一阶段科技成果的加工再利用，最终实现经济效益的产出（商贝贝，2019）。

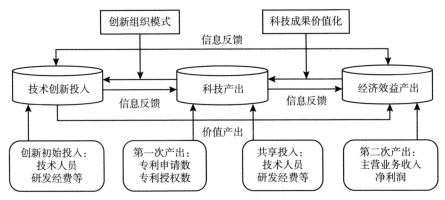

图3-3 高新技术企业的两阶段创新转化理论模型

资料来源：商贝贝. 创新价值链视角下京津冀电子信息企业创新效率及影响因素研究 [D]. 秦皇岛：燕山大学，2019.

传统企业与高新技术企业的创新转化过程是相似的，可参考高新技术企业的两阶段创新转化理论模型。两者的区别主要在于传统企业的技术创新投入相对较低，并且由科技产出转化而来的经济效益产出相对较低。

（一）创新生成阶段：创新组织模式

高新技术企业技术创新过程的开端需要综合评估并判断自身所处的内外部创新环境、创新资源禀赋、核心优势能力等因素，这些因素共同决定了每一个高新技术企业适用于哪种创新组织模式，对企业日后生产经营活动中创新资源的利用模式和利用效率都有重要影响。

总的来说，创新组织模式有三种，分别是自主创新组织模式、模仿创新组织模式和合作创新组织模式，分别对应的是封闭式创新、引进消化吸收创新和开放式创新（商贝贝，2019）。

1. 自主创新组织模式

这是最早出现的一种创新组织模式，是企业利用自身技术和人员等资源进行科技研发的一种形式，对企业来说需要投入大量的财物资源和人力资源，面临高风险和创新周期长等问题，仅适用于少数实力较为雄厚的大型企业。

2. 模仿创新组织模式

该模式是企业在面对新技术带来的利益机制影响下，通过购买率先创新者的专利和技术等合法手段，实现新技术快速学习和改进的一种创新组织模式。

3. 合作创新组织模式

该模式是关注企业本身这个技术创新的主体，通过与高等院校、科研院所、政府、金融机构等外在创新生态的合作共赢，实现新兴技术和高新技术等领域的科技共享。

在创新生成阶段，高新技术企业需要评估自身创新战略发展方向，明确企业发展阶段，依据内外部的配套资源支持，选择合适的创新组织模式。

（二）创新转化阶段：科技成果价值化

创新转化阶段位于创新价值链的末端，是科技成果实现经济效益转化增值的阶段。

在创新转化阶段，高新技术企业在第一阶段的专利等科技产出作为技术投入进入新一轮的生产系统，同时结合第一阶段所共享的人力资源和财物资源投入，经过一系列生产、包装、营销等活动，顺利实现新产品的销售和价值增值。

实现科技成果经济效益转化增值的方式有两种：其一是技术市场的再价值化，即科技成果物化后经过专利授权许可等方式再度投放市场，从而实现价值再造；其二是批量生产科技创新成果，采用品牌包装、市场推广等商业化手段实现价值增值。

企业追寻技术创新主要依据两种标准：扩大市场占有率和实现利润增长。因此，企业需要时刻关注目标市场需求，采用技术合作、配套技术购买或生产经营合作等多种技术实现途径，最终顺利实现技术化、规模化、市场化的良性循环。

对高新技术企业来说，创新生成阶段与创新转化阶段的价值增值活动是彼此相依、环环相扣的，任何一个阶段出现失误都可能使创新要素失效。只有保证整个创新价值链的高度整合，确保创新投入要素合理化流动，才能顺利实现最优的创新资源配置，提高整个企业的创新效率。

在遵循上述创新转化过程基础上，企业越来越重视科技成果向标准化转化，积极推进科技研发与标准制定同步，如图3-4所示。企业在技术创新中融合标准化战略，在项目的立项、设计、研发、验收等过程中及时融入标准化，将研发成果标准化，用标准化促进新技术的消化、吸收、再创新，实现自主创新技术与标准的全过程结合（高鹏等，2020）。运用信息化管理系统，建立分级分类，如形成成果挖掘、成果凝练、成果形成、成果转化、成果运用以及成果信息的科技成果库或专利池等，实现对企业科技成果的系统化管理、动态化管理，为开展科技成果向标准转化的潜力分析与评估提供基础的信息溯源。企业将标准研制逐步嵌入创新转化过程的做法，为创新成果的快速产业化提供了重要支撑。

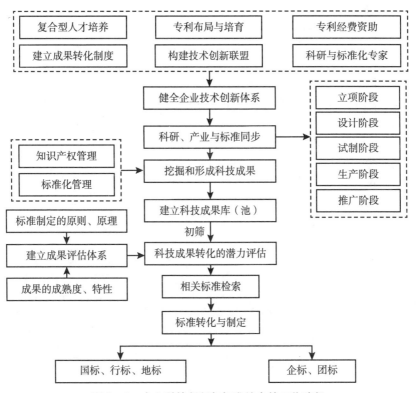

图3-4 企业科技创新与标准结合的工作路径

资料来源：高鹏，刘春霞，吴艳艳，等．中小企业科技成果向标准转化措施与路径的探究［J］．中国标准化，2020（9）：94-97.

第三节　企业创新转化的主要模式

根据企业主导创新转化的合作主体对象不同，可将企业创新转化模式分为五种类型，如图 3 - 5 所示：新创企业转化模式（即企业独立转化）、产学研（用）联合转化模式（即企业—大学或科研机构合作转化）、用户参与转化模式（即企业—用户合作转化）、公私合作转化模式（即企业—政府合作转化）和平台协同转化模式（即企业—多方合作转化）。企业可采用其中一种或同时采用几种转化模式。

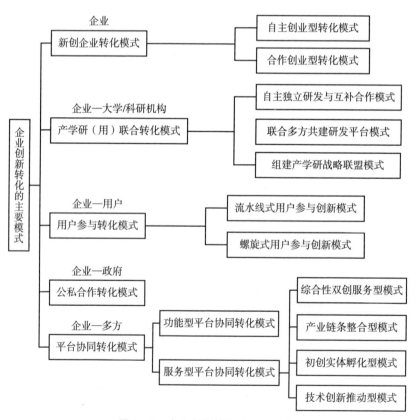

图 3 - 5　企业创新转化的主要模式

资料来源：笔者整理。

一、新创企业转化模式

根据新企业创立者是否是科技创新成果拥有者本人，可将新创企业转化模式分为"自主创业型转化模式"和"合作创业型转化模式"两种。

（一）自主创业型转化模式

自主创业型转化模式是指科技创新成果拥有者以自主成立科创型企业的形式实施成果转化，如"浙大中控""积成电子""青岛软控"等科技创新企业。

具体来说，有以下几种情况：①科技人员与单位签订协议"买断"其职务科技成果权益，利用该科技成果自主创业；②科技人员以其所享有的职务科技成果部分经济权益（高的可达80%）作为出资，与其他主体（企业或者其他投资人）合作合资设立实施该科技成果的企业，并由该科技人员实际主导；③科技人员以其所取得的非职务科技成果（如非职务发明专利等）自主创业。

（二）合作创业型转化模式

合作创业型转化模式是指科技创新成果拥有者与他人签订"四技合同"（技术转让合同、技术许可合同、技术开发合同、技术咨询服务合同）或采用作价入股形式实施成果转化。

具体来说，有以下几种形式（郭庆存，2020）：①通过技术转让合同购买（受让）他人科技成果实施转化；②通过技术许可合同授权他人使用该科技成果实施转化；③通过合作开发合同、以特定科技成果作为起点和初始条件，与他人共同实施转化；④通过技术咨询服务合同的方式，聘请有关科技人员指导实施某项科技成果转化或者指导其进行特定技术成果产业化开发（如20世纪80年代中后期兴起的"星期日工程师"所从事的工作）；⑤以科技成果作价投资，折算成股份或者出资比例，与他人合作、合资实施转化；⑥其他由合作方协商确定的具体方式实施转化。

上述①~④方式，属于合同法和技术市场管理部门所定义的"四技合同"形式实施成果转化的方式。随着我国风险投资的兴起和科创版的推出，上述第⑤种方式，已经演化为现代科创企业创设与发展的主要形式。

二、产学研（用）联合转化模式

产学研联合转化模式是指企业与高等院校、科研机构三者共有科研成果并合作实现科技成果转化的一种模式，其特点是科技成果拥有者和使用者之间存在着长期的、紧密的合作关系。产学研用联合转化模式是产学研结合功能的延伸和发展，它强调用户需求的融合统一，突出产学研用结合必须以企业为主体，以市场为导向开展联合转化，如图3-6所示。

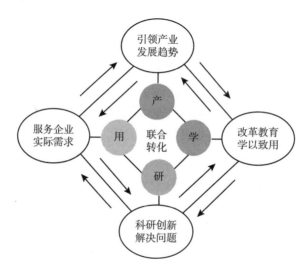

图3-6 产学研用联合转化模式的内在逻辑

资料来源：笔者整理。

产学研用结合的本质是促进科技、教育与经济的结合。采用产学研用联合转化模式，有利于提高科技攻关的针对性，强化科技成果的应用转化，使科技研发速度、质量和效益齐头并进，为企业可持续高质量发展提供科技支撑。

根据企业主导产学研的实现方式不同，企业主导的产学研（用）联合转化模式又分为以下三种类型：

（一）自主独立研发与互补合作模式

该模式是以重大项目为依托，以企业为主导，利用企业在产品工程化、市场化方面的经验，结合高校、科研院所在学科、人才、试验平台等方面的基础优势，围绕关键技术组织联合攻关。该模式的特点是企业具有独立的研发能力，产学研合作多是从市场需求出发，以产业化重大项目为牵引，和科研院所合作，聚焦突破关键技术。

例如，上汽集团与上海交大、同济大学等单位合作，开展新能源汽车关键技术研究，在燃料电池汽车、混合动力汽车和电机、电池、电控等关键零部件方面取得了一系列突破。从效果来看，这一种模式是比较成熟和理想的产学研合作模式。但现实情况是，多数企业并不拥有独立的研发机构，更不具备自主独立的研发能力。因此，自主的研发能力建设将是企业当前和未来相当长时期的发展重点。

（二）联合多方共建研发平台模式

该模式由企业与高等学校或科研院所在企业共建实验室、工程研究中心或研究院等研发平台，为产学研各方提供一个相对固定的交流平台，促进产学研各方人才、技术、信息的交流和融合。该模式的特点是在企业设立多方合作的研发平台，企业具有主导权，但高等学校或科研院所有一定的决策参与权。

例如，宝钢集团先后与上海交大、东北大学、钢铁研究总院等 8 所院校开展的战略合作。

（三）组建产学研战略联盟模式

该模式以提升产业技术创新能力为目标，积极鼓励企业、高等院校、科研机构、用户组建产学研用战略联盟，使产学研用合作更具有战略性、长期性和稳定性。该模式的特点是政府或行业协会围绕产业发展的瓶颈问题搭建产学研用合作的平台。企业和其他机构具有相对平等的参与地位，但相对来说比较松散，需要有明确的合作任务或坚强有力的政府或协会支持。如果缺乏有效的激励机制和保障机制，这一模式从长远来看并非十分有效。

例如，2009 年起，由上海市核电办公室牵头组织，依托上海发电设备成套设计院、上海核工院等 10 多家单位，以突破核级焊材国产化瓶颈为目标，组建了"上海核电设备焊接材料国产化及创新平台"，是一种"官 + 产学研 + 用"战略联盟的新尝试。该平台已经完成国家能源局 10 多个标准的制定，先后承接了 10 多项国家级和市级重大科研项目。

三、用户参与转化模式

用户参与创新及其创新成果转化已成为高新技术企业创新转化的重要方式。对于注重用户体验的移动互联网行业来说，用户已经成为其创新网络中必不可少的一部分。例如，小米社区、改版后的华为花粉俱乐部等，已成为企业创新网络中重要的新模块和有力推动用户创新的平台，显著提高了企业创新绩效。

（一）用户参与创新成果转化过程

用户参与创新转化指用户参与创新活动形成的成果最终成为为广大用户使用的产品（或服务）。此类转化既包括生产新产品（或者服务）的活动，也包括推广新产品（或服务）的活动。

根据用户创新成果类别的不同，用户参与创新转化的过程分为三种类型（张睿，2017）：

1. 需求与偏好信息相关成果转化

用户产生新的需求后，通过三种渠道进行反馈。第一种是直接向企业反馈，通过企业设置的有关需求与偏好信息的专门板块反馈，如随产品附带的调查问卷、软件里的反馈区等；第二种是通过用户社区反馈，通过用户社区的调查问卷、投票区等向企业反馈；第三种是通过社区向能够满足需求的其他用户反馈，如对只读存储器（Read-Only Memory，ROM）有新的需求，向制作 ROM 的用户反馈。企业收到用户反馈的信息后，对信息进行筛选，有一部分直接采纳进入产品设计板块，另一部分提交给用户讨论再决定是否采纳。企业采纳后，这类成果就转化成功了。同样，如果其他用户收到这一反馈或进行相应的创新活动，并形成相应的产品或者服务，成果转化过程也就此完成。

2. 普通建议与意见及测评成果转化

普通建议与意见主要指有关产品的使用反馈及其对产品改进提供的建议与意见，其转化基本与第一类成果转化相似。测评成果主要指对产品具有宣传及推广作用的内测和自评成果，其转化过程稍微复杂。内测成果的转化是企业先邀请用户参与产品或服务的内测活动，用户接受邀请，通过企业的审核后参与内测；然后，用户按照企业的要求体验产品或者服务，之后反馈意见与建议，企业采纳后，转化完成。自评成果的转化是用户在使用新产品或享受新服务后，根据自身的使用体验与感悟撰写测评并发布在企业所属的线上社区或者其他的社区。在有人查看到后开始转化，最终的转化在查看该测评的用户购买对应的产品或服务后得以最终完成。

3. 产品生产方案类成果转化

为了满足用户自主研发和自我服务的需求，企业会为用户提供创新工具箱，供用户自主使用，用于生成开发方案并最终生产相关产品。根据自身或其他用户反馈的改进建议与意见，用户经过分析需求、找出问题、寻找解决办法、生成开发方案等过程，最终可生产出产品，供用户自己或其他用户使用。在此过程中，企业为用户提供了创新工具箱，并在企业交互平台上传递用户创意，使得企业与用户、用户与用户之间的联系更为密切。另外，借助企业平台资源，用户可以对自己生产的原有产品或者服务进行更新，如软件产品定期更新行为，使得高可实现性的产品生产方案类成果实现迭代升级。

（二）用户参与创新模式

根据用户与企业的互动过程不同，用户参与创新模式分为两种类型（张睿，2017）：

1. 流水线式

不同属性用户分别参与创新成果转化过程中的不同阶段，就像流水线上的工人一样，不同属性用户基于自身能力，在客观上形成统一的群体，各司其职地参与创新成果转化过程中不同的阶段。

在这一模式中，用户多以模块的形式嵌入某一阶段，每一个模块都有自己的主要功能。例如，信息属性用户通过参与投票形成了统一的群体，组成反馈信息的模块，这一模块嵌入创新的过程中，发挥反馈需求信息的作用。根据这一模块反馈的信息，企业进行其他流程的创新活动。不同模块的用户群体又组成了一个整体性的用户，嵌入创新成果转化的整个过程。通常情况下，这种模式参与的用户及创新都会逐渐减少。

2. 螺旋式

用户与企业像脱氧核糖核酸（Deoxyribo Nucleic Acid，DNA）双螺旋图中的两条链条一样缠绕在一起，成果转化的过程如双螺旋互相依附进而不断上升。

企业工作人员从用户的创意中进行筛选，供用户提出建议，并指派相应领域的设计师跟进。设计师根据用户的建议整合形成产品的开发方案，形成方案后再交由用户选择，用户在选择出方案后，设计师将其做成产品设计方案，随后又将设计方案向用户展示，鼓励用户提出新的建议，不断完善方案，如此循环往复到生产出产品。新产品同样供用户测试，用户继续提出建议或者意见，企业根据意见进行改进，最后转化为可上市的产品。在这一过程中，企业与用户互相依靠，不断推进创新成果的转化。

四、公私合作转化模式

早在 2008 年，很多创新型国家已经大力发展政府和社会资本合作（Public‐Private Partnership，PPP）模式，目前大于70% 的 OECD 国家采用 PPP 模式来发展科技创新。2015 年，财政部、发展改革委、人民银行出台了《关于在公共服务领域推广政府和社会资本合作模式的指导意见》，明确要求推进科技领域 PPP 合作，公私合作模式在科技创新领域的应用几乎涉及所有方面，在重大创新专项、战略研发项目、科技成果转化项目、风险投资领域、科研设施设备领域、科研机构建设领域等均有所应用。

OECD 对科技创新 PPP 模式的定义：公共部门和私人部门建立一种合作伙伴关系，并且双方在决策过程中联合研究，共同投入资金、人力、设施，共享信息，用以实现科技创新领域的特定目标。基于此，PPP 模式转化（公私合作转化）是指公私双方通过市场化运作的方式完成科技创新项目研发与成果转化的过程；其中，"公"指公共部门或公共领域，"私"指企业等市场主体或市场领域。

万劲波和赵兰香（2016）将科技创新 PPP 模式分为三种类型：①建设 PPP 机构、平台或网络；②设立 PPP 计划或基金；③发展多层次创新伙伴关系。

技术转移型 PPP 模式属于科技创新 PPP 模式的一个重要方面，主要指利用公私共同投资入股等方式展开技术转移项目，同时私营企业可以根据合作项目的技术成熟度、融资规模以及项目实施周期等不同的属性，选择最佳的合作方式以及合作规则，签署与之相适应的合作协议（付学博等，2020）。很多国家已经开始利用 PPP 模式来推进技术转移项目，见表 3－2。PPP 模式在技术创新领域的应用对象有三种：①适用于竞争前沿技术的公私伙伴；②适用于关键共性技术的企业伙伴；③适用于技术转移的转移伙伴。

表 3 - 2 科技创新 PPP 模式的国外实践类型

类型	项目或机构名称			
建设 PPP 平台、网络	澳大利亚合作研究中心项目（CRC，1990）	美国制造业创新网络（NNMI，2012）	英国技术与创新中心网络（TIC，2011）	法国卡诺研究所（Carnot 3.0，2015）
设立 PPP 基金、计划	欧盟联合技术项目（FP7/2007-2013；Horizon 2020，2014-2020）	美国食品与农业研究基金会（FFAR，2014）	欧委会能源效率私人基金（PF4EE，2015）	自然基本融资工具（NCFF，2015）
发展创新伙伴关系	全球环境基金（GEF，1991）	英国知识转移合作伙伴计划（KTP，2003）	瑞士知识与技术转移战略（KTT，2013）	欧盟科技创新合作伙伴关系计划（EUIP，2014）

资料来源：万劲波，赵兰香. 政府和社会资本合作推进科技创新的机制研究 [J]. 中国科学院院刊，2016，31（4）：467 - 476.

五、平台协同转化模式

根据平台在创新转化中的不同作用，可将企业主导或参与建设的创新转化平台分为功能型和服务型两种，对应功能型平台和服务型平台两类协同转化模式。

（一）功能型平台协同转化模式

研发与转化功能型平台是促进产业技术研发与转化、培育创新型企业、引导区域产业创新发展的重要载体，平台以促进产业技术创新为使命，聚焦共性技术研发与转化，服务各类创新主体，发现、培育和集聚创新型企业，如上海通过制定《关于本市推进研发与转化功能型平台建设的实施意见》《上海市研发与转化功能型平台管理办法》来推进功能性平台建设。功能型平台的发展定位是根据产业发展和市场需要，成为一个能够整合各类创新要素、解决关键核心技术瓶颈、带动整个产业高质量发展的创新生态。

研发与转化功能型平台协同转化模式的主要特色（杨凯和张臻，2019）：

1. 企业化运作

功能型平台由各相关单位出资成立运营公司，建立相应公司治理架构和内控制度，开展自主经营和投融资活动。鼓励功能型平台利用技术服务所得、成果转化收益、企业孵化投资、社会融资等方式，取得服务收入，逐渐实现自我造血和持续发展。

2. 合同式管理

对纳入支持范围的功能型平台，采取合同式管理。功能型平台运营公司与相关政府部门、国有资本金代持机构等签署合同，约定建设目标和周期、任务、资金投入、评估考核指标等，按合同协议推进功能型平台建设。

3. 非营利属性

功能型平台应当按照公共科研和非营利原则，保持行业中立性，注重提升行业整体创新能级和水平。运营公司各出资方应当事先约定在建设周期内不得分取红利，对孵化成立的衍生企业，运营公司的持股比例应当有利于保持功能型平台的中立性。

4. 国有资本金代持管理

功能型平台如涉及国有资本金代持，代持股份不纳入国资委对代持机构实际支配的股权管理范围，在第一轮建设支持周期内，相应经济行为原则上按平台运营公司注册资本原值进入取得相应股权，并按原值退出，免予评估备案和进场交易。区级配套支持的建设资金和非国资委出资的高校、科研院所参与功能型平台建设发展的国资管理，可参照执行。资本金代持机构原则上不干预平台运营公司的日常经营活动，可以不根据出资金额和股权比例要求相应的董监事席位和股东会控制权；但对于违背功能型平台发展定位、战略方向的事项，经报推进小组审议同意后，允许进行一票否决。

5. 适用新型研发机构政策

功能型平台适用地区新型研发机构相关规定，享受成果转化、税收优惠、人才计划等科研事业单位相关政策。

（二）服务型平台协同转化模式

创新创业服务平台是产业服务平台的主要载体，是基于互联网方式为双创企业提供政策解读、项目申报、创业辅导、投融资、共性技术支撑、品牌建设、市场开拓和人员培训等各类创新创业服务的法人实体。近年来，在《国务院关于强化实施创新驱动发展战略进一步推进大众创业万众创新深入发展的意见》《制造业"双创"平台培育三年行动计划》等双创政策推动下，双创服务平台蓬勃发展，成为激发企业创新创业活力、培育创新创业主体、完善创新创业生态的重要载体。

目前，典型双创服务平台的发展模式有以下四种[①]：

1. 综合性双创服务型模式

综合性双创服务型是指平台整合和汇聚政府部门、优质服务机构和其他中小企业服务平台资源，围绕中小企业在不同发展阶段的需求，面向特定范围的广大中小企业，免费或低成本地提供政策咨询、项目申报、创业辅导、投融资、技术支撑、市场开拓、信息咨询、管理咨询、招聘培训化等覆盖企业生产全流程、全生命周期的一站式综合性服务。

其主要优点是覆盖较大范围的中小企业，具有较强的公益性，提供一站式多功能服务；缺点是要求建设和运营主体资源整合力度强，平台的服务功能较难满足中小企业个性化、多元化的动态复杂需求，缺乏有效的市场化运作模式。

从投资运营模式看，综合性双创服务型平台主要有政府主导模式、企业主导模式和政企共建模式。政府主导模式起步较早，典型案例有创客中国、北京市中小企业服务平台、浙江省中小企业公共服务平台等。其优点是资源整合能力强，建设速度快，能够很好地保障平台的公益性；缺点是资金来源渠道单一，对财政资金依赖性强，市场化运营能力差，往往缺乏有效的运营模式，可持续发展面临较大挑战。企业主导模式的典型案例有亿蜂网。其主要优点是贴近市场，专业性强，运作效率高，服务质量好；缺点在于平台建设发展资金不足，资源整合能力不强，服务能力和共享性不足。政企共建模式由于政府和市场对接能力不足，目前正在探索中，典型案例有烽火创新谷。其优点是充分发挥政府和企业的优势，快速形成平台的服务能力；缺点是运营维护成本高，对管理能力要求高。

2. 产业链条整合型模式

产业链条整合型是指平台建设主体通过产学研"双创"资源的深度整合和开放共享，构建形成资源富集、创新活跃、高效协同的产业创新生态，不

---

① 电子信息产业网．一文读懂 | 双创服务平台的四种典型发展模式 [EB/OL]. (2017 – 11 – 02). www. cena. com. cn/industrynews/20171102/90091. html.

断增强自身创新发展能力，通过开放优势资源，推动中小微企业发挥专业分工优势成长为行业隐形冠军，延长和丰富产业链，促进形成资金链与服务链引导创新创业链、创新创业链支持产业链、产业链带动就业链的良性循环。

其主要优点是整合和打通产业链上下游资源，实现创新创业资源的共享和协同，为中小企业提供技术开发、成果转化等专业性服务；缺点是平台发展受到建设主体规模和实力的限制，建设和发展的持续性得不到保障。

从投资运营模式看，产业链条整合型双创服务平台主要是大企业主导模式，即由行业内骨干龙头企业基于自身专业服务能力和资源优势自建或者联合建设，典型案例有航天云网、海尔 HOPE 开放创新平台。在该模式下，大企业充分利用实力雄厚、技术先进和资本运作能力强的特点开展双创服务平台的建设和运营，能够最大程度引导创新要素向多业务、全链条、全周期渗透，推动创新资源能力高效共享和配置，在推动大企业自身转型发展的同时，促进产业链协同创新与生态化发展，带动中小企业协同发展。

3. 初创实体孵化型模式

初创实体孵化型是指平台以初创小微企业为服务对象，紧密围绕初创小微企业的发展需求，整合优质服务机构和合作伙伴，为初创小微企业提供政策咨询、投融资、技术支撑、检测认证、创业培训、品牌推广、市场供需对接、人事代理、管理咨询、财务法务顾问等创业孵化服务。该平台以提供集技术、人才、管理、渠道、市场、融资、培训等于一体的一站式优质、高效的集约式服务为基点，以解决初创小微企业发展资金不足、专业人才匮乏、技术储备差、管理和运营经验缺乏等问题为目的，帮助初创小微企业有效降低创新创业成本，提高创新孵化成功率。

其主要优点是紧密贴合初创小微企业需求，提供全要素、全流程的贴身服务，有效降低初创小微企业创新创业门槛；缺点是初创小微企业的创新创业服务风险相对较大，面临较大经营压力。

从投资运营模式看，初创实体孵化型双创服务平台目前主要是企业主导模式，即由企业自发根据市场需求进行投资建设和运营管理，典型案例有 36氪、天使汇等。在企业主导模式下，企业一方面整合投融资、技术支撑、方案咨询、检测认证等孵化能力，为初创小微企业研发、制造、管理能力和创新能力提升提供孵化支撑服务。另一方面，发挥资本运作、市场渠道、品牌竞争力等优势，依托双创服务平台向初创小微企业提供创业培训、人才培养、品牌宣传、市场推广等孵化服务，以提高小微企业市场竞争能力。

4. 技术创新推动型模式

技术创新推动型是指平台基于自身的独特技术和知识优势，紧密结合中小企业对云计算、大数据等新兴信息技术的需求，发展面向创新创业中小企业的云计算、大数据等平台服务及解决方案。该平台基于互联网方式提供软件按需取用、大数据分析与挖掘、在线协同合作、技术资源交易和专业知识自动化等共享服务，促进数据的自动流动和隐性知识的显性化，推动创新创业中小企业和技术型企业之间的技术资源共享与合作共赢，有效降低企业创新的技术门槛，增强企业的创新能力。

其主要优点是专业性强，贴合中小企业获取新兴技术服务的需求，构建开放合作的协同创新格局，成为"互联网＋"时代新型"双创"服务模式的重要创新。

从投资运营模式看，技术创新推动型双创服务平台主要有企业主导模式和政企共享共建模式。其中，企业主导模式建设的双创服务平台占大多数，典型案例有数据堂、东方国信、数码大方等。政企共享共建模式能充分发挥政府和企业的优势，提升资源整合能力和平台的共享性。目前该投资运营模式正在兴起，典型案例有杨浦区金融办和上海数基数据科技有限公司共同建设的新金融风险监测综合服务平台。在该平台的建设中，双方根据合作需要，加强在科技金融、产业金融等领域更多应用场景的开发，全面探索运用大数据、云计算等新兴科技支持区域产业创新发展的新模式。

第四节　企业创新转化的现状与展望

近年来，在国家政策激励和企业创新发展的双重驱动下，我国企业在创新转化中的主体地位不断加强，企业创新转化取得了一系列显著成就，与此同时也暴露出了许多问题和不足。在"十四五"规划的新发展时期，把握未来发展方向，抓住创新转化重点，将为企业创新转化迎来全新的发展机遇。

一、企业创新转化的发展现状

随着国家深化科技体制改革，逐步建立健全以企业为主体、市场为导向、产学研深度融合的技术创新体系，企业对科技研发和科技成果转化的影响力度不断增强。近年来，我国企业在创新转化活动中取得的成就主要有以下几个方面。

（一）企业研发投入的主体地位不断增强

《全国科技经费投入统计公报》（2016～2020 年）数据显示，我国科技经费投入继续保持增长态势，各类企业研究与试验发展（R&D）经费支出所占比重一直显著高于政府属研究机构和高等学校。

2020 年，全国共投入研究与试验发展（R&D）经费 24393.1 亿元，研究与试验发展（R&D）经费投入强度（与国内生产总值之比）为 2.40%，企业、政府属研究机构、高等学校经费支出所占比重分别为 76.6%、14.0% 和 7.7%，分别为 18673.8 亿元、3408.8 亿元和 1882.5 亿元。高技术制造业研究与试验发展（R&D）经费为 4649.1 亿元，投入强度（与营业收入之比）为 2.67%，比上一年提高 0.26 个百分点；装备制造业研究与试验发展（R&D）经费为 9130.3 亿元，投入强度为 2.22%，比上一年提高 0.15 个百分点。在规模以上工业企业中，研究与试验发展（R&D）经费投入超过 500 亿元的行业大类有 10 个，这 10 个行业的经费占全部规模以上工业企业研究与试验发展（R&D）经费的比重为 73.6%。

（二）企业专利数量和质量不断提升

根据中国人民大学企业创新课题组的《中国企业创新能力百千万排行榜（2020）研究报告》，2020 年中国高新技术企业前 1000 强的专利数量继续保持高增长态势，专利申请总数高达 165.3 万件，有效专利申请总数达到了 86.1 万件。另外，据国家知识产权局统计，截至 2021 年底，我国国内拥有有效发明专利的企业达到 29.8 万家，较上一年增加 5.2 万家。国内企业拥有有效发明专利 190.8 万件，同比增长 22.6%，高于全国平均增速 5.0 个百分点。其中，高新技术企业拥有有效发明专利 121.3 万件，占国内企业总量的 63.6%。2021 年，中国企业 500 强中发明专利占全部专利的 41.05%，占比提高了 1.97 个百分点，发明专利占比逐年提高，专利质量稳步提升。

（三）创新企业的区域聚集特征进一步显现

根据《中国企业创新能力百千万排行榜（2020）研究报告》，中国高新技术企业前 100 强主要集中在经济发达的省份，最为集中的是北京和广东，分别有 25 家企业入围，这意味着北京和广东两个省份占据了中国高新技术企业前 100 强的半壁江山。此外，上海（9 家）、江苏（7 家）、浙江（7 家）、湖北（6 家）和山东（5 家）入围前 100 强企业的数量也达到或超过了 5 家。上述七个地区的高新技术企业共计占据了前 100 强的 84%。剩余地区入围前 100 强企业的数量则少之又少，甚至有 15 个省份没有企业入围。

（四）TMT 企业创新活跃且创新能力日益突出

电信、媒体和科技（Telecommunications，Media，Technology，TMT）是电信、互联网与信息技术三者融合的新兴产业。在新一轮以数字化和信息化为核心的技术革命带动下，全球的 TMT 企业快速增长。中国亦是如此，《中国企业创新能力百千万排行榜（2020）研究报告》显示，前 100 强中的 TMT 企业占据了 1/3 左右。其中，华为技术有限公司、中兴通讯股份有限公司、OPPO 广东移动通信有限公司、维沃移动通信有限公司等企业均在前 100 强中排名前列。此外，北京字节跳动网络技术有限公司、武汉斗鱼网络科技有限公司等新媒体企业快速成长，均跻身中国创新企业前 100 强。

二、面临的问题

尽管我国企业研发投入和创新能力逐步提高，但与美国、欧盟等发达国家相比仍存在明显差距。如何利用现有资源优化企业创新转化过程，同时识别企业创新转化过程中亟须解决的关键问题，对于提升企业创新转化绩效至关重要。目前，企业创新转化面临的关键问题主要有以下几个方面。

（一）企业知识产权保护力度不够

企业知识产权保护意识薄弱。目前，我国绝大多数企业还未建立保护知识产权的组织机构，没有专职负责管理知识产权的业务人员，许多企业对无形资产投入和保护意识较弱。每年我国仅企业取得省部级以上的重大科技创新成果就达几万个，而仅有不到 10% 的创新成果申请专利，大部分企业忽视了知识产权作为无形资产的保护。如今，强化知识产权意识、构建知识产权保护体系已被越来越多的企业所重视，知识产权已成为企业增强自身竞争力的战略资源，如何对其进行有效的开发、运用和管理，对于企业经济效益的提升具有重大的战略意义。另外，尽管我国出台多项旨在加强知识产权保护的法律条文，但效果并不明显，实施层面还存在一定的局限性，政策环境也是影响企业对其科技成果进行有效知识产权保护的因素之一。

（二）企业专利质量有待提升

专利质量是提高企业核心竞争力的关键。从专利组合角度看，在发明专利、实用新型专利和外观设计专利三类中，发明专利的科技含量最高，最能反映创新能力和水平，而我国企业的发明专利数量在专利组合中占比偏低。根据专利五局［包括欧洲专利局（European Patent Office，EPO）、日本特许厅（Japan Patent Office，JPO）、韩国特许厅（Korean Intellectual Property Office，KIPO）、中国知识产权局（China National Intellectual Property Administration，CNIPA）和美国专利商标局（United States Patent and Trademark Office，USPTO）］的统计数据，2012 年以来，美国发明专利授权率一直保持 65% 以上，我国发明专利授权率明显低于美国，2020 年中国发明专利授权率为47.3%，2021 年中国发明专利授权率为 55.0%。因此，与美国相比，我国企业在高价值专利占比方面仍存在一定差距。另外，我国绝大部分专利集中在少数企业，专利集中程度偏高。2021 年，我国企业 500 强有效发明专利占全国有效发明专利 221.3 万件的 26.66%。在专利许可收益、专利许可率、专利转让率、专利维持率等指标方面，我国企业也与美国、日本等国家的企业之间存在一定差距。

（三）企业研究开发和成果转化投入不足

第一，我国企业前期研发投入不足，中美企业研发能力之间的差距较为明显。从全球研发投入 TOP 20 企业榜单来看，2019 年全球研发投入最多的企业是美国的 Alphabet，2019 年 Alphabet 公司研发投入达 231.6 亿欧元；美国微软公司研发投入仅次于 Alphabet，研发投入为 171.5 亿欧元；中国华为位列全球第三，研发投入为 167.1 亿欧元。华为的研发投入在全球处于领先地位，但纵观 TOP 20 榜单，中国也仅有华为一枝独秀，而美国进入 TOP 20榜单的公司数量达 10 家。

第二，我国企业后期成果转化资金投入不足，致使很多科技成果转化"中断"。一是企业成果转化的自有资金投入不足。企业创新成果转移和转化具有风险高、投入大、周期长等特点，要求企业拥有一定的资金基础。大多数企业受资金投入的影响，对创新成果转移和转化的重视程度不够，尤其是规模较小的企业更加难以承担高额的转化资金和资金投入的风险。二是企业无法及时获得政府专项资金和各种金融资本的支持。国家创新基金每年计划内资金增长速度明显落后于申报项目增长速度，大量处于研究阶段的企业无法得到创新基金资助，更无法缓解处于中试开发和转化阶段的资金需求。尽管政府联合了银行、保险公司、科技基金等金融机构对开展科技成果转化的企业进行科技贷款或转化风险损失补偿，如放宽贷款条件、加大贷款扶持力度等，但是考虑到自身风险，对于一些急需成果转化却财力不足的中小企业的资金需求，大多金融机构并不能给予完全满足。

（四）企业成果转化承接能力不足

企业创新成果转化的承接能力不足主要有以下三个方面的原因：第一，企业经营的核心依然是生存需求和快速盈利，承接创新成果转化并非企业的第一需求，导致企业研发投入的强度偏低。第二，企业的创新能力仍然不足，在我国大中型工业企业中，未开展研发活动的企业约占70%。企业没有深入实施创新发展战略，或因资源缺乏，导致没有实力承接成果转化。第三，很多企业不具备科技成果转化的平台和商业化、产业化的条件，这些因素都在一定程度上制约了科技创新成果的转化。目前，我国高校、科研院所的科技成果真正对接企业、实现转化与产业化的还不到10%，远低于发达国家40%的水平，科技投入和科技资源存在巨大浪费。

（五）企业成果孵化机制不完善

科技创新成果的成熟度是企业科技成果成功转化的关键因素。但是，高等院校、科研机构和企业在科技创新成果转化中关注的侧重点不同：企业重视效益，但往往创新能力不足；高等院校偏向前沿技术的研究，但与企业的应用层面还存在一定差距。"先研发、后转化、再应用推广"的体制机制导致大量研发成果在技术特性上不适合转化，无法跨越科技创新的"死亡之谷"。

充分发挥企业的主导作用，将企业需求与高等院校、科研机构有机结合，探索适应于不同需求的协同创新模式，是企业创新转化必须解决的现实问题。对于技术成熟度较低的科技成果，可以有效运用协同创新的科技成果孵化机制，保障企业平稳有序地开展科技成果孵化，最大化挖掘科技成果的潜在价值。

三、未来发展方向

"十四五"规划时期（2021～2025 年），我国经济社会发展的重要指导思想是加快构建以国内大循环为主体、国内国际双循环相互促进的新发展格局。在新发展格局下，企业创新转化预期会表现出以下发展方向。

（一）企业的创新主体作用日益增强

企业，特别是领军企业、龙头企业或骨干企业要发挥创新主体作用，聚集各类创新要素，集中力量整合提升一批关键共性技术平台。有条件的企业要联合高等院校、科研院所和行业上下游企业共建国家产业创新中心，积极承担国家重大科技项目，联合转制科研院所组建行业研究院，或依托产业集群创办产业技术研究院，牵头组建创新联合体。

领军企业组建创新联合体的目的在于解决跨行业跨领域关键共性技术问题，可以带动中小企业（特别是创新型中小微企业）融入大企业产业链，在大企业的支持和辅导下实现技术创新，支持成长为创新重要发源地。创新联合体可以有效统筹行业上下游创新资源，集中力量突破核心基础零部件、先进基础工艺、关键基础材料等一批"卡脖子"技术，提升产业整体竞争优势，推动产业链上中下游、大中小企业融通创新。

作为科技创新的主体力量，企业是促进科技创新与产业创新衔接的有效载体。企业研发机构也是吸引高层次人才就业的重要领域。骨干或龙头企业一般都拥有自己的研究院或者实验室，围绕企业关键技术进行攻关，获取具有独立知识产权的核心技术，支撑产业升级和产业更新，从而获得持续竞争力。例如，山东省 2019 年出台《关于进一步推动大型工业企业研发机构建设的实施意见》，到 2020 年底，已经实现大型工业企业研发机构全覆盖。其中，20% 的大型工业企业要建立国家级研发创新平台，50% 的大型工业企业要建有省级以上研发创新平台。在未来，企业研发机构将成为吸纳高校毕业生高质量就业的重要渠道之一。

（二）企业更加重视知识产权保护

知识产权保护是科技成果转移转化的制度基础。"十四五"规划中明确指出："加强知识产权保护，大幅提高科技成果转移转化成效。"未来，颠覆性、突破性科技成果的转移转化将日益增加，企业加强知识产权保护意识，不仅要重视技术研发，也要重视创新成果保护，积极申请知识产权，设立行业标准，打造高端产业链。

企业积极协助国家政府改进知识产权归属制度，在科技成果转移转化过程中打通知识产权创造、运用、保护、管理、服务全链条，推动重大创新成果产业化。此外，针对科技创新数字化转型的发展趋势，在大数据、人工智能、工业互联网等新兴业态与领域，企业积极探索、完善知识产权保护制度和相关法律法规，统筹做好知识产权保护、反垄断、公平竞争审查等工作。

将知识产权战略与企业生产经营活动密切结合，将成为未来企业最迫切的需求之一。企业开展知识产权保护，不仅有助于其通过知识产权制度提升自身创新水平与竞争力，获得直接的市场收益，更有助于其快速发展成为高新技术企业。在未来，企业知识产权维权不再单打独斗，而是更加重视行业伙伴的力量，以"抱团"的态度对待知识产权保护。例如，盛大游戏等12家企业组建联盟发起保护知识产权倡议书，这一举动未来会有更多企业效仿，企业合力、多策的知识产权保护共治格局将逐渐形成。

（三）有实力的企业更加重视基础研究

基础研究是科技创新的源头，鼓励企业自筹资金投入基础研究。鼓励企业围绕捕捉产品市场发展商机和技术市场发展先机，以转化应用为目标，迅速确定基础研究方向，加大企业投入基础研究力度，加快基础研究的成果转化应用。鼓励产业链上下游机构、产业联盟和技术联盟等通过成立基础研究基金、接受社会捐赠、设立专项基础研究项目、产业共性基础研究专项等方式，筹集基础研究经费，围绕产业发展和产业链等开展应用基础研究，推动产业提升应用基础研究能力。对企业实行税收补贴，对进行基础研究的企业实施加倍税收减免的办法，以降低企业进行基础研究的起步难度。

引导社会资本投入企业基础研究。要充分认识到社会资本在企业基础研究中的积极作用，引导社会资本顺应国家科技金融改革趋势，保障全产业链安全自主可控，围绕基础研究、应用基础研究、技术创新应用、成果转化的创新链，通过基金、风险投资等布局高附加值的基础研究投资，开展基础研究的科学、技术、经济价值的评估，确保投入产出，形成社会资本支持基础研究的良性循环，完善和充实企业基础研究资金渠道，放大资金使用效益，改善基础研究投入结构，实现市场对基础研究资源的有效配置。

基础研究经费作为一种"长线投资"和"战略投资"，进一步探索其"多元投入"。通过企业与政府共同出资设立科技计划、加大企业基础研究投入的税收优惠力度、支持基础研究相关捐赠享受税收减免等，引导并鼓励企业和社会力量加大基础研究和应用基础研究投入。例如，联影集团与上海市科委联合设立"探索者计划"，拉开了上海探索基础研究多元投入机制的序幕。

（四）企业主导的产学研协同创新常态化

在我国高校和科研机构科技成果向企业转移转化的过程中，尚存在转化动力不足、合作形式不健全等问题。一方面，科研成果的经济效益在高校和科研机构的评价体系中未能充分反映，科研人员的积极性受到一定影响，而企业大多对投资多、风险大的高科技成果望而却步。另一方面，产学研主体围绕项目进行的短期合作较多，围绕产业链协同创新进行的重大合作较少，不利于解决制约产业创新发展的关键问题。

在未来，企业将充分发挥国家科技成果转化引导基金的作用，全面推动产学研协同创新的常态化。在关键核心技术领域，建立企业牵头主导、产学研协同的研发攻关机制，鼓励产学研主体在产业链关键环节开展合作，从基础研究发力、加强自主创新，助力产业基础高级化、产业链现代化。

（五）企业进一步扩大科技开放合作

企业扩大科技开放合作是大趋势，越是面临封锁打压，越不能搞自我封闭、自我隔绝，而是要实施更加开放包容、互惠共享的国际科技开放合作战略，构建多元开放的科技创新生态，以及多元包容的人文环境，促进国内外企业长久稳定的创新合作，以企业为主体链接全球创新枢纽，从而更好地推动转型升级。

发挥我国企业在全球生产制造、国际贸易、国际市场开拓等方面的经验与优势，鼓励企业加大全球创新投入力度，在全球创新网络中提升创新开发、创新生产、技术合作等价值链深度合作水平，在产品技术与质量通行标准、技术人才培育与评价、技术解决方案等领域努力掌控国际话语权，提高国际影响力。

支持企业积极融入或主导建设全球研发网络、全球产品创新网络、全球生产创新网络、全球市场创新网络；通过与跨国研发中心、知名科研院校合作推进原始创新、关键技术突破性创新；通过与产业链供应商、焦点企业乃至竞争对手的多层次互动获取先进技术、设备与产品；通过"中国技术 + 世界技术"的结合抢占国际市场行业领先者地位，壮大包括"科技型中小企业—独角兽企业—'专精特新'型企业—'链主'企业—跨国大企业"的创新型企业群体。

案例
跨越"达尔文死海"：华宇元典的脱颖而出

2016 年全国两会期间，借由全国政协委员、中科院水生生物研究所副所长徐旭东的一项提案，"达尔文死海"一词开始闯入国内科技创新领域。"达尔文死海"是科技成果转化中的一项长期难题，也是横亘在科技创新与产业发展之间的巨大鸿沟。具体来说，一项学术研究成果在公布或应用之前，因为得不到研发资金投入，所以科研院校的研发人员缺少持续的研发动力；而从产业端来讲，由于没有可变现的产品，尚未盈利却要承担风险，企业因此缺少涉足的动力。以华宇元典为例，介绍民营科技企业创新转化的可行途径和成功经验。

北京华宇元典信息服务有限公司（以下简称"华宇元典"）是一家成立于 2016 年的科创企业。作为智能法律服务解决方案提供商，华宇元典致力于融合法律与科技，以大数据和人工智能来解放法律行业的生产力。它的一项重要业务是为检察院、法院系统提供全流程、全方位的审判智能化辅助工具。

华宇元典成立第二年，利用自身资源优势，主动选择与高校进行"产学研用"的合作探索。其中，清华计算机系成为华宇元典的深度合作伙伴。众所周知，在司法智能化研发领域，清华大学计算机学院走在国内前列。华宇元典成立之初的检索工具是面向政法领域的，因此早期的检索技术具有专项性、专业性和特殊性。而清华大学计算机专业的师生一直深度参与搜狗搜索的研发过程，在搜索引擎技术领域积累了丰富的经验。

两家单位是如何完美融合的呢？华宇元典首席技术官李东海说："清华大学计算机专业的加持，为我们的搜索技术解决了普适性问题，也为我们深耕法律行业提供了有益借鉴，除此之外，我们从业务、客户、需求视角提出的诸多具体需求，也为其技术创新研究提供了启发和参考。"华宇元典智能研究院张斌琦说："比如，基于清华在语义理解及算法上的优势，我们可以利用用户搜索行为习惯提升搜索命中效果。在这种技术算法的支撑下，我们的产品变得更智能，机器开始逐步具备了一定法律概念的认知能力。"

为了实现更有深度良性可持续的合作，华宇元典与高校、院所等不断尝试和优化合作方式，在项目合作上给予合作方资金支持等，从而实现人力、资金、技术、业务、品牌、市场的全方位对接。

资料来源：彭飞. 跨越"达尔文死海"——三家民企的科技成果转化之路［J］. 法人，2021（8）：35－37.

思考题：

1. 科技企业创新转化成功的关键是什么？

2. 除此案例采用的模式外，科技企业创新成果转化的模式还有哪些？请举例说明。

3. 请结合实际思考，我国科技企业如何才能成功跨越"达尔文死海"？

参考文献

［1］陈志军. 创新转化是一项系统工程［J］. 中国科技论坛，2021（3）：2.

［2］电子信息产业网. 一文读懂｜双创服务平台的四种典型发展模式［EB/OL］.（2017 － 11 － 02）. www. cena. com. cn/industrynews/20171102/90091. html.

［3］付学博，胡钰，肖雪. 国有科技型企业混改探索新模式——技术转移型 PPP 模式［J］. 现代国企研究，2020（4）：62－67.

［4］高鹏，刘春霞，吴艳艳，等. 中小企业科技成果向标准转化措施与路径的探究［J］. 中国标准化，2020（9）：94－97.

［5］郭庆存. 创新转化正在成为科技成果转化的"新常态"［J］. 科技中国，2020（6）：45－49.

［6］商贝贝. 创新价值链视角下京津冀电子信息企业创新效率及影响因素研究［D］. 秦皇岛：燕山大学，2019.

［7］万劲波，赵兰香. 政府和社会资本合作推进科技创新的机制研究［J］. 中国科学院院刊，2016，31（4）：467－476.

［8］吴寿仁. 科技成果转化若干热点问题解析（八）——对企业是科技

成果转化主体的几点认识 [J]. 科技中国, 2018 (1)：56-61.

[9] 吴寿仁. 科技成果转化若干热点问题解析（十一）——关于科技成果成熟度的思考 [J]. 科技中国, 2018 (4)：28-35.

[10] 夏凯. 冰山理论视角下科技型中小企业技术创新模式选择研究 [D]. 哈尔滨：哈尔滨工程大学, 2019.

[11] 杨凯, 张臻. 功能型平台建设：引领区域产业创新 [J]. 华东科技, 2019 (2)：36-37.

[12] 张睿. 用户参与移动互联网企业创新网络及其成果转化研究 [D]. 长沙：湖南大学, 2017.

第四章

高等学校与创新转化

第一节　高等学校分类及在创新转化中的功能

创新转化是一项系统性工程，从开始准备科研工作到获得效益的每一个过程、每一个宏观或者微观的因素，都会对成果能否成功转化产生或多或少的影响。从项目确立开始，只有对后续各个环节进行深入研究，才能保证创新成果转化顺利完成。高校作为创新转化的起点，通过科学研究、人才培养、人才使用和人才发展，才能打通高校到企业的创新转化渠道。

一、高等学校简介及分类

高等学校是大学、学院、独立学院、高等职业技术大学、高等职业技术学院、高等专科学校的统称，简称高校。从学历和培养层次上讲，包括专科、本科、硕士研究生、博士研究生。根据 2021 年教育事业统计数据结果显示，全国高等学校共计 3012 所。中国高校不仅拥有强大的人才队伍，还拥有丰富的科技资源和信息资源。许多高校拥有国家和省市级重点实验室，承担大量的科技项目。高校是科技成果的主要产出者之一，是科技成果转化为现实生产力的源泉和基础。

当前，我国高等教育已进入强调特色的时代，高等学校需要以自己的特色来满足多样化的社会需求，通过分类管理将高等学校发展的内驱力引向重特色和内涵发展上来。2017 年出台的《教育部关于"十三五"时期高等学校设置工作的意见》提出"以人才培养定位为基础，我国高等教育总体上可分为研究型、应用型和职业技能型三大类型",不同类型高校的办学定位和对创新的要求各异（史秋衡和康敏，2017）。

（一）研究型高校

研究型高校是指把研究放在首位的大学，致力于高层次的人才培养与科技研发（即在校研究生数量与本科生数量相当，或研究生数量占有较大比重的大学）。研究型高校以创新性的知识传播、生产和应用为中心，以产出高水平的科研成果和培养高层次的精英人才为目标，在社会发展、经济建设、科技进步等各方面发挥重要作用。

（二）应用型高校

应用型高校是一个笼统的概念，不仅包括政府与学界主流观点限定的、由新建地方本科院校转型而来的应用技术大学和应用型本科院校，还包括以应用型研究为主导的研究型大学。应用型大学作为一种独立的教育类型，具有相应的人才培养目标、培养规格、培养过程、培养方式和评价标准。可以说，应用型大学是指各种致力于应用型人才培养、应用型科学研究的大学。相较于传统大学，应用型大学较为外显的特征之一便是注重应用知识生产、推动科研成果转化，以此来突显自身服务社会的独特优势。

（三）职业技能型高校

职业技能型高校指的是培养具有一定高等教育知识专业技能的人，教学上更突出应用技术实践操作能力的专科学校，与企业的合作较为密切。职业技能型高校包括专科（高职）和本科两个学历教育层次，其名称后缀为职业技术学院、职业学院、高等专科学校等。职业技能型高校主要是专科层次，部分国家示范性高职院校建设单位从 2008 年秋季开始举办四年制本科教育。从现在社会发展的情况来看，职业技能型高校的职能主要有三种：培养专门技术技能型人才、发展技术知识和服务地方社会。相对于普通高等教育培养学术型人才而言，职业技能型高校偏重于培养高等技术应用型人才。

二、高等学校在创新转化中的角色与地位

高校是创新性人才培养的主要基地，是基础研究、高新技术研究和创新

成果转化的主要参与者和创新转化生态系统建设的重要成员。根据科教兴国战略的总体部署和高等学校自身的学科专业特点，积极参与国家科技发展规划和计划项目的研究，服务于创新发展。高等学校在创新转化中的作用可归结为人才培养、科学研究和服务社会三种，与之对应的知识管理活动分别是知识传播、知识创造和知识应用，如图4-1所示。

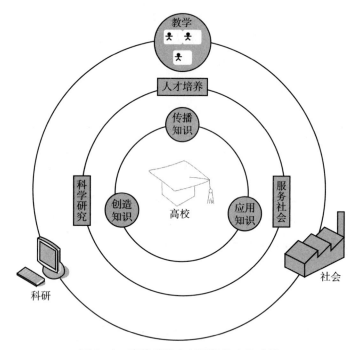

图 4-1 高等学校在创新转化中的功能

资料来源：笔者整理。

（一）人才培养

人才培养是高等学校的核心使命。人才是国家创新体系发展的核心力量，是创新过程中最为关键的资源。各主要发达国家均通过法律赋予高校为唯一学位授予机构，充分肯定了高校在人才培养中的重要地位，明确高校是人才培养的重要场所，鼓励各类机构组织以多种形式委托高校进行人才培养工作。根据汤姆森科技集团公布的21个学科中最具学术声望专家的分布情况，对研究型大学专家数量超过50个的国家进行综合统计发现，在创新型国家（地区）中，研究型大学成为这些专家集聚的场所，聚集了高达全球一半以上的专家。

培养创新型人才，不仅是新时代高校的使命，更为创新转化生态系统中的企业和研发机构提供源源不断的创新型人才支撑。为此，高等学校既要在科学研究方面走在前面，以便在科学技术相关学科领域起到引领作用，又要理论联系实际，根据创新转化生态系统建设与运行的实际需要，培养大量具有创新精神和专业实践能力的创新型人才，使其在创新转化过程中发挥重要作用。特别是对于研究型大学来说，是技术人才和管理人才的重要基地。根据中华人民共和国教育部数据统计，2021 年全国普通高等学校 2788 所，研究生培养机构（普通高校）594 所，成人高等学校 265 所，民办的其他高等教育机构 788 所。2021 年共培养普通本专科毕业生 7971991 人，培养硕士研究生和博士研究生分别为 662451 人和 66176 人，培养成人本专科生 2469562 人，培养网络本专科生 2722497 人。

（二）科学研究

高等学校的另一主要任务是科学研究。高校作为以探寻、揭示自然和人类社会的未知规律为己任的组织，比企业等其他组织更注重探求真知真理和发展学科知识。在知识创新和创造方面，高校无疑是基础研究和高技术领域原始创新的主力军，是国家知识创新活动的核心，也是有价值的研究成果可转化为重大原始创新突破、培育新技术与新产业的基础。

近年来，研究型大学所获得的专利数量和在技术市场上的交易数额都是逐年增加，并以独特的创新生态链与社会相联系。研究型大学通过科学研究，主要是科学研究与试验发展（R&D）中的基础研究，获得新的科学知识，而知识创造则是创新转化顺利实施的重要条件。国家自然科学基金近几年的统计数据显示，不论从项目数量还是从项目经费情况来看，高等学校所获得自然科学基金面上项目的资助份额都在 80% 以上，高等学校基础科学研究主力军的地位突出。围绕某个或主要几个研究型大学而发展的高技术中心或高新技术产业园区在推动区域技术进步和经济发展方面起着重要作用。

高校是创新转化生态系统中的重要主体之一，目前已经形成以高校为中心，政府、企业相互合作，具有知识配置力和创新能力的创新转化生态系统。美国加州大学伯克利分校卡斯特斯把高校称为知识经济发展的动力源，中国高等学校已然承担起这份历史的重任。

（三）服务社会

高等院校的使命之一是服务社会。高校通过人才培养、科技合作与技术转移参与和助推创新转化。高校的社会服务功能主要体现在高校对于企业本身技术创新支持和对区域创新发展的支撑。

一方面，高校为企业的创新活动进行相应技术领域的基础应用研究，为企业技术创新提供部分解决方案，通过与企业建立技术联盟、与新型科研机构开展合作等方式，成为企业技术创新网络中不可缺少的重要环节。另一方面，高等学校在从事基础科学研究和应用研究、实施知识产权创造工程的同时，为了促进所取得科技成果的创新转化，使之能够为企业的试验发展与产业化开发等创新转化工作提供较好的技术支撑；在原实验室研究成果的基础上，通过大学科技园和产业化开发研究机构将其进一步开发、孵化成产业界相对容易接受、相对容易转化的技术与产品解决方案，成为众多高等学校服务于创新转化的重要举措。高校通过大学科技园和产业化开发研究机构的建设，对区域创新发展产生显著的正面影响。例如，英国剑桥大学成立了剑桥工业园区；其中，高新技术公司70%的员工来自其毗邻的剑桥大学，剑桥大学与超过50%的高技术公司保持着持续且深度的关系，特别是信息和计算机技术、生物医药等重要创新领域尤为显著，使得剑桥大学各个院系和科研院所最新的创新成果能够具有广阔的实践空间。正是以剑桥大学为依托，注重科研成果的市场化，大大促进了剑桥经济的繁荣增长与区域的创新发展。

概言之，高等学校在创新转化生态系统建设中发挥着重要作用。以高校为主体的高等教育承担着教学、科研和社会服务三项核心功能，并将传播知识（通过人才培养）、创造知识（通过科学研究）和应用知识（通过服务社会）等有机地结合在一起，协同运行。

第二节　高等学校创新转化的主体与过程

创新转化是一个高校与社会互动的过程。一方面，高校师生通过不断获得和解决企业最新的技术需求，形成新的科研选题，提升专业能力，促进学科发展；另一方面，高校能够从创新成果用户获得直接资助经费，自主开展科研活动，通过试验、生产、产业化三个阶段构成了一个循环过程。对于高校创新转化而言，有三条主线贯穿整个过程：一是创新成果在转化过程中的成熟度与商业价值不断提高；二是以专利为核心的知识产权保护体系建立，在技术成熟度不断提高的同时，对技术开发方向予以引导，并确保创新成果的商业价值的保护和放大（王欣，2017）；三是在创新转化过程中持续地创新，主要包括知识的创新。

一、高等学校创新转化的参与主体

从科技成果转化的供应和需求看，不同类型高校创新成果转化的本质就是高校作为科技成果的供应（输出）主体，通过公共服务平台、中介机构等推广主体，将科技成果所包含的知识和技术传递给科技成果的应用（接受）主体，通过这个过程将科技成果转化为商品，从而使科技成果转化为现实的生产力（王欣，2017）。高校创新成果转化参与主体如图 4 - 2 所示。

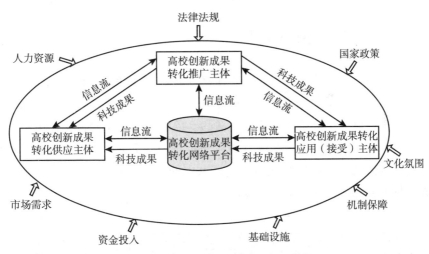

图 4 - 2 高校创新成果转化参与主体

资料来源：王欣. 高校科技成果转化机理与对策研究 [M]. 北京：科学出版社，2017.

从图 4 - 2 可以看出，科技成果有效转化需要科技成果转化供应主体、推广主体和应用（接受）主体有效结合，三大主体互相影响、互相作用形成一种耦合互动关系。科技成果转化主体包括供应方、需求方和推广方，三方在科技成果转化过程中相互影响、相互制约，又相互作用，它们构成了高校科技成果转化成现实生产力的三大核心主体。高校根据市场需求进行科学研究，形成科技成果，科技成果只有通过转化才能形成现实生产力。为了将科技成果顺利转化，高校要开展科技成果的推广工作。科技成果推广有多种方式，可以通过高校科技成果转化网络平台、中介机构，也可以自己寻找需求方等。中介机构应建立成果所有者和成果需求者之间的联系，同时提供专利披露与专利营销等专业性服务。需求方可以通过网络平台发布需求信息，也可以通过中介机构寻找科技成果，科技成果转化需要有触发因素，上述因素就是科技成果转化的触发因素。科技成果转化过程是以需求方的需求为导向，由科技成果对接、试验、生产制造、市场开发诸环节联结的有机整体，前后环节互相作用，前一个环节是后一个环节的输入，后一个环节是前一个环节的输出，通过这些环节形成了知识创新，创新知识附加于商品中，实现了知识的增长，使得产品的价值有所提升，即科技成果转化为现实的生产力。科技成果中的三大主体在一定环境条件下可通过耦合互动行为形成科技成果转化协同三角形（何悦等，2018）。

二、高等学校创新转化过程

高校科技成果转化主要是技术实现产品化和商品化的过程，既包括产业化，也包括科技成果的创业或初次商品化。高校科技成果转化通常分为三个阶段：试验阶段、生产阶段和产业化阶段。除了上述三个阶段，还应有一个科技成果转化确立阶段，只有根据高校和企业的需求进行匹配而确立了科技成果转化的协议，才能进行试验、生产和产业化（王欣，2017）。高校科技成果转化的实际过程如图4-3所示。

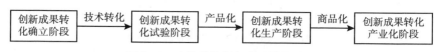

图4-3 高等学校创新成果转化过程

资料来源：笔者整理。

（一）创新成果转化确立阶段

高校科技成果转化确立阶段，也可以说是高校科技成果转化的准备阶段。试验、生产和产业化是高校科技成果转化的实施阶段。高校科技成果转化是一种以商业目的为主的活动，企业以生产经营为目的，所以其在选择科技成果时，以实施成果产业化能为企业带来长远效益为目的。因此，企业必然要选择在商业上最有前途的高校科技成果来加以产业化。在进行科技成果选择时，经济准则主宰着高校科技成果转化的命运。只有符合企业商业化目的的高校科技成果才能进入商品化、产业化阶段，所以企业在选择高校转化的科技成果时应该非常慎重，这是后续实施的基础。

经过高校和企业选择并确定的科技成果才能进入后续阶段。首先进行小试、中试阶段的基地试验，形成能充分体现科技成果的样本模型；其次转移到相关企业进行批量生产，使其能够很好地面向社会、面向市场，形成一种商品化、产业化的动态过程，其中包含科学、技术、管理及商务等方面的活动；最后实现知识形态化的成果从科学研究领域到生产领域再到市场领域的物化性转移。它可以看作是一个复杂的系统工程，包含科技成果转化试验子系统、生产子系统和产品产业化子系统，这三个子系统在互相依赖、互相制约的基础上实现了知识的螺旋式创新。

（二）创新成果转化试验阶段

科技成果转化中要进行科学的试验，试验一般分为小试和中试。在高校人力、物力及财力的支持下，高校的研究人员可使其所选课题转变成具有学术价值或使用价值的成果，之后为保证研究成果实现商业化发展，需要对已有的科技成果进行小试、中试试验，实现实验室科技成果到产品样品的转变，排除科技成果产品化的技术风险。换言之，将已形成的科技成果转化成产品，并建立起一套新的工艺、系统和服务，同时对已产生和建立的上述各项工艺、系统和服务进行实质性的改进和修缮。具体来讲，小试就是在现有的成熟技术条件下，让科技成果变成少量的产品，并对这些产品的外观进行修饰，对材质进行调试，对功能进行测试，或对产品进行其他方面的局部化处理和试点，对出现的偏差进行及时的修正。中试是在小试操作结束的基础上，产出一定数量的样品，交予用户进行使用，并进行实时的追踪考察以获取各种反馈信息，明晰产品在实际日常应用中的可行性、先进性、效用性及故障发生情况等，最后形成可行的实用性生产报告。

（三）创新成果转化生产阶段

生产阶段就是科技成果样品转化为产品的过程。在这一阶段，高校将自己的科技成果物化为企业的产品，并获得相应的科研回报过程。高校的科技成果作为知识源，企业作为知识的接受方；在此环节中，高校为实现其科技成果的顺利转化，可采取多种途径和方式，如自办企业、以技术入股企业、出售专利、委托中介联系相关企业或创建科技园等。简单来讲，该环节就是把高校在实验室研究出的使用度不完善的样品、样机等科技成果转化成能适于大众使用的产品的过程，即企业作为科技成果的需求方，把高校在试验阶段产出的样品模型转变成新产品，并且克服在实际生产过程中遇到的难点、障碍及风险，使其最终形成一套可进行标准化生产的工艺，并能进行批量生产。这一阶段包含了科技成果生产技术工程化环节、创新生产工艺环节、产品研制环节、试验与修缮环节，以及生产设施的投资再扩环节等。

（四）创新成果转化产业化阶段

产业化阶段又叫商品化阶段，是指对高校的科技成果进行商品化开发，让知识形态下的高校科技成果物化为能够满足人们日常需求的商品，以企业为孵化器促使高校科技成果的效用得到转移和扩散，增强高校科技成果的应用程度，实现高校科技成果产业链式发展，为企业的技术开发及产品制造产生利润。在此过程中，规模生产、技术维护、市场延伸及效用最大化等四个环节必不可少。其中，规模生产指已经转化为商品的高校科技成果在市场上取得相应效益后，企业应不断地扩大投资和生产，在保证质量的基础上提高产量，满足市场需求；技术维护是指在产品生产及销售过程中会出现一些不可预测的问题或故障，这就需要做到及时反馈信息，采取相应的纠正措施，保证生产技术的不断改进和完善；市场延伸是指产品在占领市场、取得竞争优势之后，企业要根据市场情况及时与高校进行沟通，与高校探讨并完善原有科技成果，以保证在市场竞争中占据主动；效用最大化是指企业在科技成果转化的产业化阶段，掌握了市场的主动权之后，对收获的利益进行最优化分配，与高校进行合作研究，让自身的市场竞争力得到螺旋式发展，保证一定程度上的效用最大化。商业化的科技成果的转化主要是将高校的科技成果物化为企业的产品，企业通过产品的销售实现科技成果的价值，也就是将科技成果的潜在生产力转化为现实生产力的过程。

第三节　高等学校创新转化的主要模式

高校创新成果转化模式众多，根据传统科技成果转化分类，可将其总结为直接转化模式、间接转化模式和协同创新转化模式，见图4-4。三类模式又分别具有不同的具体转化形式。直接转化模式主要包括大学衍生企业和四技服务（技术开发、技术转让、技术咨询、技术服务）；间接转化模式包括学术参与、人才培养以及委托第三方专业机构；协同创新转化模式主要包括平台集成促进创新成果转化、高校—企业合作、高校—高校合作、高校—科研机构合作、高校—政府合作、高校—政府—企业多方联合（陈强等，2017）。同时，根据直接转化模式、间接转化模式和协同转化模式的发展情况，提出高等学校创新转化模式新分类，详见图4-4。

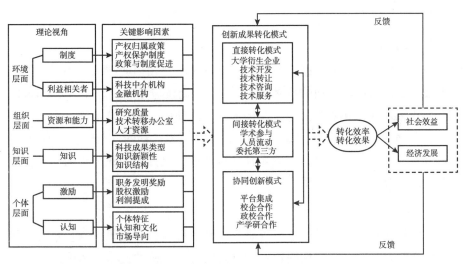

图4-4　高校创新成果转化模式

资料来源：笔者整理。

一、直接转化模式

高校直接转化是指高校利用自身知识与信息优势，通过寻找和匹配，将高校科研成果直接应用于企业，快速转化为现实生产力，或者依托自身科研活动形成的科技成果成立衍生企业，自行完成后续技术研发、生产试制和市场营销等工作。高校直接转化的具体模式包括成立高校衍生企业和提供"四技服务"等（陈强等，2017）。

（一）高校衍生企业

高校衍生企业最大的特征在于企业由高校或高校师生创办，企业核心技术竞争优势来自高校，是我国高校科技成果转化的重要形式。高校产业一般通过高校资产经营公司出资成立，它不仅通过为社会提供技术服务，发挥学校社会服务功能，还能够直接为学校带来可观经济回报。一些平台型校办产业还能够为学校师生提供直接参与社会服务和教学实践的平台，在促进学科和产业互动的过程中有效推进学科建设与人才培养。国家公共政策也鼓励高校通过构建创业文化氛围以提高科学家的创业意识，增强科学家的创业兴趣，从而加快科技成果转化的进程并提高科技成果转化的成功率。

（二）四技服务

1. 技术开发

技术开发是指高校根据企业要求，将科研所获知识或技术应用于企业产品开发、工艺改进等方面的技术活动，它始于高校与企业签署技术开发合同，到开发成果达到合同要求为止。在技术开发活动中，签署技术开发合同的高校和企业均负有相应责任、义务和权益。由于研发活动的复杂性和不确定性，技术开发具有一定的风险，因此在订立合同前，双方必须充分沟通，双方权责利均须在合同中清楚列明。

2. 技术转让

技术转让是指高校将通过自身研发活动取得的科研成果，以技术交易的形式转让给企业。技术转让的标的可以是获得专利权的技术、商标以及非专利技术，如专有技术、传统技艺生物品种、管理方法等，还可以是专利申请权等。通过技术转让将高校技术成果合法合规地转让给企业，使企业能够排他或部分排他地使用该技术，从而提升生产技术水平，现已成为国际通行做法。

3. 技术咨询

技术咨询是指高校教师利用自身的知识和信息优势，为企业、政府、社会机构等委托方提供决策所需的参考意见和解决方案。技术咨询给出的咨询报告或意见一般只供委托方参考，由委托方自行决定是否采用或何种程度采用技术咨询成果。在高校创新成果转化的实际过程中，技术转让和技术咨询经常结合在一起使用，在转让技术或成果的同时，通过技术咨询服务为科技成果在企业的顺利应用提供保障和支持。

4. 技术服务

技术服务是指高校教师为企业、政府、社会机构等委托方解决某一特定技术问题提供的各种服务，如进行非常规性的技术、设计、测量、分析、安装、调试，以及改进工艺流程、进行技术诊断等。不同于技术咨询，技术服务一般会明确形成工作成果的形式和具体要求，高校与教师需要对服务成果承担责任。技术服务是创新成果应用于实践并产生现实生产力的重要途径，在我国社会经济发展过程中发挥着相当重要的作用。

"四技服务"模式的优点在于学校和企业的联系较为紧密，有利于充分发挥各自的科研与经营优势，且高校无须承担科技成果商品化所需资金，成果转化速度较快，转让方式较为灵活。但这种模式也存在一定的局限性，主要问题在于该模式下高校科研人员并未真正进入企业，很难对后续技术进行持续创新。同时，科研人员根据企业要求展开研究，容易失去对技术的控制权。

二、间接转化模式

（一）人才流动

创新成果转化的本质是知识的流动或"聪明头脑"的流动，高校可以通过与企业进行人才交流和联合培养，间接实现科技成果转化。主要形式包括三种：高校科研人员到企业挂职锻炼、校企联合培养专业人才以及建立博士后工作站。

第一，高校科研人员到企业挂职锻炼。通过高校科研人员到企业挂职锻炼，不仅能够了解企业最根本的技术需求，并发展形成更具针对性和实用性的技术方案，还能够使科研人员的科研成果在企业土壤中进一步成熟和孵化，最终实现转化。高校科研人员还能够与企业建立起长期合作关系，有利于技术持续创新。

第二，校企联合培养专业人才。企业根据其自身需求，委托高校培养专业人才，企业的专业技术人员不仅可以通过培训提升技术技能，从而增强企业对科技成果的承载力，还可以接触高校先进科研仪器设备和先进理论，通过与高校教师充分的知识和信息交流，挖掘出企业潜在或更为精准的技术需求，提高科技成果转化成功率。

第三，建立博士后工作站。由博士后建站单位与企业联合招收培养博士后研究人才，充分发挥高校研究能力强、信息畅通的优势，博士后研究主题与企业实际紧密结合，既培养了专业人才，也可以为企业解决实际问题。

（二）委托科技中介机构

经过多年发展，一批国内专业知识产权服务与咨询机构、各地政府技术交易平台已经具备一定专业服务能力，许多国际知识产权服务企业也进入中国，积极开拓国内市场。我国高校科技成果管理部门主要以行政管理方式运行，在科技成果转化方面普遍缺乏专业能力，高校有其自身体制、机制与文化特点。科技成果转化专业能力提升是一个漫长的渐进过程，高校在条件允许的情况下，可以选择与第三方专业机构合作，通过购买服务或服务外包方式，在短时间内快速实现自身科技成果转化。2012年，上海市教委就曾与上海盛知华知识产权服务有限公司签署合作协议，鼓励和推进上海市属高校科技成果转化。

与第三方机构合作无疑能够快速导入第三方机构的专业服务能力，但同样有其局限性。高校科技成果管理与转化长期以来已形成自己的服务模式和文化，引入外部专业机构的服务必然会在理念、价值取向、配合协调、权责利分配等多方面引起碰撞与冲突，高校教师对第三方专业服务机构的相互信任、彼此之间的沟通与磨合都是需要注意的问题。此外，科技成果能否转化成功受到合作主体、政策、技术、市场等多方面因素影响，具有较高不确定性，通过专业服务虽然能够降低这种不确定性，但风险依然存在。第三方专业服务机构以盈利为导向，对高校和教师而言，为此支付不菲的服务费用存在一定风险。对高校而言，引入外部专业服务机构还可能使高校对其产生依赖性，影响自身科技成果转化服务体系建设。对高校而言，在与这些专业服务机构工作互动的过程中，学习这些机构的先进理念、国际化视野、成熟经验与能力，提升自身专业能力更为重要。

科技成果转化存在高校拥有技术与企业技术需求不匹配的现象。科技成果转化涉及前沿技术、价值估算、财务税法、金融、法律、知识产权等多个领域，生态链条的每个环节都需要专业化的中介服务。我国高校在转化方面多数缺乏专业的技术转化能力。在条件允许的情况下，高校可以挑选合适的第三方中介机构进行合作，通过将拥有的科技成果进行出售或者全外包的形式，在较短的时间内实现成果转化。

现阶段高校建设的科技中介机构一般有以下几种模式：一是大学科技园，大学科技园作为一种中介机构，其服务方式是集成式的，现已成为学校为社会提供服务的关键平台。二是国家技术转移中心，这是大学创建的最具标志性的中介机构。三是国家工程技术研究中心，建设国家工程技术研究中心，一方面可以对成果转化为现实生产力的核心环节进行优化，缩短转化时间；另一方面以企业进行批量生产的现实需求为主，强化已有成果的成熟程度、配比成套性和模块化水平，为企业引进、消化和吸收国外先进技术提供基本技术支持。四是生产力促进中心，它是一种非营利性的科技服务实体，是国家创新体系的重要组成部分，为广大中小企业提供综合配套服务。五是高校科技协作网，其由我国100多所高校构成，是为了能够顺应时代发展潮流而产生的中介机构。

三、协同创新模式

协同理论在创新管理领域得到广泛运用，从而形成了协同创新的概念，即协同创新是以知识增值为核心，企业、政府、知识生产机构、中介机构和用户等为了实现重大科技创新而开展的大跨度整合的创新组织模式。

（一）平台集成

这种模式通过构建创新成果转化服务平台，在平台上集成高校、中介机构、企业等成果转化主体，依托平台实现技术信息高度共享，推动主体间的互动，促进科技成果的对接与转化。平台通常有两种类型：一种是实体机构平台；另一种是虚拟网络信息平台。

实体机构平台主要包括高校技术转移中心、产学研合作办公室，这些机构拥有高校教师和科技成果等资源，通过与地方政府共建技术转移分中心、工作站等，在高校外部设立分支机构，将高校和各地政府、企业、金融资本等主体集成在一起，促进科技成果转化。虚拟网络信息平台一般由政府建设，如各地技术交易市场、生产力促进中心等网站平台，目前这种模式也越来越多地被高校采用。例如，上海体育学院科技园构建的科技成果转化综合服务平台"体科网"、同济大学构建的"环同济在线"、浙江大学知识产权与技术转移服务平台等。许多虚拟平台在专业化发展过程中，通过信息通信技术实现了原先靠实体机构才能实现的职能，并为产学研合作成果的落地提供支撑。

（二）高校—高校合作

高校具有自己的学科特点，单所高校科技成果转化能力和资源都较为有限，面对复杂多样的技术需求经常会出现力不从心的情况，高校与高校之间可以建立起长期战略合作伙伴关系，通过成立高校联盟，在联盟内部实现资源和信息共享，为地方和企业提供形式更为多样的科技成果转化服务，更好地促进科技成果转化。

这种模式的实践包括上海交通大学、华东理工大学、上海理工大学、中科院上海分院等单位共同成立的"上海国家技术转移联盟"；由北京大学等高校组成的"高校技术转移中心长沙联盟"；由中科院上海高等研究院、上海交通大学等高校与科研机构组成的"7＋1"国家技术转移联盟太仓工作站等地方性技术转移联盟等。

（三）高校—科研机构合作

高校和科研院所不仅是科研成果的主要创造者，也是科技成果转化过程的关键参与者。两者进行协同合作创新，可以使科学技术创新的资源得以充分利用，尤其是科研成果、大型仪器实验装备、各种科技专项人才的协同互补，继而提升科技创新的效果和效率，促成合作双方"共赢"。

机械工业共性技术上海研究院依托上海理工大学，采取"一校七院"协同创新模式，由上海理工大学、上海工业自动化仪表研究院等单位共同组建。这种"教研结合"旨在充分发挥高校科技成果富集和科研机构科研检测仪器设备优势，开展成果检测、关键技术合作等研究，同时加强机械工业人才培养，努力建设成研教结合、寓教于研、研促于业的行业共性关键技术研发与创新人才培养基地。

(四) 高校—企业合作

任何一项产学研合作活动往往离不开高校和企业的合作。这里主要强调的是深层次合作，是学校和企业建立起长期战略合作伙伴关系，针对某一目标或某一重大技术问题，共同投入资源开展研发活动，在合作过程中实现共赢，具体的合作形式可以是联合成立研发机构或创新型企业。

1. 校企联合成立研发机构

高校可以和有实力的企业共同建立创新研究中心联合实验室等联合研发机构。例如，同济大学与全球规模最大的轨道交通装备供应商——中国中车股份有限公司签署合作协议，双方创新了校企全面深度合作机制，共建"同济中车创新研究中心"。这一研究中心依托同济大学交通、建筑、汽车、海洋、信息等学科群优势，面向国家重大战略需求，着力攻克中车急需解决的关键、核心技术难题，助推中车主体产业引领国际、新型产业拓展发展，同时推动同济大学学科发展和"双一流"建设。

2. 校企联合成立创新型企业

高校以科技成果知识产权作为无形资产和相关仪器设备等有形资产一起投资入股，与企业共同成立创新型企业，高校相关科研团队和企业研发人员进入新企业，共同专注于科技成果的产业化。随着国家和地方科技成果转化新政的推出，厘清了科技成果以无形资产入股的灰色地带，极大地激发了高校科研人员创新创业的热情，越来越多的高校科技成果正通过这种模式实现转化。

以武汉工程大学陶瓷膜科研团队为例，研究团队在国内率先成功研发碳化硅陶瓷膜的量产技术，并取得8项相关专利。2017年，武汉工程大学以研发的8项碳化硅陶瓷膜技术及专利，作价2128万元技术入股，与鄂州市昌达资产经营有限公司组建湖北迪洁膜科技有限公司，公司注册资本为3800万元。

(五) 高校—政府合作

我国地方政府以推动当地经济发展为执政的重要目标，拥有许多推进创新成果转化所必需的资源。高校通过校地合作和地方政府建立起长期合作伙伴关系，可以有效降低高校在当地搜寻合作伙伴带来的成本及信息不对称风险，地方政府也可以通过合作在当地导入优质创新资源，促进当地产业转型升级。

（六）高校、政府、企业等多方合作

高校创新成果转化需要高校、政府、企业等多方联合，充分发挥各自资源的协同效应，联合成立新型创新实体，为成果转化创造更有利的条件。越来越多的国内高校开始与地方政府、科研机构、企业联合成立新型创新实体，这些机构一方面能够导入高校科研力量和资源优势；另一方面也能够争取当地政府和企业的资金、场地、经费等方面的支持，针对企业关键技术和当地行业发展共性技术展开二次研发，提高成果的成熟度和适用性，使实验室成果能够真正被企业使用。

四、创新转化模式新分类

前面从横向视角将创新转化总结为直接转化模式、间接转化模式以及协同创新模式，再次体现了创新转化生态系统中不同主体的重要作用。另外，为了突出高等学校创新转化的特点，借鉴创新成果转化模式传统分类方法，根据创新成果转化的发展历程，笔者从纵向视角归纳出创新转化模式新的分类范式。即科技成果转化1.0模式、科技成果转化2.0模式以及科技成果转化3.0模式，具体可见图4-5。这种分类方式不仅体现了高等学校创新转化的过程性与系统性，也是对直接转化模式、间接转化模式和协同创新模式的总结与梳理。

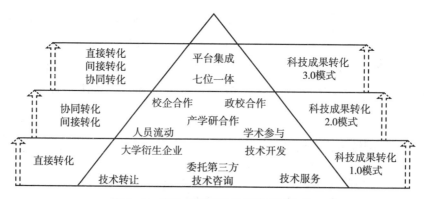

图4-5 高校创新成果转化模式新分类

资料来源：笔者整理。

（一）科技成果转化 1.0 模式

高校科技成果转化工作最早可以追溯到 20 世纪 50 年代末，科技成果转化模式作为伴生物也随之形成。在当时的经济体制和环境下，根据参与主体的不同，高校科技成果转化模式主要分为高校自行转化和高校与企业合作转化两种类型。这是我国第一代科技成果转化模式，具有基础转化的特征，该类型的创新成果转化多数以直接转化形式而发生。

高校自身转化模式又被称为自办实体模式或自办产业模式（张栓兴，2019）。高校内的科技成果持有方以高校现有的政策和环境条件为依托，兴办产业实体，以实现科技成果的有效转化，如北大方正。这种模式的主要特征是以高校为主体，以科技活动及其成果为主导，构建从基础研究、应用研究、开发研究、中试、产品化直接到形成产业并占有市场的全部流程。该模式省略了转化过程中的许多中间环节，节省了交易费用，极大地保护了高校的自主知识产权。采用该种模式实施科技成果转化的高校一般在某一学科领域具有很高的科研水平和很强的科研能力，并有雄厚的资金支持和一定数量的管理人员作为支撑。

高校与企业合作转化是至今仍在广泛沿用的传统转化模式，其特点是充分利用高校的科技人才、科研实力、实验设备和企业的生产能力，对市场信息的预测及判断掌握进行合作转化。该模式称为点对点模式，并从合作深度的角度划分为技术转让模式和联营模式，将其进一步细分为科技成果许可、转让模式，委托开发模式，作价入股、合办实体模式。作价入股、合办实体模式也叫股份制模式，在校企合作转化中居于主流地位。尽管高校与企业合作转化的模式相对于高校自行转化来说，在资源整合、分工协作、风险分担等方面具备一定的优势，但这些优势的充分发挥需要建立在科学完备的管理体制和合作机制的基础上，明确合作双方各自的权利和义务，降低交易费用，加强知识产权保护等。同时需要注意到，高校产业管理部门或资产经营公司不能通过行政化手段过多干涉股份制企业的运营，特别是当高校在企业中位于控股或相对控股地位时，资产经营公司作为高校的代表参与股份制企业的经营，应严格根据《中华人民共和国公司法》和企业董事会的有关规定，享受权利履行义务，实现各方优势的有效整合。

（二）科技成果转化 2.0 模式

早期的点对点模式多为一次性的合作，是高校与企业之间的一种较浅层面的合作，重结果而轻过程，如委托开发、许可转让等。随着诸如股份制模式的出现，点对点模式得到了更为科学有效的发展，高校与企业合作转化也转入了较深层面，科技成果转化的效率和成功率随之大大提高。但相对而言，高校科技成果转化率依然维持在一个较低的水平。主要原因在于高校的科研成果与市场需求相脱节的现象长期存在，高校科技成果转化中的利益分配和激励机制不健全，转化过程中缺乏资金支持等。为有效解决传统点对点模式下高校科技成果转化的发展瓶颈，迫切需要进行模式上的突破。该模式多以间接转化的模式出现，具备升级转化的特征。

1989 年，在政府和高校的共同推动下，东北大学科技园成立。这是我国第一个全国性的大学科技园，被认为是开启了高校科技成果转化的新模式。大部分的研究着眼于参与主体及主体间合作方式的不同，将新型转化模式划分为政校合作模式和校企合作模式两大类。政校合作模式由政府主导，其主要形式有孵化器模式（如大学科技园）、国家工程中心、技术转移中心和研究院等。校企合作模式又被称为校企协同创新模式，它不同于传统的点对点模式，而是结合了高校原始创新优势与企业科技成果应用能力优势，高校和企业更注重研发过程的共同参与及合作，成立了诸如联合研究所、协同研究中心、协同创新中心、创新研究院、联合实验室、联合技术中心等多种形式的校企协同创新平台。胡罡等（2014）将高校科技成果通过以上类型的综合性科技成果转化平台进行转化和产业化的模式命名为"第二代"高校科技成果转化模式。

（三）科技成果转化 3.0 模式

第二代高校科技成果转化模式的出现，使得科技成果转化越来越呈现出一种协同发展的路径。目前，高校创新成果转化的参与方不再仅限于高校或企业，政府、科技中介机构、金融投资机构等也参与其中，共同作用于创新成果转化，参与各方的职责界限也日趋模糊，多阶段甚至全过程地参与了创新成果转化，即全方位的创新转化。第三代高校科技成果转化模式最为显著的特征之一便是新型科研机构的建立。作为综合性科技成果转化平台中较晚出现的一种形式，新型科研机构的发展引起了社会的高度关注。李栋亮和陈宝山（2013）以广东省新型科研创新机构为考察对象，对其发展现状进行了分析，并提出了相关对策建议。以高校为主导的新型科研机构的快速发展充分体现了协同创新的理念和实践（李颖等，2019）：以市场、产业需求为导向，围绕知识创新本体——高校，充分调动企业、科研机构等创新主体，以及政府、金融机构、中介组织、行业协会等辅助支持的积极性和创造性，跨学科、跨部门、跨行业地组织实施深度合作和协同创新；追求通过技术研发与创新形成的技术优势，重视通过推动技术成果的转化和产业化来获取可观的收益；同时，注重人才、技术、成果、资本、信息、管理等要素在技术研发、中试放大、市场导入、产业化等成果转化链条各环节的协同，使政府、高校、市场在创新链条各环节充分发挥了不同的优势作用，服务地方经济发展，推动实现由传统要素驱动向创新驱动的转变。

第四节　高等学校创新转化的现状与展望

在高校创新转化的进程中，对于优秀的经验要不断发扬传承，对于存在的问题与不足要积极改进，优化高等学校的创新转化工作，发挥高校对社会经济发展的重要推动作用。

一、高等学校创新转化的发展现状

（一）高校科技成果转化的法律法规与政策逐渐完善

改革开放以来，随着国家科技体制改革的深化与国家创新体系建设的加快，与高校科技成果转化有关的法律法规、规章和地方性政策逐渐完善，逐步解决了长期以来制约高校创新成果转化的深层次问题与矛盾，充分发挥了高校对地方社会经济发展的支撑作用。

1985 年，中共中央发布《关于科技体制改革的决定》，科技体制改革取得突破。上海市委、市政府于 1998 年在全国率先推出促进科技成果转化的地方政府政策文件《上海市促进高新技术科技成果转化的若干规定》，简称"科技十八条"，被认为是当时最具有力度、可操作性最强的地方性政策法规。2002 年，《关于充分发挥高等学校科技创新作用的若干意见》首次明确了科研评价中的知识产权导向，通过加强知识产权管理，促进专利申请工作，运用专利许可、技术转让、技术入股等各种方式推进大学所开发技术的扩散效应。从 2013 年《教育部关于深化高等学校科技评价改革的意见》到 2016 年教育部、科技部《关于加强高等学校科技成果转移转化工作的若干意见》的正式发布，均明确下放科技成果使用、处置和收益权，并进一步完善科技成果转化收益分配机制、建立健全科技成果转化工作机制。这都代表着与高校创新转化有关的国家法律、行政法规及部门规章从无到有，逐步发展并健全。

（二）高校技术转移专职机构快速发展

20 世纪 90 年代末，我国高校创新转化工作开始起步，各高校纷纷建立专职从事高校科技成果转化的技术转移中心，主要是科技成果转化办公室，探索高校科技成果机构运行机制和转化模式。

据统计，自 1990 年东北大学科技园建立至 2021 年，国家大学科技园已建成 141 家。1991 年，我国正式实施工程研究中心计划，根据国家发展和改革委员会办公厅文件，2021 年，国家发改委分两批开展了国家工程研究中心优化整合工作，经过严格评审，最终 191 家获准纳入新序列。其中，第一、第二批纳入新序列管理的 191 家工程中心名单按照牵头单位统计，清华大学有 6 家入选，浙江大学有 4 家入选，北京大学有 3 家入选。北京交通大学、北京邮电大学、上海交通大学、同济大学、西安交通大学、中南大学各有 2 家入选，其他入选高校各有 1 家。2001 年，国家经济贸易委员会和教育部批准清华大学等 6 所高校成立国家技术转移中心。根据《关于公布首批国家技术转移示范机构的通知》，2008 年共有 16 所高校获得科技部首批国家技术转移示范机构认定。2015 年，全国共有 6 批 125 家高校技术转移机构或依托高校的专职技术转移机构被认定为国家技术转移示范机构[1]。2015 年，国家技术转移东部中心在张江国家自主创新示范区湾谷科技园正式成立。2021 年，科技部将清华大学等 20 所高校列入首批高校专业化国家技术转移机构建设试点名单，试点期两年。我国期望以高校专业化国家技术转移机构建设为工作抓手和突破口，进一步改革完善高校科技成果转化体系，强化高校科技成果转化能力建设，促进高校科技成果高水平创造和高效率转化，着力创新科技

---

① 陈强，鲍悦华，常旭华. 高校科技成果转化与协同创新 [M]. 北京：清华大学出版社，2017.

成果转化机制，加强知识产权保护，提高我国科技成果转化整体效能，切实提升高校服务经济社会发展的能力，显著增强支撑我国经济高质量发展的技术要素供给。

（三）科技成果数量稳步增加

根据教育部每年发布的《高等学校科技统计资料汇编》统计数据显示，近年来，我国高校专利成果转化的成交合同数量以及实际收入均实现了较快增长。

从高校专利出售合同数量来看，2011～2021年，我国高校专利出售合同从1745项增加至15169项，增长了8倍多。其中，工科院校专利出售合同最多，且呈逐年增长趋势，从2011年的869项增加至2021年的9098项；综合大学次之，但专利出售合同数量从2011年的637项增加至2021年的4122项，这反映了工科院校学科设置和科学研究更贴近社会现实需要的特点。

从高校专利出售当年实际收入情况来看，总收入已从2011年的3.58亿元上升至2021年的24.82亿元，增长了近7倍。工科院校实际专利出售收入最多，占所有高校专利出售收入的一半以上，这与专利出售合同数量反映的情况一致，可以看出工科院校的专利成果能够实现更高转化的价值。

（四）企业利用高校科研成果的水平稳定提高

我国高校科技成果转化的服务对象逐渐向多元化发展。根据教育部每年发布的《高等学校科技统计资料汇编》数据，2011～2021年，我国高校科技成果向国有企业和外资企业转化的合同数量和当年实际收入情况都呈现出平稳递增状态。我国高校向企业成果转化合同数量从2011年的9459项增至2021年的19936项，增长了2倍多。其中，我国高校向国有企业成果转化合同数量从2011年的2811项降低至2021年的2568项，但当年实际收入从2011年的6.89亿元上升至2021年的7.81亿元；我国高校向民营企业科技成果转化实现了快速增长，成果转化合同数从2011年的4816项上升至2021年的16376项，增长了3倍多，实际收入从2011年的9.99亿元上升至2021年的31.5亿元。这反映了近年来我国高等学校对创新成果转化愈发重视，高校与企业的科技创新互动明显增强。

二、面临的问题

我国高校在科技成果转化过程中取得了较大的进步。但不可否认的是，与发达国家相比，我国高校科技成果转化仍存在诸多问题。例如，科技成果转化率较低，对经济的贡献较低，部分研发成果与市场需求脱节，仍处于科技成果转化的初级阶段。

（一）科技成果转化动力不足

我国高校科技成果转化率不足10%，与美国、日本等发达国家高校科技成果60%~80%的转化率相比差距甚远。与发达国家高校相比，我国高校的科技成果转化率有一定的中国特色，高校科技成果不是针对市场进行研发，研发的成果不能直接面向生产线，这不仅造成科研经费的巨大浪费，还要在成果研发之后花费额外资金进行转化，科研投入与成果产出不相称。因此，我国高校科技成果产生的经济效益偏低，虽然技术市场成交额持续增长，但其总体占GDP的比重不超过1.5%，科技成果转化收益占GDP比例较少，说明我国高校科技成果转化能力与扩散能力较低，经济、科技"两张皮"现象依然存在（王欣，2017）。造成高校科技成果转化效率低的原因主要有以下几点：高校科技成果转化的动力压力不足，对于高校来说，高校的教师业绩考核缺乏产业化考核指标，因此，科研人员的成果转化动力和压力不大；对于高校评价来说，其科技成果转化的数量与质量没有作为评价高校优劣的重要指标，高校自身缺乏科技成果转化的紧迫感和使命感，这些都造成高校科技成果的转化效率低。

（二）科技成果转化率不高

我国高校科技成果转化率不高的根本原因在于高校"重数量，轻质量"的科技成果评价体系，重视专利的审批数量，而专利的质量并不高，从而导致专利成果转化的效率低下；重视论文发表期刊的影响因子，不重视成果的实际应用效益，在现有的科研管理机制和激励机制导向下，科研人员只追求专利数量、论文数量和专著数量等，而对其创新性、市场需求性等实质内容重视不够，科技成果的质量不高。从高校科研活动特点来看，高校一直以来都被认为是科学研究的象牙塔，研究更偏向于自由探索，注重基础研究和跨学科尖端研究，在科学领域中不断拓展和深化知识体系。大部分高校科研成果都以论文、专著等形式被推向公知领域，只有小部分具备潜在应用前景的科研成果才会向科技成果转化的方向发展。这小部分成果即使具备了商业应用前景，仍多处于"实验室"阶段，在理想化或极端化条件下获得，成熟度不高，很难适应大规模生产的工艺、技术与环境要求，离实现商业化还存在较长距离。在专利技术方面，很多教师出于项目结题验收、报奖、评职称、完成工作量等目的申请专利，只要专利获得授权，就可以得到学校的奖励，却并不考察其实际实施与转化情况，客观上催生了一些没有实施价值的专利与科技成果。

例如，根据教育部每年发布的《高等学校科技统计资料汇编》统计数据显示，2011～2021年，我国高校专利授权数快速增长，从2011年的35098项上升至2021年的268450项，增长了7.65倍。但专利出售合同数并未和专利授权数保持同样的快速增长趋势，增长较为缓慢，从2011年的1745项上升到2021年的15169项，增长了8.69倍。这造成了每年专利出售合同数占专利授权数比重增长不明显。2011年专利出售合同数占专利授权数比重为4.97%，而2021年专利出售合同数占专利授权的比重为5.65%，增加不明显。专利，尤其是发明专利从申请到授权通常需要数年时间，每年专利申请与授权的数量间并没有必然联系，该比重的科学性和实际参考价值较为有限，但从每年庞大的专利授权数和较低的专利出售合同数的比较中，仍能从侧面反映出我国高校专利技术转化整体仍处于较低水平。

（三）高校在绩效考核、职称评定、奖励办法等方面的引导性不足

在高校里面，评价教师的主要指标有教学数量与质量、科研项目、科研论文与专著、科研获奖等，无论是在职称评聘、绩效考核还是科研奖励中，专利所占比重都比较小。例如，不少学校都对教师在《科学引文索引》（Science Citation Index，SCI）一区发表论文出台重奖办法，而对授权职务发明专利的奖励远少于SCI一区论文，甚至没有。某大学在出台的《科研奖励实施办法》中明确规定，发表在SCI一区的论文每篇奖励10万元；而授权的职务发明专利每项奖励1万元，奖励金额数量相差10倍；再比如在对于技术人员实施股权奖励的办法中，存在着不合理的政策设计。《对中关村科技园区建设国家自主创新示范区有关股权奖励个人所得税试点政策的通知》规定，对示范区内科技创新创业企业转化科技成果，以股份或出资比例等股权

形式给予本企业相关技术人员的奖励，技术人员一次缴纳税款有困难的，经主管税务机关审核，可分期缴纳个人所得税，但最长不得超过 5 年。而《中关村国家自主创新示范区企业股权和分红激励实施办法》指出，激励对象自取得股权之日起，5 年内不得转让、捐赠其股权。这意味着科研人员在没有转让股权取得收益的情况下，需要用其他个人收入来缴纳个人所得税。这种奖励措施很难达到激励科研人员的效果。

（四）高校教师专利转化意识不强

素有"象牙塔"称谓的高等学校，在人才培养、科学研究、文化传承等方面的作用毋庸置疑，但在服务经济社会发展方面与国外发达国家相比却有较大差距。目前，我国高校参与经济发展的程度、模式、方法、途径等仍存在不同观点和认识。尽管教育部在学科评估指标体系中加入成果转化指标（仅统计成果已转化或应用的发明专利、国防专利须提供有关转让合同或技术应用证明），但总体来说，高校教师普遍仅将专利看作一种科研成果，是创新活动的一个终点，而并未将其作为专利技术产业化市场化的一个起点，专利技术的产生与企业、市场的关系松散，因而专利技术存在质量不高、成熟度不足、适用性小、应用前景模糊、与市场契合度不够等问题。

（五）高校成果转化服务专业化水平不高

目前我国许多高校科技成果转化机构仍为行政内设机构，一般不设独立的专门机构和部门来从事专利技术转让工作，多数挂靠在科研管理部门之下，专利技术转让工作人员身兼数职，从业人员属高校公职人员，他们与社会和企业联络较少，缺少专利转化的专业知识和协调运作能力，对市场的需求和变化缺乏敏锐的洞察，对技术、产品、金融和风险等专业的掌控力很弱，在现行管理体制下很难通过提供科技中介服务获得额外激励。有的高校虽然已成立了专门从事科技成果转化的企业法人实体，但同样纳入国资管理范畴，用人薪酬方面须参照学校标准，很难真正建立起完全市场化的薪酬与激励体系。受用人、激励机制所困，我国高校科技成果转化机构难以招揽专业高端人才，普遍缺乏科技成果转化所需的专业能力，即使在客观上有努力推进科技成果转化实施的愿望，有时也会因缺乏专业能力，只能充当技术供求信息的传递者。

三、未来发展方向

（一）学习国外高校创新成果转化的经验

国外目前最主要的高校技术转移模式有两种：第一种是技术许可办公室（Office of Technology Licensing，OTL）模式；第二种是设立技术转移公司模式。技术许可办公室（OTL）模式有三个主要特点：一是将专利营销放在工作首位；二是工作人员均为技术经理；三是发明人和发明人所在院系参与分享专利许可收入。该模式的典型代表是美国斯坦福大学技术许可办公室。技术转移公司又称为创新服务公司，由高校独立设立，作为第三方服务机构，主要提供知识产权商业化服务，协助高校技术与知识产权向产业转化。该模式的典型代表是英国帝国理工学院创办的帝国创新服务公司和剑桥大学设立的剑桥企业有限公司。除了这两种应用较多的技术转移模式外，技术管理公司模式和研究基金会模式在推动大学和企业之间的技术交流与合作、促进高校技术转移和成果转化方面也发挥了重要作用，值得我们学习借鉴。

（二）更加注重合作创新，关注国际专利申请与授权

伴随着经济全球化、一体化的深入发展，互联网、物联网技术使得当前科技创新和经济发展出现跨界竞争、合作发展的趋势。越来越多的源头创新源自大团队合作、产业和高校合作、跨国合作等，只有通过开放式创新和合作创新的深入发展，才能够使得高校更具创新实力，更具竞争力。最具创新力高校的评价指标已经将高校与产业界合作的论文进行标记，以量度高校和产业界的紧密程度，今后越来越多的指标会被设计用来衡量高校和企业的深度合作，因此，高校和企业亟须设计紧密的、切实有效的、长期持续的合作模式和机制，来推动高校的开放式创新和合作创新。

当前我国的研究型高校正朝着开展世界一流高校、世界一流学科的目标迈进。高校发展的话语体系、评价体系、竞争体系都在国际坐标系下进行。由于国际专利申请、三方专利等意味着在国际市场上对创新的保护与激发，越来越多的高校评价、排名开始关注国际专利申请、三方（美国、欧盟、日本）专利的申请授权及其商业化情况。我国企业如华为、中兴等在 PCT 专利申请授权等方面已经有较好表现，但是在高校中除了清华等少数几所高校，

创新转化管理概论

其余高校普遍存在国际专利申请数量少、影响力低的情况，需要引起国家知识产权管理部门以及高校科研管理部门的高度重视。例如，在国家知识产权"十三五"规划制定、地方知识产权"十三五"规划制定与实施中加以重视，除设定规划目标，明确重点任务和保障措施外，还要在具体实施中注重运作的机制体制改革，以创新驱动、提高专利的转化率。

（三）构建科技成果转化专业人才队伍培养体系，推进成果转化

科技成果转化具有高度专业性。国家高校科技成果转化主要依靠专业人才队伍实现，一批深谙技术又了解知识产权领域相关知识、具有法律背景、擅长谈判的复合型人才是确保高校科技成果转化工作高质量实施的关键。但我国有关这方面的人才目前还非常稀缺，应学习主要国家的经验，充分发挥高校的人才培养优势，加快科技成果转化专业人才培养体系建设，建立起高校自己的科技成果转化专业人才队伍，开展专业服务。

我国新修订的《中华人民共和国促进科技成果转化法》已于2015年10月1日开始施行，这一法律的出台将会进一步推动深化我国科技体制改革，加速技术市场化的发展。一些研究型高校，如浙江高校、天津高校等已经开始制定出台学校层面的促进科技成果转化的意见或实施办法，提速专利技术的转移、转化。但是受以往科技成果评价机制、激励机制以及相关制度障碍等因素的影响，落实科技成果转化法，切实黏合科技与经济之间的联系，还需要高校从思想观念、政策法规、评价机制、激励制度、运行方式、支撑环境、保障措施、文化氛围等方面进行系统推进，在国家创新驱动发展战略中，真正发挥高校知识创新主力军、技术创新生力军的作用，切实推进专利技术的转移和转化。

案例
上海交通大学科研团队自办企业

在2004年，上海交通大学下属的机械与动力学院组建的科研团队创建了上海神舟汽车设计开发有限公司。他们创建企业的初心是为了把团队研究开发的节能环保型车辆及其关键部件等核心技术商业化。他们明确地知道科研、教育、生产之间存在的间隙，知道横跨在技术和产品之间的间隔不只"一公里"，于是决定自己创办实体企业。

· 116 ·

2004 年 12 月，神舟决定研发除尘车。2005 年 6 月，造出了一辆福田底盘改装的样车，在普通路面和水泥厂进行了性能试验，试验结果显示洗净率不足 50%、舱内积灰过多、布袋滤料破损等多个问题并存。试验之后，研发人员仔细破译，发现做好吸尘车要攻破的首要技术难题是除尘。2006 年 4 月，神舟接到了第一台吸尘车的订单，技术终于走向了产品。但是，没有经过市场检验的产品还称不上是真正的产品。从交车的那一刻起，设计的缺陷和产品的质量就开始困扰着神舟公司。先是副发直连风机导致带载启动困难，后是滤筒褶皱过深、过密导致夹灰严重等问题。解决这些问题的过程，也是一个技术不断成熟和完善、产品更加贴近市场的过程。在与市场的不断互动中，神舟的技术越来越成熟。2006 年 10 月，新产品参加了工博会，一举获得成功，接着是不断增多的订单。经过几年的技术积累和进步，从 2008 年 3 月开始，神舟的吸尘车市场开始"井喷"，尽管还不时地有设计的缺陷和故障出现，但因其性能的优势和差异化，其进入市场的势头锐不可当，上交大神舟的品牌效应逐年显现。

资料来源：张栓兴. 高校科技成果转化问题研究——以陕西省为例 [M]. 北京：经济管理出版社，2019.

思考题：

1. 高等学校在创新转化中的作用有哪些?
2. 上海交通大学实施了哪（几）种创新转化模式?
3. 上海交通大学创新转化过程中的难题是什么，如何解决的?

参考文献

[1] 陈强，鲍悦华，常旭华. 高校科技成果转化与协同创新 [M]. 北京：清华大学出版社，2017.

[2] 何悦，陈丽玉，何慧芳. 我国研究型大学科技成果转化效率评价——基于网络 DEA 模型 [J]. 科技管理研究，2018，38（15）：85–92.

[3] 胡罡，章向宏，刘薇薇，胡丹. 地方研究院：高校科技成果转化模式新探索 [J]. 研究与发展管理，2014，26（3）：122–128.

[4] 李栋亮，陈宝山. 广东新型科研创新机构发展的现状与对策 [J]. 科技管理研究，2013，33（3）：99–101，106.

［5］李颖，刘贻新，张光宇，朱怀念．新型科研机构参与主体的合作策略选择——演化博弈视角［J］．科技管理研究，2019，39（8）：75–81．

［6］史秋衡，康敏．我国高校分类设置管理的逻辑进程与制度建构［J］．厦门大学学报（哲学社会科学版），2017，244（6）：1–9．

［7］王欣．高校科技成果转化机理与对策研究［M］．北京：科学出版社，2017．

［8］张栓兴．高校科技成果转化问题研究——以陕西省为例［M］．北京：经济管理出版社，2019．

第五章

科研机构与创新转化

第一节　科研机构在创新转化中的功能

科技资源优化配置是提高自主创新能力、推动国家经济发展的重要举措。科研机构作为我国科技资源的主要承载者，研究其创新转化的功能与特点，对于优化我国科技资源配置具有重要意义。

一、科研机构简介及分类

科研机构，也称研究机构、研发组织，是科技研发机构的统称，是指由相关学科的学术带头人以及一定数量的科研人员组成的，拥有明确的研究方向和工作任务并以知识生产、传递、利用和保护为主要活动，从事研究与开发活动的机构（高畅，2020）。科研机构具有支持政府使命、提高社会科研能力以及服务国家经济和社会科技发展需要等社会作用（高畅，2020）。

科研机构最早由国家根据科研机构经费的来源与管理模式进行分类。国家按照不同类型的学术活动特点，将科研机构划分为全额拨款科研机构、差额拨款科研机构和自收自支科研机构三种类型，或根据科研机构项目及其成果的公益性与非公益性，将科研机构划分为社会公益类与技术应用类。但由于技术应用类科研机构缺少公益服务属性，且更关注自我发展，因此大多数依靠市场生存。社会公益类科研机构则更多服务于政府决策、解决社会发展问题等，其主要依靠政府的财政支持（高畅，2020）。

现有文献对科研机构的分类较多。笔者根据科研机构的战略定位及其提供的服务，同时借鉴发达国家的科技创新体系发展历程，将重点放在以国家实验室为代表的、在研究领域具有多学科交叉优势、在研究配置上具有优势硬件设施与资源的大型科研主体上，并将其作为国家的重大战略性部署。为此，笔者将科研机构分为传统科研机构和新型科研机构。

传统科研机构主要是指由国家（中央政府）建立并资助的科研机构，包括国家设立的科学院、研究中心、政府部门所属的科研院所、国家实验室等。它们是实现国家科技战略目标的主要生力军（肖利，2004），几乎覆盖了政府干预的所有领域，在国家创新体系中占据不可替代的地位。

新型科研机构是指具有投资主体多元化、建设模式国际化、运行机制市场化、管理制度现代化等特征，创新创业与孵化育成相结合，产学研紧密结合的独立法人组织（陈雪和龙云凤，2017），是在新时期为进行科学技术研究与开发而组建的一类新型组织。"科技研发""机构"是新型科研机构概念的基本内容。"科技研发"是社会赋予新型科研机构的主要功能和根本任务，也是社会责任的体现。"机构"是实现新型科研机构"科技研发"功能的组织支持形式和保证。新型科研机构除了拥有现代科研院所新的主体结构、研究对象以及合作模式特征之外，作为孵化器制度变迁下的新产物，其在组织功能和运行管理方面还具有"新型"的特征。总而言之，新型科研机构的"新型"，主要体现在其组织功能与运行管理的创新性上以及科研业务活动及其流程的独特性上。

2018年以来，各地陆续推动设立的新型科研机构正在成为创新转化新的生力军。这类以独立法人形式设立的新型科研机构包括科技类社会组织、研发服务类企业（包括开展成果转化与科技企业孵化服务的机构）、实行新型运行机制的科研事业单位。例如，山东省科技部门与济南市政府为促进科技成果创新转化、助推新旧动能转换，依托山东大学设立的山东工业技术研究院，就属于此类新型科研机构。

二、传统科研机构与新型科研机构的区别

（一）性质不同

新型科研机构以帮助产业结构的升级优化、助推新兴产业的发展、实现国家或区域的创新发展为目标。新型科研机构作为产学研合作载体或平台，

有效整合了高校、科研院所、企业、地方政府、服务机构等多方资源，各主体间相互合作、相互协调，有利于促进知识流动和成果转化。新型科研机构具有非营利性质，其组织的价值与成立的宗旨和使命有着密切关系，体现为新型科研机构在促进科技成果转化和履行部分政府职能等方面具有使命感和责任感。

传统科研机构主要侧重于基础研究的深入探索，缺少对市场需求的敏锐性，同时绝大部分企业的科研部门不敢将大量的人力、财力、物力投入风险巨大的产业共性技术的研发。因此，需要介于政府公共科研组织和私人科研部门之间的第三部门——新型科研机构来接受这些"政府不能做、企业不敢做"的产业共性技术研发的项目课题。通过对产业共性技术的研发以及后续的转化、推广等活动，新型科研机构能够为国家和地区的社会发展和科技进步提供坚实的组织支持和技术保障。

（二）侧重点不同

新型科研机构侧重于共性技术的研发，填补"死亡谷"。新型科研机构主要侧重于面向工业产业的应用性技术研发，重点强调应用科学、试验技术、共性技术、应用技术、专有技术五个部分的研究与开发，即面向基础研究到商业应用之间部分的科技研发活动，主要围绕产业技术创新开展，强调基础研究、应用开发与产业化相结合，重视高新技术的研发。新型科研机构由于其特殊功能的定位，将能够为从理论到专利再到产业的转化架起一座"康庄大桥"，起到有效填平"死亡谷"的作用。技术能够缓和并化解科技与经济"两张皮"的问题。根据国家知识产权局的统计，中国科学院深圳先进技术研究院、财团法人工业技术研究院、广东电网有限责任公司电力科学研究院、电信科学技术研究院等新型科研机构在产业共性技术、前瞻性技术方面表现出了强劲的研发创新能力。剩下的基础研究部分主要由传统科研机构和高校来承担，商业应用部分则主要留给企业去完成。

传统科研机构，如国家重点实验室、工程中心、技术中心等，较多以国家战略需求、服务经济社会发展与国家安全为宗旨，根据国家与经济社会的需求，侧重国家重大科技战略聚焦的基础研究。新型科研机构虽不同于重点实验室、工程中心、技术中心，但或多或少兼容了这些组织功能。它们各自成为产业创新价值链条上不同的参与主体，并共同组成产业创新价值链。由于科技体制的不同，国外类似于我国新型科研机构存在的时间较久且发展较为成熟。典型代表有：美国国家标准与技术研究院、德国弗劳恩霍夫应用研究促进协会、日本产业技术综合研究所、韩国科学技术研究院、芬兰国家技术研究中心、丹麦国家工业技术研究院、澳大利亚联邦科学与工业研究组织、印度科学与工业研究理事会等，这些都是各个国家面向工业部门的实用性技术产业研发机构。

（三）服务对象不同

新型科研机构科研成果使用和服务的对象是企业，特别是中小企业（创业型企业）。新型科研机构除了为中小企业提供产业技术支撑和服务之外，还涉及小微企业的衍生和育成，并基于此加速推动新技术、新产品及新服务进入消费市场，共同提升国家产业技术水平，实现创新、创业、创富相结合。例如，德国公共技术服务体系就专门为占全部企业数95%的中小企业创新提供支持，解决中小企业创新资源不足的问题，以实现中小企业为社会提供70%的就业岗位，获得全国经济总量50%份额的目标。最终德国中小企业新产品比重远超过大型企业，并使得一些中小企业成为细分行业的全球隐形冠军。

传统科研机构科研成果的使用和服务对象除了企业，还包括政府、高校、科研机构自身等。传统科研机构的发展较大程度上集中于社会发展与公共服务，科研成果产出具有很强的公益性和公共性，科学研究投入量大、人才储量大、大型项目多，是科技成果的重要产出基地。

（四）运作方式不同

新型科研机构实行企业化与市场化的组织运行模式。为了成为当前"科技与经济两张皮"黏合的"利器"，新型科研机构必须走市场化、企业化的运行道路。新型科研机构的法人制度、理事会/董事会决策机制、人事聘任制度、多渠道的资金获取方式、科研评估制度、监督机制、组织文化等，都体现着企业化的管理运行模式。企业化的组织管理方式，就是要求新型科研机构能够像企业一样进行组织管理，体现出灵活性、自主性、专业性和高效性的特点。例如，2001年独立行政法人性质的日本产业技术综合研究所（National Institute of Advanced Industrial Science and Technology，AIST）成立，实行企业化的运作方式，较为彻底地改变了传统科研组织在人事、预算和研究业务等方面的僵化体制和机制。

传统科研机构研究与市场分离，体质机制不灵活，"大锅饭"现象严重，科技人员的积极性与创造性不高。新型科研机构由于萌芽于市场，与产业结合紧密，体制机制更加灵活，不受传统机构编制的限制，大部分按企业形式运作，更加重视调动人员的积极性，有力地弥补了计划体制下传统科研机构的缺点和弊端。

三、科研机构与高等学校在创新转化中的区别

（一）科研机构在创新转化过程中以应用研究为主，高校在创新转化过程中更重视基础研究

科研机构从事技术研究和开发，在技术研究上发挥着与高校类似的作用，是科技成果的主要供给方之一。与高校相比，科研机构的研发成果更容易贴近市场，科技成果的成熟度和市场化程度相对较高。高水平科研机构具有主导建设区域性科技创新平台的能力，可以直接组织科技成果产业化活动，促进创新成果转化。高校在创新转化过程中重视基础研究，而科研机构的研究多为目标导向，其主要职能和发展目标是解决国家、社会的实际问题。

例如，上海产业技术研究院是民办非企业单位，负责产业共性技术的研发和科技成果转移转化，尤其注重盘活上海科学院系统的科技资源和技术。上海产业技术研究院开办资金只能由企业捐赠，事业单位不能捐赠。政府虽不能直接拨款给上海产业技术研究院，但设立了财政专项资金。政府先将专项资金拨付给上海科学院，上海科学院再以购买服务的形式拨付给上海产业技术研究院。科研院所人员允许在上海产业技术研究院兼职，虽无薪酬，但可以参与成果转化收益的分配。

（二）与高校相比，科研机构的组织结构与管理模式主要表现为企业化运作方式

科研机构往往和高校的合作非常密切，其充分利用高校的学术资源，一方面聘请高校学者为科研机构承担研究任务，另一方面也吸收大学研究生进入机构工作。从分工角度看，高校的教育体系以学科划分为基础，教师和学生都从事某一学科领域的学习和研究工作，学科性、理论性强，综

合性、实践性弱,研究生教育也侧重于基本的知识教育和学术研究基本素质的培养;而科研机构则是以问题为导向,学科性、理论性弱,综合性、实践性强,所以需要从大学吸引各学科人才,按照研究需要进行人才整合,来承担研究机构的综合性问题研究,这样的研究模式使研究机构成为大学教师和学生参与实战的演练场,科研机构也因此成为应用研究创新的前沿高地。

例如,中国科学院上海嘉定先进技术创新与育成中心负责中国科学院上海高等研究院的科技成果转移转化工作,采用资本、管理和科研成果深度融合创新转化模式,注重系统集成技术、多技术叠加的高新技术成果的转化。中国科学院上海高等研究院体制较灵活,通过专职或兼职形式广泛吸引国内外大专家,若引进人员 2~3 年没有达到考核的预期目标则将自行离开,形成优胜劣汰机制。中试采用与企业合作的模式,中试成功后由企业直接产业化。中国科学院上海高等研究院与中科招商投资管理集团成立了一只规模 10 亿元的科技成果转化基金,基金暂由中科招商投资管理集团负责募集(首期出资 2 亿元,已投两个项目 5000 万元)。该基金中,中国科学院上海高等研究院不直接出资,获赠 3% 的股份,中国科学院上海高等研究院技术团队和管理团队现金出资占 27% 股份,中科招商现金出资占 70% 股份。

四、科研机构在创新转化中的角色与地位

中国对科研机构市场主体的认识经历了一个反复过程,国家在改革开放后采取将科研机构转制等措施,试图将科研机构由两个主体直接转变为一个市场主体,但随后通过对科研机构的大力支持,逐步进行了纠正。该过程涉及认识问题,科研机构作为公益主体,能否在成果转化中成为市场主体,将科研机构转制为企业,答案是否定的。纯粹的市场主体在价值取向上不同,前者要考虑公共性,而后者则追求利润最大化,公共部门如果与一般企业趋同,把利润最大化作为市场竞争目标,必将损害公众利益。因此,笔者将科研机构在创新转化中的定位总结为知识或技术的输出方、项目承担者或被承担者、依托方或被依托方,见图 5-1。基于该定位,将科研机构在创新转化中的作用总结为两类:科学研究和技术开发。

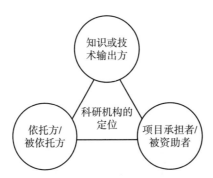

图 5 – 1　科研机构在创新转化中的定位

资料来源：笔者整理。

（一）科学研究

关于科研机构在创新转化中的作用，科研机构作为公益主体，从事科学发现、前沿、基础与公益研究、产业共性技术与关键核心技术研发等工作，为社会提供科学技术领域的公共产品，与科研机构的科学研究作用相对应。

对于科研机构来说，其科学研究主要包括以下方面：①科研机构建设是国家创新体系建设与国家科技体制改革的重要组成部分，是与国家利益和国家安全相关的战略性重大科技问题研究；②企业、高等院校和其他社会组织感到耗资大、风险高、不愿开展或无力开展的基础科学和技术科学、某些高技术和公用技术的研究；③科研机构在产学研合作与科技成果转化活动中更多为知识与技术输出方的角色，进行能够提高人民生活质量的社会公共利益领域的科技研究，如医药学、农学等；④政府履行职责所需的技术监督、计量标准、质量检测、环境保护等方面的科学研究工作。

（二）技术开发

科研机构进行科技成果的开发与生产，从事科技成果的交易，承担独立的经济责任，获得相应的经济收益，是市场主体之一。科研机构作为市场主体，与其作为公益主体并不矛盾，这与科技创新的性质相一致，与科研机构的技术开发作用相对应。科技创新一方面具有公益服务性质，为社会共享；

另一方面是一种社会生产力，是经济社会发展中重要的生产要素。

科研机构作为科技成果转化中的双重主体，和公共管理学上的混合部门属性既有不同之处也有共同之处。混合部门介于公共部门与私人部门之间，混合部门主体属性还是一个主体，只不过是一个主体扮演了另一个主体的角色，如公共医院提供私人医疗服务；而科研机构则是两个主体集于一身，不能分割。这是由科技创新的特殊性决定的，因为科技创新链条环环相扣，成果转化离不开应用研发与基础研究，三者的界限日益模糊。科研机构作为科技成果转化的市场主体，以及基础研究与应用研发的公益主体，两者虽然目标不同，遵循不同的机制，但实为一个主体的两面，是对立统一的矛盾体。科研机构的双重主体属性与混合部门属性的共同之处在于，两者皆涉及公共部门或公共产品，科研机构从创新主体到市场主体有一个逐步被认识的过程。

第二节　科研机构的创新转化过程

科研机构作为科技创新的主要"发源地"之一，其科技成果转化是一个漫长而复杂的过程。根据传统科研机构与新型科研机构的不同特点，笔者对不同类型科研机构科技成果转化的各个环节进行分析，有助于提升科研机构创新成果转化动力。

一、传统科研机构创新转化过程

传统科研机构在科学研究与技术成果方面的优势，决定了其技术供给方的角色与定位，由基础研究向应用研究延伸的技术转移模式能有效地发挥传统科研机构的资源优势，形成知识与技术输出模式。传统科研机构以满足国家战略需求、面向科技前沿和市场需求、服务社会经济发展与国家安全为宗旨。传统科研机构创新转化过程包括三个阶段，分别是：实验室研发阶段；中间试验阶段；产业化、商业化阶段，具体见图 5-2。

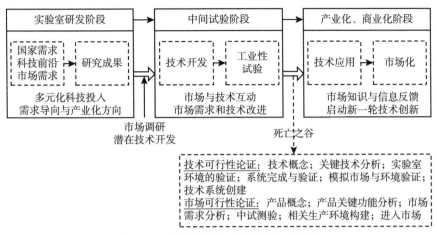

图5-2 传统科研机构创新转化的过程

资料来源：笔者整理。

1. 实验室研发阶段

传统科研机构的创新转化主要以国家的重大发展战略和世界科技前沿的发展为目标，国家战略需求是创新转化的源头。在确定目标后，国立科研机构组织组建课题组，进一步分析战略需求，识别科学问题，并进行基础研究，该阶段与实验室研发相对应。科研团队的构建是以项目研发和工作程序管理为依据的人才选拔过程，团队中既包括项目管理人员，也包括研发人员。在项目研发过程中，科研机构及研发团队需要对项目所需知识进行识别、筛选和吸取，如果所需知识超越科研机构的知识体系，那么科研机构将通过相关制度安排（如与企业、高校或科研机构建立战略合作关系等）从外部获取所需新知识，实现科研机构与外界的知识互动与融合。该阶段需要坚持需求导向与产业化方向，进行多元化的科技投入，特别是知识资源、社会资本等。

2. 中间试验阶段

在成果完成人或者课题组的努力下，坚持市场与技术的互动，通过与第三方合作，在市场调研和潜在技术开发的基础上进行技术开发。该阶段需要进行不断的中试试验和工业性试验，以满足市场需求并实现技术的不断改进。

3. 产业化、商业化阶段

通过对结果的工业性试验，以及技术的应用和推广，实现技术产业化、产业市场化。即某项技术被用于解决相关问题，特别是国家"卡脖子"问题，该阶段需要科技产品和服务购买者的参与，目的是实现产品的商业化（杨斌和肖尤丹，2019）。从中间试验阶段到产业化、商业化阶段的转换，突破了所谓的"死亡之谷"，这是因为不仅对科研成果进行了技术可行性论证，而且进行了市场可行性论证，解决"两张皮"问题。产业化、商业化的重要内容是通过承担不同主体委托的研究任务、合作共建研发机构、共建产学研创新联盟等形式为委托人的研发提供技术和咨询服务。

传统科研机构创新转化是在粗线条创新环节的基础上引入新的影响因素并进行细化，主要分为三个部分：一是在三个阶段分别引入市场因素；二是重点针对传统创新模式所忽视的"死亡之谷"环节进行补充与完善，即研发成果形成与转化之间的衔接环节；三是在前两部分的基础上实现知识与技术的循环，形成多因素影响的、多环节作用的、知识与技术可循环的交互型模式（骆严，2015）。

二、新型科研机构创新转化过程

近年来，高校与地方在协同创新上取得了较大成就。高校、科研机构和企业通过合作建立新型科研机构等协同创新平台，实现科技创新领域由初始的独立分散、各自运行模式到主体双方或多方的协同合作模式的转变。新型科研机构成为高校与地方主体共同致力于推动产学研用相结合、从科技创新要素集聚和区域创新系统完善与升级的重要平台。新型科研机构是在新时期为进行科学技术研究与开发而组建的一类新型组织。相比传统科研机构，新型科研机构与政府、产业联系更为密切，受外部主体和环境的作用影响较为复杂，研发模式存在显著差异。例如，为促进科技成果的创新转化、助推新旧动能转换，由山东省科技部门和济南市政府支持、依托山东大学设立的山东工业技术研究院，就属于此类新型科研机构。总结起来，新型科研机构的创新转化过程一般包括三个阶段，分别是：找准定位、明确研发内容；与高校或其他科研机构耦合、保障科技成果的质量和来源；企业孵化、产业市场化。新型科研机构创新转化过程见图 5 - 3。

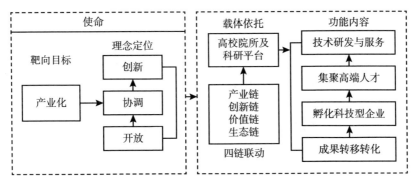

图 5 - 3　新型研究机构创新转化的过程

资料来源：笔者整理。

1. 找准定位，明确开发内容

新型科研机构的创新转化围绕主导产业和未来产业，要先找准定位，明确研发内容，技术成果的产业化基础是其充分条件。以产业化为靶向目标布局建设新型科研机构，既可以攻克一批制约优势产业的重大核心关键技术，也有助于当地政府深刻把握产业发展规律，洞悉产业发展风向标，实现超前布局，培养自主创新品牌。鉴于此，在新型科研机构创新转化的过程中，将"新"作为生命线，树立新理念，探索新模式，构建新机制，整合科创载体资源，解决新型科研机构在管理经验和市场推广能力方面的短板。

2. 与高校或其他科研机构耦合、保障科技成果的质量和来源

为了保障科技成果的高质量和供给源的稳定性，新型科研机构的创新转化一般与高校会有耦合或互动，与国家重点实验室、工程技术研究中心、行业龙头企业、地方政府等开展合作，共建新型科研机构高水平研发平台。将"研"作为产出高水平科技成果发动机，集聚人才团队，储备高水平科技成果。

3. 企业孵化、产业市场化

新型科研机构的创新转化具有明确的服务功能，重点发展领域着力突破重大关键核心技术，助推企业梯度式培育与成长，利用依托的高校院所及研发平台，吸引该技术领域的国内外优秀拔尖人才或团队，开展高端创新创业活动。形成了"应用基础研究→技术研发→成果转移转化→产业化应用→企业孵化育成"的成果转化扩散链条。新型科研机构的创新转化成本较高，需要有力的政府扶持作为支撑。政府需要做好政策布局，优化产业园区与主导产业，整合科技创新载体资源，为新型科研机构落地提供优质平台载体等。

总之，成立新型科研机构进行科技成果转化并非是我国独创，而是在国内外科技成果转化模式的基础上不断延伸和重新组合所形成的。新型科研机构创新转化的成功关键在于能够分阶段、分时期将几种模式灵活运用，并且将不同发展模式有效结合。这既得益于其创新性、灵活性的运营体制和管理模式，也得益于从市场规律和科学发展规律出发，政府有形之手和市场无形之手的有效结合。

第三节　科研机构创新转化的主要模式

根据科研机构创新成果产业化的不同目标与路径，可将科研机构创新转化模式分为以下四种类型：战略牵引产业互动模式、衍生孵化模式、大科学装置依托模式和合作转化模式。

一、战略牵引产业互动模式

战略牵引产业互动模式（原创攻关—面向产业—协同突破）。围绕国家战略任务，确立研发目标、探索技术路线、实现成果产业化是国立科研机构面向国家重大需求的硬科技成果转化的主流方式，也是体现中国科学院科技成果硬实力的主要形态，比如"两弹一星"、载人航天工程、探月工程等事关国家竞争力和国家安全的战略领域。在国家能源安全领域，中国科学院大连化学物理研究所的甲醇制取低碳烯烃技术研发与产业化路径，就是国家战略需求牵引产业良性互动的硬科技成果转化模式的典型代表，不但实现了对国家战略目标的硬支撑，还为我国煤化工产业新发展提供了强有力的硬科技供给（杨斌和肖尤丹，2019）。

以中国科学院大连化学物理研究所（以下简称"大化所"）的创新转化为例，大化所与陕西新兴煤化工科技发展有限责任公司、中国石化集团洛阳石油化工工程公司三方合作，利用大化所的前期研究成果，2004 年建成了世界上第一套万吨级工业性试验装置，2006 年 6 月完成 50 吨甲醇/天的工业性试验。大化所与相关机构合作的最大成功不仅在于 DMTO 技术（以煤或天然气替代石油做原料生产乙烯和丙烯的技术），更在于探索出一种企业和科研院所合作实现科研成果产业化的创新模式，即以科研院所为研发主体，企业为资金投入的主体和工程技术开发与推广应用主体，政府引导，工程设计公司参与的合作模式。在这种模式下开发工业技术，能充分发挥各方优势和技术特长，更加符合生产实际，其成果既符合国家产业政策，又与企业长远发展利益密切相关。

二、衍生孵化模式

衍生孵化模式是通过孵化和投资由相关成果衍生设立的科技企业。科研机构的科技创新活动往往处于前沿科学研究和技术开发领域，相关科学技术知识默会性强，对个体经验知识依赖度高，而一般企业往往由于技术吸收能力偏弱，难以直接通过知识产权转让、技术开发、技术咨询、技术服务获得技术能力的提升，因此对科研机构而言，通过孵化和投资由相关成果衍生设立的科技企业是最为有效的成果转化模式。

衍生孵化模式包括科研机构自我孵化和建立企业孵化器两种形式。企业孵化器是一种新型的社会经济组织，它为科技型中小企业提供物理空间、基础设施以及一系列孵化服务，在推动科技成果转化方面起到了非常重要的作用。它需要整合社会的各种资源，为科技型中小企业提供全面的系统服务，联合大学研究机构提供技术服务，联合银行、天使、风险投资等机构提供投融资服务，联合管理的专业咨询机构等提供管理咨询服务等。科研机构成立孵化器对科技成果的转化进行孵化，这种模式要求科研机构对市场和技术发展具有非常强的市场洞察能力、强大的资源整合能力以及内部拥有丰富的种子资源。自我孵化，即自行投产模式，是指科技成果的持有者以现有政策和环境为依托，自己兴办企业，创造条件将研究成果转化为现实生产力。

例如，中科院西安光学精密机械研究所（以下简称"西安光机所"）的创新转化，是最具代表性的衍生孵化模式，创生于学术环境，以研发活动产生的技术成果为基础，由科研人员参与创建，致力于服务国家重大战略发展问题。西安光机所科技成果转化方式最突出的特点是观念的创新，敢于拆除"思想围墙"，实施人才"走出去"和"引进来"相结合的多元人才发展战略。对于研究所编制内科研人员，积极鼓励其带着科研成果走出研究所，进行成果转化甚至创业自行转化，跨越了研究所与企业之间的"鸿沟"，更多的科技成果开始转化为企业的技术和产品，很多科研人员为了能够实现创业，甚至从研究选题、项目申请时就已经以市场化为导向，按照市场需求开展科学研究工作，真正实现了研究所、企业、市场的融合。与此同时，将研究所的科研平台和设备面向所外人员开放，为实践中急需科研平台的企业和研究单位提供了便利和条件。"西科天使基金"不仅孵化了所内的项目，也投资了很大一部分社会上的初创企业（杨斌和肖尤丹，2019）。

三、大科学装置依托模式

大科学装置作为实现国家重大科学技术目标的大型综合研究设施，一直扮演着国家尖端科技领域创新发展的重要角色。按技术目标不同，大科学装置可分为实现国家特定科学领域技术目标的专用型研究设施，实现多学科领域的基础研究、应用研究及提供应用研究服务的公共实验型设施，以及促进国家经济建设、国家安全和社会发展的公益型科技设施三类。近年来，由科研机构建造和管理的大科学装置平台作为公共研发平台的作用日益突出，越来越凸显出其重要的社会经济价值。

例如，北京正负电子对撞机（Beijing Electron-Position Collider，BEPC）等大科学装置平台直接面向产业化应用，进而带动硬科技产业发展。BEPC面向国民经济建设和国家需求，在深入推进基础研究的同时，极大地提升了我国高技术开发能力，促进了高新技术产品的产业化发展。依托BEPC已形成粒子加速器设计及研制、粒子探测器研制、辐射防护及监测、计算机应用软件开发等高新技术，生产出地那米电子辐照加速器、10MeV/4~15kW电子辐照加速器、工业CT、电子帘、正电子断层扫描机PET、医用加速器等高技术产品。

四、合作转化模式

合作转化的核心就是科研机构寻求与企业的利益共享和风险共担，科研机构主要负责技术，企业主要负责市场，科研机构可以为企业提供持续的技术支持，有可能获得巨大的股权收益，但同样也可能面临合作企业转化失败、股权稀释、信用风险等多种问题。在合作转化模式中，中介机构为推动科技成果转化起到巨大作用，它为科技成果转化的各个阶段和各个利益相关者之间建立桥梁，大大降低科技成果转化的交易成本，提升科技成果转化的效率。

这些中介机构既要深入了解科技成果的属性、功能以及可能的商业化前景，又要了解哪些企业可能成为成果商业化的企业方、企业方对技术或科技成果有何需求，同时还必须寻找出技术方和企业方的利益平衡点，实现多方共赢，最终实现科技成果转化各阶段和利益相关者的成功对接，并从中收取一定的中介服务费用。

例如，通过共建中国—乌克兰研究院平台，广东省科学院焊接技术研究所作为乌克兰巴顿焊接研究所在中国的焊接技术科研开发基地和技术转移中心，先后引进巴顿焊接技术研究所多项技术在国内实施转化。广东省农科院先后与国际水稻研究所等合作，引进近 8000 份水稻突变体材料、实地养分管理技术和国际香蕉种子等，培育出一批抗稻瘟病新品种（品系）以及抗枯萎病、高产、优质的香蕉品种等。

第四节　科研机构创新转化的现状与展望

与企业等市场创新主体以追求经济利益为基本导向的创新转化不同，科研机构作为国家战略科技力量的主力军，其科技成果转化活动有着截然不同的目标使命、条件约束和模式路径。当前，科研机构创新转化已经取得一定成就，但仍然存在一些困境和问题，亟须相关解决对策。

一、科研机构创新转化的发展现状

（一）科技人力资源数量稳定增加

科学研究与试验发展（R&D）人员是科研机构重要的人力资源。根据历年《中国科技统计年鉴》显示，虽然我国的科研机构从 2011 年的 3673 所下降至 2020 年的 3109 所，科研机构的数量有所减少，但我国科研机构的 R&D 人员保持了较为稳定的增加。科研机构内的科技人员数量由 2011 年的 36.19 万人增加到 2020 年的 51.94 万人，考虑到科研机构数量在该时期的下降情况，科研机构平均 R&D 人员的增加更为明显。该情况可以说明科研机构创新人才更加密集，创新能力总体得到了提高。

（二）科研机构的科技经费支出逐年增多

根据国家统计局的数据，科研机构的科技经费支出情况反映了科研机构在科技创新的资金投入力度，R&D 经费总支出由 2011 年的 1306.71 亿元增加到 2021 年的 3717.93 亿元，增长了 2.8 倍。从经费分布来看，每年占比最高的是试验发展经费支出，2021 年达 1877.44 亿元；其次为应用研究经费支出，2021 年达 1196.35 亿元，但 2021 年用于基础研究的经费支出相对较少，为 646.11 亿元。对比来看，基础研究的经费总额最少，但增长速度最快，增加了 4 倍；其次是应用研究，增长了 2.8 倍，试验发展增长了 2.6 倍。基础研究增长速度最快，说明我国科研机构对自主创新、原创式创新的关注和投入在增加；而试验发展支出占 R&D 支出总额的比例多年来一直稳定在 50% 左右，占比最高，说明我国科研机构在 R&D 领域做得更多的是把通过基础研究和应用研究所获得的知识转变成可以实施的计划、开辟新的应用，即对科学研究转化为现实生产力的重视程度提高。

（三）科研机构的专利申请数量逐年增加

近年来我国科研机构的专利申请数量一直呈现出十分明显的增长趋势，根据国家统计局的数据，年专利申请数量由 2011 年的 24059 件快速增加到 2021 年的 81879 件。在专利的三种类型中，科研机构主要申请的是发明专利，每年占科研机构专利申请总量的 80% 以上。而且，我国科研机构发明专利的申请数量从 2011 年的 18227 件快速增加到 2021 年的 64132 件。根据历年《中国科技统计年鉴》，科研机构专利所有权转让及许可数从 2011 年的约 735 件增加到 2020 年的 4645 件，增加了 6 倍多。专利所有权转让及许可的增长速度比专利申请的增长速度更快，表明我国科研机构近年来的专利产出质量从纵向相比有较为明显的提高。另外，每年科研机构专利所有权转让及许可的数量占专利申请数量的比重从 2011 年的约 3.05% 逐年提升到 2020 年的 6.23%，且专利转让及许可收入也从 2011 年的 66623 万元增长至 2020 年的 151063.8 万元。

二、面临的问题

科研机构成果转化中存在的诸多困境和问题，大多是由于没有考虑科研机构自身性质定位、发展规律和研发特点，不加区别地片面强调转化活动的收益性而造成的。科技成果转化效率之所以长期不高，其原因在于研发与生产相脱节，先研发、后转化、再应用推广的体制机制不完善。通常情况下，在科研机构成果转化中，科研机构是供给方，企业是需求方，双方的供需关系与价格、竞争等因素相互制约与互动，形成供求机制，对创新转化具有一定的影响。因此，科研机构创新成果转化过程还存在以下问题。

（一）科研机构数量有所减少，成果转化活动区域分布不均衡

根据国家统计局的数据，我国的科研机构数量从 2011 年的 3673 个减少到 2021 年的 2962 个，减少率约为 19.36%。从隶属关系角度来看，这一期间减少的主要是地市级部门所属的科研机构，由 2011 年的 2987 个减少到 2021 年的 2216 个，减少率达 25.81%；省级部门、副省级部门、地方部门所属的科研机构数量均有所减少；而中央部门所属和中国科学院所属的科研机构数量略有增加，中央部门所属的科研机构从 2011 年的 686 个增加到 2021 年的 746 个。

2011~2020 年，我国各省份间科研机构年均专利所有权转让、专利授权、许可数量及收入等差异较大。从专利所有权转让及许可数量分析，北京市科研机构专利所有权转让及许可数量最多，占全国科研机构专利转让及许可总量的 37%，其次是江苏省（17%）、上海市（11%）、浙江省（4%）、广东省（4%）。从专利授权及许可实际收入分析，同样是北京市科研机构专利所有权转让及许可实际收入最高，达 35%，其次是上海市、广东省、辽宁省、浙江省和山东省，虽然江苏省科研机构平均每年的专利授权及许可数量排名第二，但该项收入却未达到理想效果，在全国科研机构排名中处于第七的位置。

（二）科技人员各自为战，缺乏部门协调和配套制度

国内大部分科研机构未设立独立的从事科技成果转移转化的机构，科研人员的考核制度依旧没有大的改变，科研人员评价还主要体现在论文发表、获奖数量等方面，缺乏成果转化等相关指标的引导。这导致科技人员在进行成果转化时各自为战，缺乏相应的部门协调和配套制度，科技成果转化专利不规范，服务不到位。科研机构开展创新活动的产业化导向不强，主要研发方向与地方经济社会发展的需求不一致。

与国外相比，德国拥有大量的科研机构，其中最著名的有马普学会、亥姆霍兹国家研究中心联合会、莱布尼茨科学联合会和弗朗霍夫应用研究促进会。这些科研机构在进行科技创新的同时，也进行技术转移及推广工作。科研机构在技术转移过程中，形成了不同的运作模式。其中，弗朗霍夫应用研究促进会是非营利机构，主要服务于应用研究领域的技术开发和成果转化。通过多年的运作，形成了政府资助、学会企业化的著名的"弗朗霍夫模式"，因此避免了很多成果供应方在成果转化过程中可能出现的问题。总之，在我国科研机构成果转移转化过程中，还存在供给方与需求方信息不对称、利益诉求不一致、合理人才流动机制不健全等问题，阻碍了成果转化实施。

（三）科技成果转化服务体系和评价体系尚不健全

近年来，尽管各地生产力促进中心、技术转移中心、成果转化中心、大学科技园、孵化器等成果转化机构快速发展，但科技中介服务机构和科技成果转化人才队伍建设滞后于市场需求，服务成果转移转化能力仍然较为薄弱。科技成果价值评估、风险投资、技术经济、技术权益保护、技术市场基础设施建设等方面缺乏力度，对科技成果的发展、成熟、壮大、成果交易造成阻碍，未形成有效的科技成果转化市场体系。一方面缺乏专业的技术中介机构与人才来消除成果转移转化信息不对称，推动科技创新要素流动，保障成果有效转化；另一方面，政府部门之间尚未形成健全的成果转化推动协调机制，限制了市场配置资源决定性作用，而日本长期以来通过"行政指导"的方式对企业的研发活动等进行了大力的干预和扶持，如出资资助企业技术创新联盟、设立大型研究项目等，近年来还关注公立大学和科研院所里的科技成果闲置问题。

日本 1998 年以来颁布了一系列有关技术转移、知识产权、产业技术的法案，目的在于下放公有知识产权的管理权限，促进大学、科研院所与产业界的合作，调动科研院所的科研人员关注企业的科技需求，使更多的科研成果尤其是国公立科研机构中的科研成果能够跨越"死亡谷"，实现商品化、产业化。

（四）激励科技成果转化的政策缺乏针对性

随着与科技成果转化密切相关配套政策的逐步出台，科研机构结合自身实际情况先行先试，采取"一事一议"和"特事特办"的方式逐步推动科技成果转化，但目前省市相关配套政策还没有与国家政策形成有效对接，依旧按照"一刀切"和"推广一个模式"出台"上下一般粗"的政策文件，与科研机构的实际需求存在一定的偏差。例如，在海内外人才引进、高层次人才工作站以及各类协同创新基地建设过程中，有些政府扶持资金采取分期拨付方式，一般按照立项、中期检查和验收三个节点到位，同时还要求科研机构按照一定比例单独配套资金。这种资金拨付方式不但不符合创新研发和实验室建设的投入规律，而且配套资金的刚性要求制约了科研机构统筹"创新要素聚集"的内部治理能力提升，并与推动成果孵化、转化过程中的个性化管理相悖，影响了人才和项目引进的进程。

从各地反映情况来看，国家、省、市针对促进科技成果转化出台了一系列政策措施，但在政策贯彻落实过程中，缺乏具体的落实细则，对各地市及各职能部门贯彻落实国家和地方科技成果转化的政策情况缺乏统一、规范的考量标准和有效的约束。一些政策法规在执行过程中存在政策"打架"、地区差异等现象，制约了创新成果的转化。

三、未来发展方向

基于创新价值链视角，成功的创新转化需要将创新要素与商业模式结合，从而形成从知识生产到知识物化再到成功服务于社会经济发展的创新价值链，开创一种新型的科技发展模式。无论坚持由基础科学发现到技术发明和产业发展的"三发"联动发展模式，还是以大科学项目为引领的，带学科、带产业、带人才的"三带"发展模式（陈喜乐和曾海燕，2016），都须明确未来的改进与发展方向，制定合理有效的管理对策。

（一）明确定位，有效管理

从供应方来说，科研机构的成果往往离市场应用较远，从成果到产品还需要一个较长的研发过程，这就决定了供方要对提供的科技成果不断优化完善，与需求方密切合作，包括由需求方提供资金、试验设施等。这一过程被称为"死亡之谷"，科研机构的成果若不能跨过这一过程，就难以进入市场应用。

从需求方来看，要求企业在资金、人才、研发能力等方面有相应基础，能够洞悉市场对科技的潜在需求，敢于承担研发失败的风险，充分信任科研机构及其科技人员。例如，一些科技成果走向应用，需经历前期研究、试验研发、市场化等阶段，这些阶段都需要供需双方的合作，但前期研究、小试的责任主体是科研机构，而其后各阶段的责任主体则是企业。参照用知识产权交易率取代科技成果转化率的观点，科研机构通过市场机制与企业达成科技成果的交易，就意味着其对科技成果转化的主要使命已经完成。根据科研机构成果转化供求机制明确科研机构与企业的责任，有利于制定更具针对性的政策措施。

（二）政府与企业共建

科研机构联系着科技领域和经济领域，对科技和产业发展规律都有比较清晰的认识，能够及时提出立项要求，组织资源对前沿领域的关键共性技术的研发发挥作用，并推动成果的产业化应用。因此作为关键共性技术的提供者，政府与企业应加强合作，明确分工，共同推进科研机构的创新转化。共性技术（Generic Technology）是一种能够在一个或多个行业中得以广泛应用的，处于竞争前阶段的技术。共性技术有较大的经济效益和社会效益。在共性技术研究成果上，企业可以根据自己生产或产品的需要进行后续的商业化研究开发，形成企业间相互竞争的技术或产品。对产业发展的关键共性技术进行识别和投入，有利于战略性新兴产业的发展。共性技术具有公共性和外溢效应，存在一定程度的市场失灵，需要政府投入。同时，在技术选择上也存在政府失灵，政府容易忽视市场需求的实际情况而盲目发展新技术和新产业，对这些技术的选择和投入需要有企业参与。

（三）健全政策法规体系，营造良好环境

各类科研机构以民办非企业、企业科研机构、产学研联盟、事业单位等多种模式发展，身份各异，缺乏统一的政策法规支撑这类机构的建设和发展。相关部门要重视并深入了解不同科研机构的需求，制定扶持不同科研机构发展的一系列政策措施，鼓励境内外组织、企业、高校及个人创办各类新型科研机构，从资金、技术、人才、税收等方面健全相关政策法规体系，支持各类科研机构享受政策优惠，为科研机构发展营造良好的环境。推动新型科研机构壮大规模，加大新型科研机构在中西部地区的布局，加强传统产业领域新型科研机构的建设，支持传统产业转型升级，提升中西部地区技术创新能力，促进东西南北协调发展。

（四）创新触角向产业延伸，构建完整创新链

科研机构成果供求机制常常不是一次性交易，而是一个往复、长期的互动过程，需要供需双方密切合作，这一点显然有别于一般的供求机制，决定了科研机构成果转化机构必须具有科研与市场两方面的专业性，而不仅仅是行政管理。在科技成果转化供需中，双方密切合作并不意味着没有责任主体的划分。这就要求研发群落和商业群落之间的资源分配必须匹配，研发群落中获得的（消耗的）资源在一定程度上来源于成功转化后商品经济价值的实现。对于创新价值链来说，就是实现认知价值向经济价值的转化。这包括两方面：一是自身作为投资方，孵化投资自己研发或引进的项目；二是吸引和带动其他天使投资、风险投资进行投入。例如，增强创新价值链各环节之间的相互作用，带动政府、企业、社会等多方面的创新投入，推进创新生态体系的形成和完善，实现创新驱动。

以华大基因为例，作为非营利性的民间科研机构，其内部架构遵照企业化运行，还衍生了包括华大基因科技服务有限公司在内的多家企业，在生物育种、疾病预防等新兴产业领域具有主导话语权。华大基因通过组织架构的扁平化及企业外部网络扩张，成为覆盖科学、技术、产业整个创新价值链的综合性解决方案提供者。不仅强调产品开发要以基础研究为支撑，实现了向创新价值链的前移；同时又把基础研究的最新成果融入技术集成和应用中，通过为科研机构、制药公司提供测序服务，实现了向创新价值链后端的延伸，开拓了新的市场域，衔接起创新价值链的各环节。从 2007 年成立至今，华大自身的组织架构也发生着裂变，其创新触角向研究群落和商业群落两处延伸。

案例
深圳清华大学研究院

一、主要工作

研究院首创"四不像"创新体制：既是大学又不完全像大学，既是科研机构又不完全像科研机构，既是企业又不完全像企业，既是事业单位又不完全像事业单位；形成了概念验证、中试工程化、人才支撑、科技金融、孵化服务和海外合作六大功能板块，在探索把科研成果转化融入企业孵化的新途径中，努力把科技经济"两张皮"贴在创新创业企业的载体上。清华研究院

科技创新孵化体系如图5-4所示。

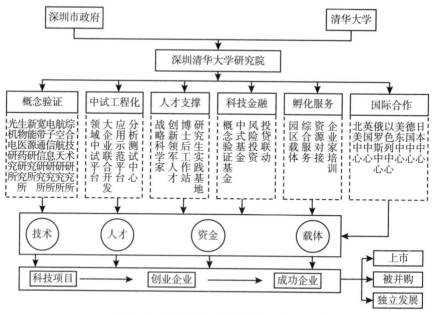

图5-4 清华研究院科技创新孵化体系

1. 构建技术支撑体系,搭建面向企业的公共研发平台

研究院坚持"研发是孵化企业的支撑,孵化企业是研发的目的"的理念。研究院整个体系形成了涵盖领域广泛、研发实力雄厚的科技平台。在各级政府科技研发资金的支持下,培育一批国家、广东省和深圳市重点实验、工程实验室以及公共服务平台,不仅承担国家、省、市各类研究课题,更重要的是与孵化企业进行横向科研课题合作,推出自主创新的科研成果,在推出大量科研成果的同时,促进一批科技成果的产业化。

2. 聚焦高科技的投资孵化,培育上市公司

研究院先后于1999年和2004年成立了深圳力合创业投资有限公司和深圳清研创业投资有限公司两大投资平台。投资平台资产规模30亿元以上,创办和投资了180多家高科技企业,截至2015年控股及参股企业达150家。先后发起、投资、孵化了力合股份、茅台股份、拓邦电子、安泰科技、飞乐音响、和而泰、达实智能、数码视讯、海兰信、铁汉生态、茂硕电源、赛轮股份等18家在中小板、创业板和新三板上市的公司。

3. 金融助力的科技成果转化，资本驱动加速发展

科学技术是第一生产力，金融是现代经济的核心。研究院的科技创新孵化体系将致力于金融助力的科技成果转化，借力于科技特色的金融体制创新，实现自有资本、社会资本、金融资本与科技资源全面对接。

2013 年，研究院在前海发起设立了力合金融控股股份有限公司，形成了以科技担保公司、科技小贷公司、融资租赁公司为核心的金融产业链，以力合金控为核心构建综合服务平台，实现完全的市场化运作。

4. 辐射珠三角的园区基地，打造企业孵化腹地

研究院立足深圳，辐射珠三角，不断拓展园区基地，形成了一系列高新产业园区和服务机构，已建总面积达 70 万平方米。目前已在广东建成清华信息港（深圳）、清华科技园（珠海）、力合佛山科技园、东莞创新中心。同时正大力建设力合顺德科技园和力合清溪科技园。这些园区基地的建设，为研究院科技创新孵化体系的建设提供了广阔的发展空间。

5. 汇聚全球资源，建立一部四中心的国际合作网络

研究院充分发挥清华的国际资源优势，搭建起了以技术和产业转移为核心的全球资源网络。在国内，研究院国际合作部作为大本营，同时于 2002 年发起成立深圳清华国际技术转移中心，被科技部认定为国家技术转移示范基地。国际技术转移中心与研究院国际合作部一体化运作，作为海外合作的国内支撑点。在海外，分别设立了北美中心（2010 年于美国硅谷和洛杉矶）、欧洲中心（2011 年于英国牛津）和俄罗斯中心（2012 年于俄罗斯莫斯科）。下一步将继续建设德国科隆创新中心、以色列创新中心，进一步完善和拓展海外布局。

6. 实行高端人才培养，开放创新合作办学

1997 年开始，研究院专门成立了人才部，在深圳招收研究生课程进修班。2002 年 3 月，申报单位"企业博士后科研工作站"正式挂牌。研究院的非学历教育，为珠三角地区培养了一万多名高端专业技术人才和高级企业管理人才。

二、经验做法

1. 体制突破，施行"四不像"管理模式

（1）既是事业单位又不完全像事业单位，实现机制创新。

研究院是事业单位，提供公共服务，但没有财政固定拨款，没有人员编制，实行理事会领导下的院长负责制，独立核算，自收自支，在机制上实行

事业单位的企业化运作。

（2）既是企业又不完全像企业，实现目标创新。

研究院实行企业化管理，但不同于一般企业，不直接生产产品，也不以营利为主要目的，而是定位于科技创新和成果转化基地，着眼于孵化高科技企业，强调社会效益和经济效益并重。

（3）既是研究机构又不完全像科研院所，实现功能创新。

研究院是科研机构但又不同于一般的科研院所，不属于中字头、国字头的国家队，也没有主管部门下达面向国家战略的重大研究课题，而是以研发平台、园区基地、投资孵化、科技金融、国际合作和人才培养六大核心功能服务于科技企业孵化，实现功能创新。

（4）既是大学又不完全像大学，实现文化创新。

研究院源于清华大学，但是没有学历教育的任务，而是服务于地方经济社会发展。研究院的文化植根于清华大学的校风和传统，又融入了特区企业文化的特色。

2. 机制创新，激活市场资源配置

研究院摆脱"政府是投入主体、领导是基本观众、得奖是主要目的、仓库是最终归宿"的传统科研模式，依靠市场配置资源，推动机制创新，实现了无财政拨款、依靠市场、滚动发展的投入机制；无事业编制、全员聘用的用人机制；研发团队分享技术股权，管理团队合法持有股权的激励机制。

3. 产学研融合，创建立体孵化体系

清华研究院这种立体式的孵化体系，具有把科研平台建设、创新科技研发、创业投资、高新技术企业孵化结合起来的鲜明特点，有利于科技成果对接企业、产业的需求。把从科技项目到创业企业，再到成功企业的上市、并购、独立发展的整个孵化过程中所必需的要素整合起来，提供全方位的支撑和服务，大幅提高科技成果转化的效率，是新型科研机构建设的创新模式。

资料来源：深圳清华研究院官网：https：//www. tsinghua-sz. org/services；李江华. 校地共建新型研发机构的协同治理研究［D］. 武汉：华中科技大学，2019.

思考题：

1. 科研机构在创新转化中有哪些作用？
2. 清华研究院实施哪（几）种创新转化模式？
3. 根据深圳清华研究院的发展状况，总结新型科研机构在创新转化中的定位、作用、面临的问题及可行的解决办法。

参考文献

［1］陈喜乐，曾海燕．新型科研机构发展模式及对策研究［M］．厦门：厦门大学出版社，2016．

［2］陈雪，龙云凤．广东新型科研机构科技成果转化的主要模式及建议［J］．科技管理研究，2017，37（4）：101－105．

［3］高畅．科研机构知识资本模型构建理论与实践［M］．北京：中国社会科学出版社，2020．

［4］李江华．校地共建新型研发机构的协同治理研究［D］．武汉：华中科技大学，2019．

［5］骆严．我国国立科研机构的创新政策及其与创新模式的协同研究［D］．武汉：华中科技大学，2015．

［6］肖利．我国国立科研机构分类评价的理论与实践［J］．中国科技论坛，2004（4）：88－91．

［7］杨斌，肖尤丹．国家科研机构硬科技成果转化模式研究［J］．科学学研究，2019，37（12）：2149－2156．

第六章

创新转化与科技服务业

第一节 科技服务业概述

科技服务业及相应机构并非只承担科学技术及其成果的简单转移，而是服务于科学技术及其成果向现实生产力转化的全链条，赋能创新成果的落地转化。

一、科技服务业内涵与类型

科技服务业在促进创新成果转化、技术转移与扩散等方面发挥重要作用，服务对象遍及"政产学研金服用"等各类实体，也包括创新创业者及团队。科技服务业的业务范围覆盖科技创新及其成果转化的全过程，如图6-1所示。

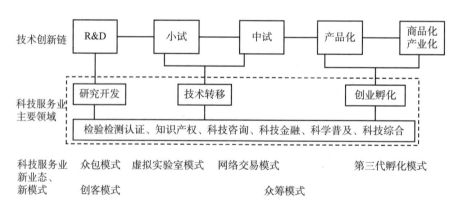

图6-1 科技服务业服务科技创新的全链条

资料来源：管泉，刘瑾，厉娜，等.青岛市科技服务业发展战略研究［M］.青岛：中国海洋大学出版社，2016.

随着世界各国对科学技术及其成果应用转化的重视程度不断提升，以提供技术、知识、智力及信息服务为特征的科技服务业蓬勃发展，在国民经济中的积极作用凸显。2014 年 10 月国务院发布《关于加快科技服务业发展的若干意见》，将科技服务业界定为：为科技创新全链条提供市场化服务的新兴产业，服务于科研活动、技术创新和成果转化，并进一步将科技服务业的类别划分为以下九种（管泉等，2016）。

（1）研究开发。围绕科技创新实践，为企业、研发机构及科研人员等提供研发外包、设计及支撑等第三方科技服务。具体服务内容包括依托研发机构自身的知识产权授权服务、专业化研发外包科技服务、相关研发资源支持服务。

（2）技术转移。依托各类技术转移中介机构展开，围绕科技创新成果转化、技术转移与扩散等，为科技型企业提供包括技术的评估、交易、转让、代理、拍卖及集成等服务。

（3）检验检测认证。依托具备检验检测认证资质或能力的企业或组织机构，按照相关标准、规范及方法，对技术和产品进行检验和测试，包括质量检验、性能测试、成果鉴定和资质认定等。

（4）创业孵化。以创业者个人、团队、项目及初创企业为对象，围绕创意、机会、资源、新企业创办及初期成长等创业活动各环节展开，提供投融资、创业计划、专业技术、场地空间等服务。

（5）知识产权。为科技企业提供专利、商标等各类知识产权的获取、使用及维权等服务，包括知识产权的代理、法律、信息、商用化、咨询和培训等服务。

（6）科技咨询。以政府部门、企事业单位及社会组织为对象，在与科技相关的决策、运作等环节上提供系列化、专业化咨询服务，包括科技战略、科技评估、科技招投标、工程技术、知识管理和科技信息等服务。

（7）科技金融。通过个人、金融机构、政府部门及部分社会组织，为科技型企业提供金融支持，帮助其提高研发、成果转化及产业化转型升级等方面的成效，包括天使投资、风险投资、科技银行、政府科研投入及科研项目等服务。

（8）科学技术普及。充分利用差异化传媒手段，以科普方式向普通大众普及科学技术相关知识，提供宣传科学方法、传播科学思想、弘扬科学精神等服务。

（9）综合科技。通过整合科技创新全链条各环节的关键要素，构建科技服务组织机构间的高效协作网络，为科技型企业及科技产业集群，在研究开发、技术转移、科技咨询、知识产权和科技金融等方面提供综合性服务。

除上述类型外，也可根据创办主体、经营性质和服务内容不同进行分类（吴泗，2012）。

（1）创办主体。一是由国家资助的科技服务主体，如国家重点实验室、国家技术转移中心等；二是由大学和科研机构创办的科技服务主体，如科技企业孵化器、风投机构等；三是科技协会，如知识产权协会等；四是企业化的科技服务主体，如科技评估、检测机构等。

（2）经营性质。科技服务主体根据经营性质不同，分为非营利性和营利性两类。前者主要向社会提供公益性服务，在具有公共产品性质的领域提供科技服务，通常由政府相关部门创办或资助承担政府部门的某些科技服务功能，如科技园、生产力促进中心等。后者主要以营利为目的，自负盈亏、自我经营，遵循企业化运营模式，提供相应科技服务，如知识产权服务公司、科技金融公司等。

（3）服务内容。一是为科技创新提供综合性服务，如创业服务中心、技术推广中心等；二是为科技创新提供信息咨询服务，如信息中心、招投标公司等；三是为科技创新提供场地及服务，如大学科技园、公共实验室等；四是为科技资源流动提供服务，如科技交流中心、人才市场等。

二、科技服务业特征

（一）参与主体多元化

科技服务主体的组织形式多样化明显。具体表现为政府部门相关组织，如生产力促进中心、国家工程实验室等；高校及科研机构等创办的组织，如技术转移中心、孵化器等；企业牵头的相关组织，如科技金融公司、知识产权公司等；民间科技中介协会，如科技咨询协会、孵化器协会等。科技服务组织在性质上既包括营利性主体，也包括非营利性主体。

（二）紧密联系产业

科技服务业的服务对象涉及农业、工业、商业以及服务业等各个行业，在提供技术、知识、信息等资源的过程中，与服务对象进行高频率互动和资源传递。为解决服务对象的实际需求，科技服务业需要与信息、金融、商业、物流等生产性服务业的各环节建立密切联系，从而不断深化并融合到产业发展、结构调整及转型升级过程中，针对性解决实际需求。

（三）高度专业化服务

服务对象高度专业化与差异化的需求，倒逼科技服务业提供高度专业化与差异化的服务内容。例如，信息方面需要提供数据、情报、标准化等服务内容；孵化方面需要提供软硬件条件及政策指导等服务内容；知识产权方面需要提供交易、转让、评估等服务内容。未来科技服务的专业化水平会持续提升。

（四）人力与智力资源密集

人力资本与智力要素是科技服务业发展的关键。科技服务业是典型的知识和技术密集型服务业，主要依赖人才及其智力等资源提供服务并获取收益。科技服务的日益独立化、专业化，对高学历、高素质、高技能的复合型人才需求会越来越大，而人力与智力资源的不断聚集，会持续反哺科技服务业的高速发展。

（五）高附加值服务

科技服务业是高技术产业价值链的延伸，在传统服务业基础上将科学、技术、知识等要素融入服务业中，为服务对象提供专业化服务。提供服务过程能够实现科学、技术、知识等要素的价值增值，围绕科学、技术、知识及其创新成果的转化应用，为服务对象提供高附加值服务，表现出高技术、高增值和高渗透性特征（广东省生产力促进中心，2021）。

（六）收益不确定性高

相比其他产业，科技服务业投入产出比面临较高的不确定性，尤其是在科技研发阶段的失败率往往较高，因而造成科技服务业面临较大的不确定性风险，也会导致科技服务组织在收益方面面临较高的不确定性。例如，科技风险投资机构由于技术创新失败而无法得到收益，产权交易机构由于技术交易失败而难以取得收益，技术研发中心由于技术研发失败而损失大量成本导致难以实现收益等。

三、科技服务业作用

（一）构建新常态下推动创新成果转化的新动能

首先，科技服务业能够解决新产业、新企业在创业早期的孵化与培育难题，与科技企业孵化器和企业加速器等共同构建从创意到产业的创新生态体系。其次，可以整合投资与孵化并使民间资本得以参与其中，同时科技服务机构还能利用自身与政府、高校、科研机构及企业等的紧密联系，协助和指导新创企业获得资助支持。最后，能够整合创业与创新，有力推动实体经济转型升级。例如，众创空间、科技园区等可整合国有企业和高校科研院所背景的资源，为在孵企业和团队提供技术支持服务，协助和指导在孵企业和团队创造新增知识产权，而且能带动其他龙头企业参与众创空间经营过程，不断提升服务水平和质量。

（二）助力产业结构转型升级

大力发展服务业并提升其在国民经济中的比重，是我国产业结构调整的基本方向。作为现代服务业的重要组成部分，科技服务业以促进科技创新及成果转化为目标，对推动产业转型升级具有难以替代的作用。科技服务业发展有利于促进经济增长方式由要素驱动向创新驱动转变，可以为经济转型升级提供相应服务，促进科技成果向现实生产力转化，实现经济持续健康发展。科技服务业显著的辐射作用，能够通过知识和技术转移，带动农业、制造业及其他服务业转型升级，带动新兴产业发展和经济发展方式的转变。例如，科技服务业与农业、制造业、服务业等的融合，催生了研发农业、服务式制造、高端服务业等多种新行业形态。

（三）推动区域经济社会发展

科技创新是经济社会发展进步的核心动力，科技服务业的健康快速发展可以有效提高区域科技创新水平，促进先进科学技术及其成果转化为生产力，从而助推区域创新能力提升与经济持续稳步增长。由于具备科技含量高、产业附加值大等特点，科技服务业对区域经济增长有倍增作用，能够提高区域科技成果转化和产业化比例，推进技术转移和扩散，扩大区域产业的业务领域，提升区域产业整体发展水平，为区域经济发展创造新增长点。同时，科技服务业以工程技术研究中心、技术转移办公室、技术检验中心、生产力促进中心等各类组织主体为载体，通过技术开发、交流、推广和成果转化等，促进政产学研金服用等创新主体间的互动与交流，建立创新主体间的有效联系，整合区域内信息、技术、资金、人才等资源，有利于深化产业分工与部门间合作，促进科技资源有效流动，加快区域内开放式创新和区域间协作创新的发展，提升区域创新效率与创新能力。

（四）促进科技创新成果的商品化和产业化

只有将科技创新成果转化成产品，科研成果才能体现出经济价值与社会意义。科技园区在科技创新成果落地转化和实现科技创新产业化方面具有独特优势，突出表现在科技园区的科研机构、企业及科技服务业间可实现无缝衔接，从而快速推动科研成果落地转化，为科研创新向现实生产力的转化、科技创新成果真正投入生产、科研成果商品化创造条件并提供资源保障。

（五）搭建企业互动平台有效应对资源稀缺

科技服务业可为创业者、企业家提供学习互动平台和机会，帮助他们为企业建立管理制度、招聘人员，还可为其提供经营管理、市场营销、财务、法律及劳动、保险等实务的专业培训，帮助他们在创业及企业经营实践中运用并积累知识经验，提高企业及创业项目在资源高度稀缺和高度不确定情境下的应对能力。同时，大多数创业企业初期普遍面临资源稀缺瓶颈，如资金短缺、信息闭塞、销售渠道狭窄等，导致新创企业面临较高不确定性和风险。科技服务业可凭借其网络体系与运营模式，有效整合初创企业所需资源，把初创企业、服务机构、资本市场和信息网络有机组合成完整体系，使资源供需方得以相互衔接与互补，推动人才、技术、信息、资金等资源有效匹配与优化配置，应对资源稀缺瓶颈。

（六）促进人才及产业集聚

科技服务业通过人的智力劳动提供服务，知识密集度高是其典型特征。科技服务业的发展动力是创新，创新的关键在于专业化、高水平人才的吸引与培养。科技服务业的价值作用，是通过一批知识储备丰富、学习能力强、知识结构完善、人际及产业关系良好的高素质人才队伍实现的。随着科技服务业发展，科技创新资源和创新网络会持续丰富和拓展，科研基础设施条件会持续完善，对创新人才的吸引力会持续提高，对创新人才的需求也会持续提升，从而有助于汇聚、培养专业化人才队伍，形成创新人才集聚高地。同时，随着在特定区域内入驻企业数量持续增多，产业集聚效应会日益突出，规模效益也相应提升，企业可充分利用信息、技术、人才等资源的便利性，加快技术创新进程、缩短技术创新周期并降低失败率，从而搭建产学研协同创新体系、降低入驻企业研发成本、提高研发效率并吸引更多优质企业入驻，进而实现科技创新、协同创新与集体创新的良性循环。

第二节　科技服务机构

科技服务业是创新转化的重要抓手，科技服务机构是提供科技服务的载体，既关注技术转移，也涵盖基于科学研究与技术开发的具有实用价值的创新成果，以及后续的试验、开发、应用、推广直至形成新产品、新工艺、新材料、新产业等全过程，重在将创新成果转化为现实生产力，从而持续创造经济、社会、科技、环境等多重价值。科技服务机构类型众多，如技术转移公司、知识产权服务公司、风险投资公司、科技金融公司及律师事务所等，本书基于当前我国实践中科技服务机构的发展速度、功能布局、规模及价值效应等现状，重点介绍企业孵化器、众创空间与科技园区三类典型科技服务机构。

一、企业孵化器

（一）发展概况

自1959年美国"贝特维亚工业中心"孵化器建立以来，企业孵化器在全球蓬勃发展。1987年我国第一家孵化器"武汉东湖新技术创业中心"投入运营，此后各类企业孵化器迅猛发展，成为推动科技发展的重要力量。自2003年科技部颁布《关于进一步提高科技企业孵化器运行质量的若干意见》至今，创业孵化服务业蓬勃发展，我国科技创新体系重点逐步转向孵化器及孵化企业，激发了科技创新人员的创业热情，孵化器发展模式也日益多元化，出现了地产、平台、风投、媒体及产业等多种模式，极大地推动了科技创新及成果产出（顾乃华，2019）。

我国企业孵化器在历经 30 多年高速发展后已进入稳定发展期。2011 年国家开始大力推动企业孵化器建设，目标是降低创业成本，打造优质创业环境，以创业带动就业，推动创新创业及其生态系统建设，通过科技创新推动经济社会发展。科技部火炬中心 2020 年末数据显示：截至 2019 年我国科技企业孵化器场地面积 12927.9 万平方米，数量为 5206 个，其中国家级孵化器 1307 个；累计毕业企业 160850 个；在孵企业人数为 294.9 万人；在孵企业拥有有效知识产权 563016 项，发明专利 98182 项，软件著作权 219903 项，集成电路布图 3259 项，植物新品种 772 项；在孵企业研发投入 705 亿元，累计获风险投资 2606 亿元，累计获财政资助 238.1 亿元。这表明企业孵化器正快速、有力推动科技创新和经济社会发展。

（二）发展特征

1. 服务水平持续提高

企业孵化器历经野蛮增长后目前已出现经营难以为继的状况。由于投资方面的特殊性，大多数孵化器资本回收期相对较长，同时政府对孵化器的补贴扶持也将更多地转向优质孵化器基地。尤其是中小型孵化器在面对高度不确定创业环境时的应对能力明显不足，此类孵化器势必逐渐退出市场，或者经过与孵化器合作或转型向优质化发展，从而倒逼孵化器向服务优质化发展升级。

2. 辐射效应持续提升

企业孵化器目前在我国蓬勃发展，特别是有地方政策扶持的孵化器的积极作用日益显著。同时，孵化器还积极与地方优势产业建立良好互动与合作，为其推荐优质孵化企业。而且，很多城市也积极利用孵化器的辐射能力，推动城市间建立创业合作从而形成较好的竞争、激励及互补机制，促进更大区域创业环境优化。

3. 资源优势持续发挥

企业入驻孵化器后可利用场地、技术、财务及人力等资源，以及与入驻企业间的密切合作产生协同效应，从而构建孵化器独特的资源优势。例如，充分利用营商环境及条件，借助优惠政策和资金支持，依靠政府部门信息资源优势营造有利于孵化器建设的外部环境；运用科研技术优势，基于政产学研金服用有机结合，推动科技成果向现实生产力转化。

（三）服务内容

1. 基础设施服务

为在孵企业提供创业场地、办公空间、会议室、生产与研发场地、交通、水电暖、物业以及餐饮等基础服务。

2. 代理服务

为在孵企业提供工商注册代办、税务登记、项目申请、专利申报、科技成果鉴定等服务。

3. 中介服务

协助在孵企业与政府、企业、高校、研究机构等建立联系，提供技术对接、资产评估、财务审计、法律咨询、股权交易及市场推介等服务。

4. 融资服务

通过依靠投融资平台和设立孵化器孵化资金或种子资金等方式，为在孵企业提供资金支持。同时，向银行、投资机构、信用担保机构等推荐在孵企业，促进在孵企业与投资机构间的合作。

5. 咨询服务

为在孵企业提供政策、法规、财务、会计、知识产权、人力资源、技术贸易以及商品贸易等方面的咨询服务，帮助在孵企业制定创业计划、企业发展计划等。

6. 技术服务

为在孵企业提供产品设计、工艺设计、中间试验、新产品试制、技术实验及检测等技术创新支持与服务，提供科研仪器和实验室等支持。

7. 人才服务

通过聘请创业导师、企业专家等为在孵企业提供创业咨询、辅导、政策、法规、人力资源和市场推广等方面的服务。同时，培训在孵企业的创业者及员工，协助在孵企业制订人力资源发展计划和招聘新员工，提升其人力资源管理水平。

8. 政策服务

向在孵企业提供产业、行业、技术、经济和政策等方面的信息咨询服务。同时，帮助在孵企业落实财税、科技、人才、金融、外贸以及海关等各项优惠政策。

9. 筛选服务

协助孵化企业建立健全经营模式、管理制度与企业文化，向政府及社会推荐优质在孵企业，推荐并协助优质在孵企业申报各类科技计划、创新基金等项目，以及"高新技术企业""高新技术产品"等认定。

二、众创空间

（一）发展概况

众创空间起源于西方国家，伴随其科技、经济及社会效益日益提升，Fablab、Makerspace 等概念在我国落地发展，车库创业、创客空间等创业服务机构在我国创业环境较为包容和活跃的地区不断涌现，并逐渐向其他城市扩展。这些集聚创新创业关键要素，为所在地区构建良好创新创业氛围及资源条件，成为科技服务业发展重要力量的新型创业服务机构，被称为众创空间。相比更加注重提供完善的办公条件、关注传统行业（如制造业等）以及审核机制相对严格的企业孵化器，众创空间更加关注创业资源的开放与共享，更加关注通过以互联网为代表的数字技术赋能创业者，同时更加包容具备创新意识和差异化创意的"创客"，因此可将众创空间视为"打破边界"的"升级版"企业孵化器。众创空间并非传统的房地产项目，而是在各类新型孵化器基础上打造开放式创业生态系统，为创业者提供工作、网络、社交和资源共享空间，促进创新成果向现实生产力转化。

为推进众创空间价值创造，国务院办公厅 2015 年 3 月印发《关于发展众创空间推进大众创新创业的指导意见》（以下简称《意见》），首次在国家层面以制度形式界定并推动众创空间发展，具有里程碑意义。《意见》指出，到 2020 年形成一批有效满足大众创新创业需求、具有较强专业化服务能力，同时又具备低成本、便利化、开放式等特点的众创空间等新型创业服务平台。根据智研咨询集团《2020 - 2026 年中国众创空间产业发展态势及投资风险评估报告》，

2018 年我国众创空间 6959 家，其中国家级 1889 家，55.57% 集中在东部地区；2018 年我国众创空间总面积 3384 万平方米，同比增长 34.13%，服务人员数量 14.54 万人，同比增长 38.2%，众创空间总收入 182.9 亿元，同比增长 19.6%。

（二）发展特征

1. 开源共享

新一代信息技术使信息和知识实现深度融合，加速开放式创新进程，有效推动组织边界模糊化与创客热潮。众创空间遵循开放、共享发展理念和运行机制，为拥有不同经验和技能的创新创业者之间的交流、碰撞与合作提供平台，协助其将创意转化为产品及服务。同时，众创空间大多面向公众开放，而且费用相对较低，部分服务甚至免费，因而能大大降低创业者成本负担。

2. 形式多样

众创空间通常覆盖广泛的项目领域，如电子、机械、3D 打印及艺术等。创客们善于挖掘新技术和开发新模式，尤其是善于开展跨界创新。在组织形式上，众创空间既有非营利组织也有商业化组织。其中，非营利组织形式一般采用自组织模式，通过收取入驻企业或项目团队的会员费，以及吸引外部捐款支持运营。商业化组织形式一般采用更严格的会员制管理方式。

3. 跨界融合

众创空间聚集众多创客、创业导师及创业资源与服务，构建互动交融频繁的创业生态网络。相关服务一般由一个核心团队组织与外部顾问团队协同完成，如创业导师指导，一般会聘请多个具有丰富管理经验和工程技术背景的专家导师开展培训。在项目评审中，众创空间会邀请经验丰富的企业家作为评审导师，在企业成立之初建立导师与企业或项目的联系，为其成长发展建立基础。同时，众创空间注重与周边区域的高校、科研机构及企业进行合作，协同服务在孵企业。

4. 软硬件完善

众创空间为在孵企业提供创业创新必需的材料、设备、设施及软件等资源，为在孵企业创造良好的外部环境。目前，许多众创空间的建设及发展目标，都是围绕在孵企业实际需求制定和逐步展开的。例如，印度的众创空间获得国际标准认证，通过减少噪声污染、污水回收处理、改善空气等措施，为企业创造高质量工作和生活环境，为科技与经济可持续发展奠定基础。

5. 专业高效

众创空间以市场为导向进行专业化管理与运营。在制订商业计划、项目评估、市场策划、企业经营管理辅导、法律服务等创业创新全链条上，为在孵企业和项目提供针对性较强的专业化服务，同时协助在孵企业及项目构建差异化经营模式以促进其持续稳步成长。

（三）服务内容及模式

在从创意到营收的整个过程中，须依次经历萌芽、成长和扩张等阶段，众创空间针对每一阶段可能遇到的问题及具体需求提供支持。具体服务内容如表 6 - 1 所示。

表 6 - 1 　　　　　　　　　　众创空间服务内容

	遇到的问题	解决方案	提供的服务
萌芽期	项目处于试验与发展的中后期，产生的是实验室成果、样品和专利，而不是产品	筹备管理队伍，并组建公司	注册公司、人力资源
	尚未或正在进行市场调研	进行深入的市场调研	创业培训、沙龙活动
	尚未或正在制订商业计划	构建商业计划	创业培训、创业大赛
	缺乏启动资金	天使基金及资本对接	投融资服务
成长期	管理队伍不完善	专业培训活动	专业培训
		创业指导咨询	
	维持迅速增加的库存和应收账款	财务管理优化	财务服务
		拓宽投融资渠道	投融资服务
	经营计划不够完善	完善经营计划、确定盈利模式	财务服务
扩张期	资金需求量迅速上升	投融资对接	投融资服务
	需要进行市场开拓	媒体资源推广	媒体推广
		平台宣传扩张	
		营销活动	
		队伍扩张、销售团队组建	人力资源

资料来源：刘志阳. 众创空间：创业型社会新群落 ［M］. 北京：社会科学文献出版社，2017.

（1）公司注册。为在孵企业工商注册提供帮助，简化登记手续，提高创业初期行政效率。

（2）法律咨询。与专业法律资源合作提供法律咨询服务，降低创业初期潜在经营风险。

（3）财务服务。根据在孵企业需求提供财务服务，帮助在孵企业解决税务咨询、财务规划及管理等方面问题。

（4）人力资源。通过人才测评、招聘等渠道，输送、培养和联系高端人才，帮助初创团队完成核心团队构建，为后续发展建立人才基础。

（5）创业培训。聘请成功创业者、天使投资人、知名专家顾问等担任创业导师，通过深入或常驻众创空间为创客提供培训。

（6）融资服务。对接银行及投融资机构，为在孵企业开展贷款、创投评估及融资咨询等服务，帮助企业拓宽投融资渠道，建立企业和市场资本的链接渠道。

（7）媒体推广。为在孵企业及项目提供网络宣传、技术创新、项目众筹等媒体推广服务，提高企业及项目知名度和影响力。

（8）沙龙活动。通过创业沙龙、圆桌论坛、名师讲座等活动，促进创业者间交流互动，加强在孵企业间合作，逐步形成资源共享、优势互补的良好氛围。

（9）创业大赛。通过项目路演及竞赛等形式，充分挖掘和聚集创客对人才、技术、资本、市场等要素的需求，搭建资源平台加速项目产业化及新创企业成长。

众创空间通常采取以下运营模式展开上述服务：

（1）投资驱动型。通过自筹基金和股权众筹为在孵企业及团队提供资金支持，帮助团队拓展市场直至实现营收和平稳毕业，如联想之星、创新工场等。

（2）培训辅导型。利用相对丰富的人脉资源提供创新创业活动相关培训，如清华 X－lab、柴火创客空间等。

（3）活动聚合型。通过自身平台及人脉资源举办沙龙、大赛等活动，整合高端、专业化人才，为创业团队对接合作伙伴，如车库咖啡等。

（4）媒体推广型。依托众创空间自身媒介平台，整合宣传、推广等媒体资源为在孵企业及项目开展宣传曝光与营销活动服务，如黑马会、3W 咖啡等。

（5）联合办公型。凭借灵活的租赁空间，通过工位、办公设备、网络等出售出租实现盈利。其主导机构一般为大型地产商，如 SOHO 3Q、优客工场等。

（6）综合生态体系型。通过构建完整的创业服务体系打造全程式服务平台，包括金融、运营、政策及法律顾问等，如创业公社等。

三、科技园区

（一）发展概况及类型

科技园区是指科研机构或企业在政府相关部门支持下，按市场机制展开运作，通过孵化、融资、辅导等方式推动高新技术、创业创新关键要素整合与配置，实现科技创新及成果商品化、市场化和产业化的地理区域和支撑平台。尽管不同国家和学者对科技园区定义有差异，但对其功能的界定具有共识性，认为最为关键的要素是实现科技创新及成果转化为现实生产力，赋能经济社会可持续发展。我国科技园区通常指国家高新技术产业开发区（国家高新区），这是国家层面为推动高新技术产业发展、调整产业发展结构、推动传统产业转型升级、实现中国制造向中国创造的重大转变而做出的主动应变（宋泓明，2020）。

根据科技部火炬中心发布的《2021 年国家高新区综合发展与数据分析报告》，自 1988 年北京新技术产业开发试验区成立以来，截至 2021 年国家高新区数量已达 169 个，入园企业数量仍持续快速增加；2021 年，国家高新区共实现营业收入 495096.1 亿元，同比增长 15.7%；共实现工业总产值 293432.8 亿元，同比增长 14.5%；共实现净利润 35862.0 亿元，同比增长 17.8%。国家高新区总体上呈较好的经营和发展态势，同时国家也不断颁布相关支持政策，为科技园区发展提供制度保障。例如，为促进国家高新区高质量发展，国务院 2020 年印发《关于促进国家高新技术产业开发区高质量发展的若干意见》，对 2025 年及 2035 年分别提出发展目标，体现了我国科技园区建设的长远规划和持续支持。科技园区具体包括以下类型。

（1）科学城。国家层面以提高本国科技水平为目的建立的，融合科研、教学、生产及生活等各方面资源的新兴城市，如日本筑波科学城。

（2）科学园。在高校和科研机构周边一定地域或场所内建立的园区，强化产业、企业与高校及科研机构的密切合作，以科学研究、产品开发及技术研发为主要活动，旨在以高校和科研机构为中心形成创新成果转化的集聚效应，如英国剑桥科技园。

（3）高技术产业园。通过紧密结合研发与生产，推动高科技产业稳步起步和快速发展，鼓励企业通过创新活动增强创新能力，推动科研成果产业化，如北京经济技术开发区国家人工智能高新技术产业化基地。

（4）高新技术加工区。利用成熟外来高新技术生产高科技产品的科技园区，重在生产加工而非科技研发，如日本九州的"硅岛"。

（5）科技工业园。旨在推动所在地区相关产业及经济社会发展，通过各项优惠政策吸引高新技术企业入驻，推动科技创新、扩大税收、创造新增就业等具体目标实现，如我国台湾新竹科技园区。

（6）高新技术地带。指若干个规模较大的高新区、企业、科研机构和高校"连成片"构成的区域，通常没有明确地理边界，如美国硅谷、128 号公路。

（二）发展历程

按照时间脉络，科技园区发展包括三个阶段。

1. 初期探索阶段

1991 年《国务院关于批准国家高新技术产业开发区和有关政策规定的通知》，拉开了我国科技园区的发展序幕。当年共批准建立 26 个国家高新区，此阶段共建立 53 个国家高新区，实现初期探索阶段"一次创业"顺利起步。

2. 成长壮大阶段

2002 年科技部发布《关于进一步支持国家高新技术产业开发区发展的决定》，标志我国科技园区成长壮大阶段"二次创业"开始。国家高新区数量达到"88 + 1"（"1"指苏州工业园区），在发展内容和质量上展现出更强的创新活力和发展潜力，对周边区域及产业的辐射带动作用也更加明显。

3. 快速扩张阶段

2012 年党的十八大指出："科技创新是提高社会生产力和综合国力的战略支撑，必须摆在国家发展全局的核心位置。[①]"会议强调坚持走中国特色自

---

① 十八大报告辅导读本 [M]. 北京：人民出版社，2012：22.

主创新道路，实施创新驱动发展战略。由此，国家高新区进入快速扩张阶段，数量达到"168＋1"（"1"指苏州工业园区），而且呈快速上涨趋势，对科技、经济、社会等协同发展的价值效应日益凸显。

按照功能演进脉络，科技园区功能特征包括四个发展阶段。

1. 要素聚集阶段

科技园区主要凭借优惠政策、土地、场所等条件吸引人才、技术、资本等要素。此时的价值创造主要体现在贸易、加工等环节，技术研发、技术创新及产品开发等尚处于起步阶段。

2. 产业主导阶段

政府政策与企业竞争力共同驱动科技园区发展。在经过要素聚集阶段后，科技园区内通常会出现有实力、有规模、有较高发展潜力的高新技术企业，它们会带动创新资源优化配置，以及一系列配套关联企业的发展，逐步形成科技园区的主导和支柱产业，依靠产业链实现创新要素价值增值，形成较强产出能力。但是，此阶段的自主研发能力尚处于起步阶段，更多依赖园区外部高校及科研机构。

3. 创新驱动阶段

外部市场需求引领，内部创新能力驱动，成为科技园区发展的关键动能，创新与产业更加紧密结合，园区内逐渐形成创新生态，推动园区向专业化、国际化和高端化发展。此时，风投、研发机构、科技服务业等不断进驻，产学研联盟逐步形成，园区内主导产业及企业的自主创新能力显著提升，形成以技术创新为核心的竞争力。同时，高新技术产业链中的低端环节开始向外围转移，知识链、创新链、产业链成为科技园区主要价值增值与创造手段，科技园区成为推动技术创新与进步、提高企业及产业自主创新能力的重要载体。

4. 辐射引领阶段

科技园区创新资源及要素不断聚集，品牌、研发、孵化等中心的作用更加突出，推动科技园区形成"高势能"优势。相关服务体系更加健全完善，科技服务、金融保险等配套产业功能日益凸显，科技园区对周边产业及经济社会发展的辐射带动作用更加突出，有效实现新理念、新技术、新成果和新信息共创共享，成为促进区域经济社会发展，带动区域经济结构调整及经济增长方式转变的新动能。

（三）服务内容

（1）基础设施。主要包括为园区内企业及创业者提供办公场地、活动空间、网络、办公设备、交通等物资与条件。

（2）物业保障。主要包括为园区内企业及创业者提供卫生、保洁、保安、公共设备维护、水电气暖等物业保障。

（3）生活服务。主要为园区内从业人员打造良好的生活环境，满足从业人员在住宿、教育、医疗、社交等生活方面的需求。

（4）业务支持。主要为园区内企业及创业者提供公司注册、业务代理、业务咨询、会计记账、税务申报、投融资、项目持续跟进等具体服务。

（5）产业打造。主要通过打造产业生态系统，强化并丰富既有产业链，培育龙头企业，打造产业中台，引领新产业发展，并为新产业发展提供必要的资源支持，促进产业转型升级。

（6）氛围构建。主要通过项目路演、创新创业竞赛、创业者及企业家沙龙、新闻媒体宣传、政产学研用深入合作等方式及活动，构建积极进取的创新创业文化。

（7）资源链接。主要通过对接政府、企业、媒体、创业者、高校、科研机构、科技服务组织等实体，以及市场、技术等信息资源，为园区内企业及创业者对接外部资源提供服务。

第三节　科技服务专业人员

不同类型科技服务机构中的专业人员，如投资人、律师、会计师、知识产权专业人员、检验检测人员等，各自承担科技服务的相应工作，是科技服务业的核心资源。随着创新转化的实践深化，技术经理人开始出现并迅速成为科技服务业发展的综合性专业人员，相比传统科技服务机构的专业人员，在知识储备、业务领域、服务链条等方面都更加充分、复合与多元。出于篇幅考虑，本书重点介绍目前备受关注的技术经理人。

一、技术经理人概念及类型

《国家技术转移体系建设方案》明确指出，要创新高校、科研院所技术转移管理和运营机制，建立职务发明披露制度，实行技术经理人聘用制，同时加强技术转移管理人员、技术经纪人、技术经理人等人才队伍建设。根据科技部《技术经纪资格认定暂行办法》，技术经纪人是指在技术市场中以促进成果转化为目的，为促成他人技术交易而从事居间、行纪或代理等经纪业务，并取得合理佣金的经纪业务的公民、法人和其他经济组织。技术经理人，则是指以科技成果转化为己任，应用专业知识和实务经验，促进科技成果的商品化、商业化和产业化，以科技成果转化工作为职业的从业者（天津市高新技术成果转化中心，2020）。

与技术经纪人相比，技术经理人的科技服务链条更长、范围更广，涉及技术转移及成果转化的整个过程，而技术经纪人通常认为只是提供居间中介和交易代理等相关科技服务。本节认为，从服务于科技创新及成果转化的功能及价值作用来看，两者并无本质区别，都需要视服务对象的具体需求来提供相应的科技服务。同时，两者的主体身份通常是指代个人从业者，但有时也可以将相应的组织机构视为技术经理人。为统一措辞，本节统一使用技术经理人进行阐述。

根据我国科技部火炬数据中心相关统计数据，截至 2020 年 12 月 31 日，我国共登记技术合同 549353 项，成交金额 28251.51 亿元，分别比 2019 年增长 13.48% 和 26.13%。但是，目前我国与这一数据相匹配的技术经理人数量是远远不足的，这一方面阻碍了我国科技创新向现实生产力的转化，影响了科技创新成果创新转化价值创造的进程，另一方面也对科技服务业的发展，特别是科技服务业如何在实践过程中培养技术经理人这一专门人才，应对国家与社会创新转化的时代需求，提出了新的要求与挑战。因此，在介绍科技服务业推动创新转化的具体组织方式之前，本节首先介绍技术经理人的相关内容。

技术经理人有狭义和广义两层概念。狭义层面上，是指在高等学校、科研院所等的技术转移机构中从事技术转移的专业人士。其工作内容包括知识产权战略制定与实施、商业机会评估与开发、谈判及合同管理等。广义层面上，是指在技术市场中，以达成技术应用、成果转化为目的，为促成他人实现技术对接而提供引导与支持等服务的专业人士（天津市高新技术成果转化中心，2020）。

从提供科技服务的具体内容来看，技术经理人主要包括以下六种类型。

（1）专职从事技术转移的专业人员。如大学科研院所中的科研处、成果转化处，以及技术转移中心、孵化机构等组织中的专业人员。

（2）企业高管。如企业的技术经理，为推动企业技术发展在高校科研院所、研发机构等组织中寻找好技术、好项目，洽谈技术转让、许可及授权等，如企业的技术经理。

（3）天使投资人。即投资科技初创企业的机构及个人，通过资金介入加速技术成果转化，天使投资人对推动早期阶段的技术转移具有十分重要的作用。

（4）专利代理人、专利律师、法务、财务等专业技术服务人员。通常既为发明人提供科技服务，也为投资人和企业提供科技服务。

（5）政府人员。为技术转移及成果转化制定政策及法规，提供相关法律保障和扶持政策。例如某些科技管理部门长期负责科技产业项目管理的工作人员。

（6）成果转化基地或公共平台专业服务人员。熟悉细分产业领域的公共技术，如仪器设备、实验技术、材料资源等。

二、技术经理人素质要求

技术经理人在科技创新、技术转移及成果转化过程中，往往需要同时承担专业顾问、推进者和组织者等多种角色，是高层次的复合型人才。除了专业知识储备、从业经验以及信息获取渠道之外，技术经理人还需要具备以下四方面的基本素质要求。

（一）较高的道德素质水平

技术经理人应当具备道德品质和职业道德。具体而言，既要做到信守诺言、表里如一，又要做到忠于客户以赢得客户信任。同时，还要做到不弄虚作假、不掺杂个人私念、正确解读政策法规、保守客户商业秘密及隐私等行为规范要求。

（二）较为全面的知识结构

第一，丰富的科技知识。包括对科技发展规律、发展现状及未来趋势，所从事业务领域的现状、趋势、热点技术及技术开发、产品试制和规模生产的过程链条，科技产业、高新技术企业相关政策，以及国家和地方科技发展规划等科技知识的全面了解和应用。

第二，扎实的经济基础知识。包括对与科技服务相关的宏观经济学、微观经济学、投融资、财政、金融及税收等方面的基础知识，以及企业经营管理、产品质量及管理活动等相关基础知识的掌握。

第三，一定的商务知识。包括对技术贸易相关知识，技术商品的社会需求，技术商品的价值评估，目标公司的经营情况，运用财务数据判断公司经济实力和发展前景，以及分析行业、产品、技术市场竞争情况等专业知识。

第四，熟悉相关的法律知识。包括对民法、刑法、商法等具备一定程度的了解，熟悉《中华人民共和国合同法》《中华人民共和国专利法》《中华人民共和国科学技术进步法》《中华人民共和国促进科技成果转化法》《中华人民共和国著作权法》及《计算机软件保护条例》等相关法律法规，熟悉国家和国际有关知识产权保护的法律和条约等相关知识，精通技术合同的内容、主要条款以及技术合同的洽谈、签订、仲裁及诉讼等专业知识。

（三）相对较强的业务能力

第一，运用法律工具。能够灵活运用《中华人民共和国合同法》《中华人民共和国专利法》及其他知识产权法律法规，促使技术交易合法合规，化解法律风险。

第二，起草合同。熟练掌握起草合同的方法和技巧，熟悉合同条款，文字表达上能形成共识且不产生歧义。

第三，查阅文献。一方面，包括对相关技术专利文献的检索查新，掌握国内外专利申请与授权动态。另一方面，包括信息搜集与处理能力，既能广泛搜集相关信息，又能对其进行准确鉴别、分析与归纳，并迅速反馈给有关机构或人员。

第四，沟通及表达能力。能够不循规蹈矩，对具体问题进行具体分析，针对不同客户、地区及服务内容等采用适当的语言表达方式，善于对谈判中出现的突发事件及不同意见进行鉴别、判断、变通与处理。

第五，社交能力。包括举止文明、讲求效率，能运用各种社交技巧和艺术，畅通技术商品买卖双方的技术经济及社会网络联系。

（四）熟悉技术商品及其特征

技术商品是可以用来交换的技术，是可以通过在生产中的应用给使用者带来经济利益的、具备独占性特征、用于交换的经验、技能和知识的系统整合。尽管技术商品与一般商品在价值和使用价值方面具备同样的特征，但由于自身特点的差异，技术商品及其转移过程表现出某些不同于一般商品的特点，具体包括：

第一，无形性。与一般商品不同，技术商品主要是凭借脑力劳动创造出来的成果，具有无形性特征，必须依附于一定的载体才能转移和扩散。

第二，使用价值的间接性。使用价值的间接性决定了技术商品转移往往不是通过一次性交易活动完成的。一方面，技术商品的转移必须融合进入具体的劳动资料和劳动对象之中，也就是需要依靠一个技术物化的阶段，技术商品的使用价值才能得以显现；另一方面，技术商品显现效用的程度，要受技术引进方的技术消化能力和使用条件的影响。

第三，使用价值的共享性。使用价值的共享性带来了技术转移的普惠性，使技术商品得以被广泛复制和推广。作为一种信息产品，技术商品可以被众多买方同时、完整购入和使用，而且这一共享属性不会影响技术商品的使用价值。

第四，使用价值的增值性。使用价值增值性使得技术转移具备溢价性，同时也提升了对技术商品进行估价的难度。技术商品的使用和转移，是创造性劳动的潜在价值进一步释放的过程。

第五，无形损耗性。技术商品在使用寿命方面的无形损耗性，是其在技术转移过程中能够被快速替代的风险因素之一。技术商品的"无形性"决定了其不存在有形损耗，技术商品的寿命越短说明技术进步越快，新技术推广应用越迅速，经济发展程度越高。

三、技术经理人培养

技术经理人在我国处于起步阶段，培养模式、方法与路径等尚处于探索期，但在美国等发达国家已经相对比较成熟，借鉴美国等发达国家的经验，对技术经理人的培养可以重点关注以下四方面工作。

（一）基于实践发展制定相应政策制度

从 1980 年开始，美国基于对科技成果转化实践的长期关注与支持，先后制定和颁布《贝赫—多尔法案》《史蒂文森 - 威德勒技术创新法》《联邦技术转移法》《技术转让商业化法》等十余部法规，与技术转移、科技成果转化相关的法律法规来规范技术转移服务体系，并精准刻画技术经理人的人物画像。我国相继颁布实施了《中华人民共和国促进科技成果转化法》《国家技术转移体系建设方案》等核心政策，2020 年科技部颁发《国家技术转移专业人员能力等级培训大纲》（试行），要求建立覆盖培养、管理、考核等各环节的规范化技术经理人人才培养体系。这些制度政策对培养处于探索期的我国技术经理人十分重要，未来可进一步依托创新转化实践发展，提炼出技术经理人从业过程的关键要素、服务链条及领域，逐步建立起相应的政策制度，形成制度保障以确保技术经理人培养的持续性。

（二）重视技术经理人培训

自《拜杜法案》通过以来，在美国由政府资助的科研项目所属权归大学所有，大学则有限时地推动科研成果商业化、市场化和专业化，并创造出具备较高市场、社会、人文及环境等多元价值的科技产品与服务。例如，斯坦福大学 1970 年设立的技术许可办公室，1989 年创办的大学技术经理人协会（Association of University Technology Managers，AUTM）等，都培养出了众多立足大学的技术经理人队伍。我国可以此为借鉴，加强对科技人才，如理工类本科、硕士、博士等各层次人才在科学技术及科研成果的商业化、市场化及产业化等创新转化实操方面的教育、培养及训练，提高技术经理人的培养成效。对市场中已从业的技术经理人来说，可在继续深耕实践的同时，到大学继续深入学习，梳理、提升并扩充已有知识储备，不断提升业务水平。未来也可探索建立政府、高校、企业紧密协作的技术经理人培训机制，在政策、科学技术、技术商品的产业化等方面系统提升技术经理人的知识能力与业务水平。

（三）建立客观和持续完善的绩效评价与激励体系

美国很多大学对技术转移办公室的投入很大，其中包含对技术经理人的聘用、培养与绩效评价。从评价主体上看，通常是由大学或行业协会进行，围绕发明披露和专利授权量（率）、专利许可和转让的数量和金额等，进行评定再做内部调理。我国技术经理人的考核评估体系，可充分考虑在大学、市场两类技术经理人服务情景中分别建立考核评估体系，如大学的技术经理人培养重点关注学业成绩、专利数量、专利许可及转让数量及金额等指标，市场的技术经理人培养重点关注项目签约及落地率、服务项目行业领域及数量、技术商品标的等指标，随实践发展逐步构建并持续完善绩效评价体系。同时，要基于绩效评价建立合理的正向激励体系，目前国内科研院校、医疗中心等均开始设置专职从事技术转移工作的创新型岗位，同时在绩效工资、转化奖励等分配上逐渐向技术转移人员倾斜，未来可根据行业门类、业务领域、标的大小等指标进一步设置差异化奖励比例，充分激发技术经理人的积极性与创造性。

（四）充分保障技术经理人的权益

权益保障是确保技术经理人持续赋能创新转化的重要因素。在科学技术及其成果的转移、转化全过程中，技术及其成果的发明者会首先将其成果交由技术经理人进行全面分析与评估，由技术经理人判断技术及成果是否有申请专利以及商业化的价值。在此前提下，技术经理人开始接触相关企业及机构，商讨技术转移和成果转化的合作意愿，签署技术转移或成果转化相应合同，之后继续监督技术及成果的商业化进程、提供咨询服务，并持续向发明人反馈市场信息。在此过程中，只有充分保障技术经理人的合法权益，明确技术经理人合法所得的类型、数量及获得形式，才能确保技术经理人在转化过程中充分发挥自身专业能力，提高转化的成功率。

第四节　科技服务业发展的问题与展望

科技服务业是创新转化链条的重要环节与组成部分，基于管理角度对其当前发展中面临的问题与未来可行对策的梳理与探索，有助于在实践中推动科技服务业更好地赋能创新转化过程。以美国、日本、欧洲等发达国家及地区，和以韩国、印度等新兴工业化国家为代表，科技服务业发展特征及成效显著。例如，美国"以企业为主体的创新实践及完善的环境建设"，韩国及印度等"以多元化参与主体的模仿与赶超为基础的迅猛发展"等差异化特征。同时，这些国家和地区的科技服务业表现出市场化进程深、科研机构集中及专业化服务能力过硬等特征，极大推进了创新成果落地转化。与之相比，尽管近年来我国科技服务业发展迅猛，但由于起步晚、基础薄弱，发展过程中还面临诸多问题与不足。本节以前述企业孵化器、众创空间和科技园区三类典型科技服务机构为例，梳理科技服务业创新转化管理中的问题与未来发展方向。

一、企业孵化器

企业孵化器在创新转化管理中面临的问题如下：

（一）专业化管理能力存在短板

企业孵化器在专业化管理方面存在短板，突出表现在激励机制不健全或者效用低下。特别是较早创立的企业孵化器，存在管理方式传统、激励及约束机制不健全、从业人员积极性较低等问题。而且，在产学研合作、科技成果转化等创新过程后端存在明显不足，是企业孵化器亟须解决的问题（王康等，2019）。

（二）服务体系及内容有待完善

相比硬件设施，软件服务体系较为薄弱，除提供场地、物业、业务代办等基本服务之外，缺少有针对性的创业辅导、创业咨询、知识产权保护、科技金融服务、人才引进和培育服务、法律、信息等专业服务，而且与资本、中介、人才等支持主体的结合程度较低，整合资源的能力较弱。尽管有企业孵化器建立公共技术服务平台，但由于资金投入少、投资渠道窄、设备更新换代周期长等原因，难以有效满足现代科技型中小企业的需求。

（三）专业管理人才缺乏

孵化器中从事管理运营工作的人员，存在缺乏创业经历经验、知识结构与科技型中小企业匹配度低等不足，在对入驻企业的创业辅导、投融资服务等方面缺乏相应能力与经验。同时，企业孵化器本身在激励机制、盈利模式等方面的不足，难以吸引高层次、高素质管理人才，制约了服务能力和服务质量的提升。

（四）专业孵化器数量较少

根据中研普华产业研究院《2022 - 2027 年孵化器行业市场深度分析及发展规划咨询综合研究报告》数据，在孵化器市场结构中，不限制入驻企业行业类型及所处发展阶段的综合孵化器约占 69.73%，而服务于特定产业领域和创业团队的专业孵化器约占 30.27%。专业孵化器数量较少，原因在于其技术门槛高，对从业人员的技术、市场及服务能力要求较高；对资金需求量大，前期投入高但回报周期较长；专业管理人才缺乏，孵化器自身盈利能力不足，导致专业孵化器数量相对较少。

二、众创空间

众创空间在创新转化管理中面临的问题如下：

（一）对众创空间的认知模糊

对众创空间概念及作用的认知模糊，使得某些众创空间的发展路径、模式及作用出现偏差，未能充分调动与合理配置创新创业资源，在促进区域经济发展和产业转型中的作用并不明显。同时，众创空间缺乏明确定位，专业化服务水平较低，仍然以办公空间、网络、会议室及相应设备等基础服务为主，缺乏创业所需专业化资源的积累，难以充分满足创业团队需要，导致很多众创空间面临发展停滞不前甚至倒闭的问题。而且，现有众创空间多偏重于互联网、金融、文化创意等产业，与地方产业的匹配与结合不够，对地方产业发展的促进作用不显著。

（二）区域间布局及发展程度差别较大

目前，我国众创空间主要集中在东部沿海地区、北方地区、南方地区三大区域。北方地区以北京、天津为代表，东部沿海地区以上海、杭州、南京为代表，南方地区以广东、深圳为代表。这些地区因浓厚的创新创业文化氛围、丰富的创新创业资源而成为创客、创业企业最活跃的地方。与东部地区相比，西部地区由于资源匮乏、资金不足、人才流失等原因，众创空间建设则相对较为落后且发展缓慢。

（三）专业化众创空间数量较少

专业化众创空间是聚焦单个产业发展而进行资源整合，针对产业内企业和项目的孵化平台。专业化众创空间通常由行业龙头企业、科研院所或者高校创办，具有扎实的专业资源和能力基础，可以将创新资源链接到孵化平台，通过孵化平台支持空间内企业。专业化众创空间是众创空间发展到一定阶段后的必然选择，只有专业化众创空间才能为创业企业提供更全面、更专业、更持续的资源支持，起到技术支撑和行业孵化的作用。但目前我国专业化众创空间数量较少，需要行业龙头企业、科研院所和高校的进一步深入参与。

（四）不同众创空间之间的合作交流有待加强

众创空间相互之间缺乏协同效应，彼此之间缺乏有效信息流动与共享，相同领域众创空间之间缺乏针对前沿进展和资源的交流，不同领域众创空间之间缺乏交叉领域经验与思路的互相借鉴。即使在同一区域，彼此之间也相互割裂、离散，与其他国家创客空间更是缺乏跨国家、跨文化的交流合作与知识共享。这不利于众创空间对所从事领域发展方向的整体把握，容易使众创空间陷入发展瓶颈。

三、科技园区

科技园区在创新转化管理中面临的问题如下：

（一）自主创新能力不强

我国的高新技术产业涉及 11 个领域，但从当前现状来看，科技园区科技创新和产业化发展的领域相对集中，体现在电子信息、生物技术、新材料、光机电一体化等几个领域。由于缺乏较强的自主创新能力，在相对集中的几个产业中，同构性超过 30%。为了追求规模、增长速度和效益，目前我国各地的科技园区、经济开发区和其他园区之间还存在着一定程度的恶性竞争。

（二）依托城市的功能配套有待完善

在发展思路上，目前过于强调工业功能的优先发展而忽略了对城市整体功能的了解，导致城市功能开发严重滞后。在投入格局上，偏重工业开发的基础性投入而忽视城市整体功能的基础性投入。同时，由于过分追求土地级差等方面的需求，科技园区经常建在城市远郊，与城市存在一定程度的"脱节"，生活服务设施严重不足，导致园区从业者的生活不便。目前在对科技园区进行规划时，侧重关注与工业化发展相关的目标，而忽略了相关城市化指标的实现问题，不利于科技园区工业化与城市化的协调发展。

（三）土地使用规划中的研发用地相对不足

科技园区一般会通过"以土地换资金，以空间求发展"的方式运营，在土地使用规模上通常较大。科技园区所在区域，如开发区等为追求经济发展，会选择低价出让土地甚至无偿提供，导致土地使用粗放、园区规模不断扩大。但是，科技园区目前多以高科技产品的研发和生产为主，与科研功能配套的生活服务设施和产业化基地占比很大，研发用地的规模及占比远低于发达国家科技园区，甚至落后于一些发展中国家。

（四）内部空间的功能建设有待提升

我国科技园区的规模普遍较大，但配套的基础设施建设相对滞后，资金的短缺又导致政府降低企业入园门槛，造成产业定位偏低，加之利益、租金等原因，科技园区的开发过程很难遵循原定的规划控制要求，造成内部空间组团混乱，在一定程度上影响了科技园区的良性发展。

四、未来发展方向

为应对我国科技服务业发展中存在的问题，进一步提升科技服务业高效服务创新成果转化的积极效应，对企业孵化器、众创空间、科技园区及其各自存在的问题而言，未来发展过程可关注以下可行方向。

（一）企业孵化器

1. 创新企业孵化器的管理机制与发展模式

在企业孵化器管理机制与发展模式上大胆创新，如在所有制方面尝试改革，建立混合所有制，允许从业人员参股、鼓励从业人员参与投资在孵项目等，实现市场化运作，逐步建立"平台＋企业＋市场"的有机链接，与创新链、产业链、资本链以及供应链上的各类创新主体，共同营造创新生态，实现跨界融合。

2. 逐步完善企业孵化器服务体系

加快形成企业孵化器服务规范，建立健全由服务内容、服务层次、服务流程等组成的多层次服务标准体系，指导和规范孵化器的建设和发展。建立完善的"特定空间＋基础服务＋增值服务"的孵化服务体系，探索团队孵化、企业孵化、产业孵化的全链条、一体化服务体系，促进入驻企业迅速成长。同时，鼓励企业孵化器建设专业领域公共技术服务平台，为入驻企业提供技术研发、产品、工艺设计等服务，以及数据、软件、装备、设施等资源支持。

3. 加快专门人才引进与培养

鼓励企业孵化器在市场机制下，参与入驻企业及项目投资，在市场化运行中不断完善其在运营管理、技术对标、市场需求以及发展方向等方面对专门人才在专业、技能、经验等方面的需求标准，建立企业孵化器的人才引进、管理、培养及考核体系。以此为基础，引进企业孵化器需要的专门人才，同时提高企业孵化器内部专门人才培养的针对性与效率，使从业人员能够在业务开展过程中，逐步积累实践经验、提升专业能力和提高综合素质。

4. 加强专业孵化器建设

加强专业孵化器建设，基于区域间产业及科技发展差异化特色，合理布局引导专业孵化器建设。鼓励高校、科研院所等围绕特色技术、优势专业建设专业孵化器，促进产学研结合加快科技成果转化。支持行业龙头企业开放资源和平台，围绕产业共性需求和技术难点，发展新型研发机构等专业孵化器。推进综合技术孵化器转型为专业孵化器，面向细分市场实施精准孵化。新建孵化器应结合区域产业发展方向与当地技术、市场等优势资源紧密融合，向专业孵化器方向发展。

（二）众创空间

1. 基于创新生态思维建设众创空间

在众创空间发展规划与实际建设上，摸索众创空间的发展规律，遵循其自身发展规律进行布局。首先要转变的认识是，众创空间不是物理性概念，而是以高质量创新创业及创新成果转化为目标的生态系统。因此，发挥产业集聚效应，构建以一流高校、领军企业为主体，相关科研单位积极参与，突出规模效应、产业优势，辐射带动初创企业加速成长的创新生态群落，应成为众创空间布局及建设的着力点。以青岛市为例，对众创空间的布局应该充分结合"中国—上海合作组织地方经贸合作示范区"，根据青岛的产业结构及市场环境合理布局功能区域，利用青岛国家高新技术产业开发区、西海岸国家级新区创级新要素密集优势，助力众创空间的产业化、集聚化、生态化发展。

2. 以客户需求为导向推进众创空间个性化布局

创新创业者、创业企业尤其是初创企业，是众创空间的客户，众创空间的布局、选址、建设及运营要围绕目标客户的需求展开。通常，创新创业者、创业企业都希望所在众创空间具备交通便利、环境优美、资源丰富、设施完备、租金低廉等特征与优势，从而降低创业成本，减轻创业压力，提高创新创业效率。同时，众创空间还要有效结合区域优势资源，如与科教园、产业园、创新园等紧密协作，利用区位优势资源，个性化布局众创空间，实现资源共享、优势互补，因地制宜地为创新创业者和创业企业提供资源和条件。

3. 依托优势资源打造专业化众创空间

行业领军企业、专业科研院所、具有"一流学科"的高等院校，在产业链完整程度、技术先进性和人才储备方面具备差异化优势，是建设专业化众创空间的主要力量。尤其是在我国东部长三角、南方粤港澳大湾区、北方京津冀三个地区，资源集聚效应优势明显。各地市可充分挖掘自身在产业、科研、高校及社会发展等领域的特色及优势资源，依托优势资源积极推进专业化众创空间建设，如打造人工智能、新材料、新能源等前沿科技领域众创空间，打造金融、物流、公共服务等现代服务业领域众创空间等。

4. 加强众创空间之间的交流与合作

众创空间之间要打破地域限制，积极寻求与国内外各类众创空间及创新创业项目的交流与合作。这无论是对促进行业整体的有序发展，还是对众创空间保持创新活力、借鉴成功经验、创新服务模式及提升服务能力，都具有针对性促进作用。同时，众创空间通过相互间交流与合作，可以彼此熟悉业内相关领域的整体进展状况，避免重复建设与资源浪费，提升服务成效。此外，众创空间相互间交流与合作，可以建立创新创业联合体以实现优势资源整合，促进彼此间的资源共享与价值共创，从而更好地把握前沿动态，抓住创新机遇。

（三）科技园区

1. 在科学规划指导下提高自主发展能力

科技园区的发展表现出周期长、见效慢及建设复杂等特点，综合分析世界科技园区发展经验，成功科技园区都是在时代背景下经过科学规划发展起来的。这些规划包括国家层面的产业布局、产业集群发展规划；企业层面的主导产业规划；科技园区层面的科研创新、产业发展、土地使用、交通及环境保护等规划。科学规划对科技园区非常重要，能在可预期的范围内尽可能为园区发展提供科学合理的发展路径。同时，作为一个以创新为动力的科技园区，自主发展也是必不可少的，园区企业的自主创新发展是科技园区发展壮大的不竭动力，要大力推进并服务好园区内企业的自主创新。

2. 园区建设紧密融入城市发展

科技园区通常被视为所在城市的组成单元，园区发展与城市发展密不可分。城市是一个复杂系统，如果仅仅将科技园区作为独立的产业园区来建设发展，那么会阻碍科技园区在创建之后向城市功能的转化，加之在缺少城市功能作为依托的情况下，生活上的不便会导致园区难以聚集人气。科技园区建设及运营的主要目的，是推进科技与产业相结合、振兴科教、促进经济社会发展、增强区域综合实力和提升国际竞争能力。因此，科技园区要紧密融入城市发展，通过园区复合功能建设提高科技含量、加速创新成果向现实生产力的转化，与所在城市的经济实力、区位、交通及环境等优势条件紧密结合，在自身发展的同时，致力于成为服务城市发展的重要增长极。

3. 区位选址与创新环境相统一

良好的地理位置、便捷的交通条件、毗邻智力资源丰富的高校和科研机构，是未来科技园区选址的优先条件。良好的环境更有利于吸引更多优秀企业和人才到园区投资和发展，而且科技园区的对外合作、技术交流、人才引进、材料输入、产品外销等都需要便捷的交通、区位条件支撑。同时，科技园区的发展需要具备良好的创新环境，主要包括高校和科研单位等技术资源的支持、高科技人才培养和引进机制、园区创新文化氛围营造等。世界著名科技园区都位于高校和科研机构云集的地区，在后期发展中也都注重积极引进各类科研机构。

4. 产业发展与创新研究紧密结合

创新是科技园区的重要属性，没有创新就没有高新技术产业。随着科学技术的日新月异，站在科技的高端就意味着走在时代的前列。我国科技园区存在的主要矛盾是科研创新与产业化之间的矛盾。一方面，科研成果无法迅速转化为现实生产力；另一方面，企业不惜斥巨资引进国外技术进行高科技产品生产，自主创新研究及成果转化相对滞后。我国科技园区应当改变现有技术、产业高度雷同的同质竞争局面，根据自身条件及资源禀赋，分别发展自主创新型和应用生产型产业，将创新研究、产品生产与市场需求相结合，以产业发展为导向开展创新研究。

案例

青岛阿斯顿工程技术转移有限公司

阿斯顿集团（Aston Corp.）总部位于英国伦敦，自 20 世纪 90 年代成立以来，专注城市服务解决方案的提供与实施。青岛阿斯顿工程技术转移有限公司（以下简称"阿斯顿"）成立于 2015 年 8 月，是《"十三五"青岛市科技创新规划》扶持和引进的，是英国阿斯顿集团在中国的唯一代表。阿斯顿携全球创新资源，深度服务亚太地区，与政府、院校和大型企业建立了紧密的合作关系。

阿斯顿专业从事国际技术转移、国际创新创业成果孵化、知识产权商业化等服务，是目前山东省内行业影响力较大的国际技术转移服务平台。阿斯顿凭借其海内外资源优势，面向国家战略需求和社会发展需求，坚持"先进技术、中国智造、全球市场"的创新理念，搭建起专业化的技术转移生态圈，致力于以服务高端化驱动成果产业化的深度服务模式。

阿斯顿锚定产城融合建设目标，设立"创新赋能、城市更新、产业运营"三大业务版块，充分满足客户从策划、实施到运营的一站式服务需求。通过打造示范工程，助力城市管理创新能力提升和城市品牌建设，为城市发展提供新理念、新产业、新模式、新动能，提升城市品质与活力。

首先，创新赋能版块，依托权威产经数据库和知名专家资源，挖掘客户独特的资源禀赋，深度剖析科技、文化、经贸等方向的发展痛点，提供战略咨询、产业规划、展览展示、品牌设计等咨询策划服务。其次，城市更新版块，融合数字技术、清洁能源、新型农业、智能物业等创新型城市解决方案，联合金融机构和头部企业，打通资金、施工和场景应用之间的堵点，建设新载体或改造旧园区、旧楼宇。最后，产业运营版块，针对双创、文旅、职业教育等不同主题的园区、场馆和其他物理载体，链接资源开展双招双引及运营管理工作，通过标准化服务，带动经济效益和社会效益提升。

阿斯顿国际资源丰沛，集聚高素质人才，团队由王子才等多位院士及行业资深专家领衔，其中硕士以上学历人员占比50%以上。公司具备ISO 27001、ISO 9000、CMMI、ITSS、AAA级信用企业、军工保密、装修装饰等各类行业资质。目前，公司已在伦敦、莫斯科、青岛、上海、武汉、长沙等十余个城市落地相关服务，承担了包括"中国—上合组织技术转移中心"等肩负国家发展战略的平台建设任务，参与了"耕海一号"等一系列标志性城市文旅IP案例，规划和运营了涉及新材料、智慧农业、生物医药等多个不同主题的国家级产业园区，累计完成技术合同登记近200亿元。

阿斯顿先后入选中央引导地方科技发展专项和国家"十三五"科技创新成就展，荣获山东省五一劳动奖状、青岛市市南区创新发展引领奖等荣誉，获得国家级孵化载体、国际科技合作基地、技术转移服务机构、专业技术服务平台、科技成果评价机构、院士专家工作站、技术合同登记点、服务贸易平台、智慧城市产业联盟副会长单位、创新型服务机构等认定，是科技部"中国—上海合作组织技术转移中心"唯一运营主体，并运营山东省首个市场化技术转移转化服务平台。

资料来源： 笔者根据青岛阿斯顿工程技术转移有限公司官网（http：//www.scocenter.com）信息，青岛市民营企业服务平台网站（http：//www.qdmqfw.com/web/institution/detail/2452753149626155409）信息，以及针对青岛阿斯顿公司开展的实地调研访谈记录综合整理。

思考题：

1. 科技服务业与创新转化之间是怎样的关系？

2. 不同类型的科技服务机构，在适用情境、发展模式及价值效应方面有何异同？

3. 比较你熟悉的国内外科技服务机构，思考在科技服务机构发展过程中，在借鉴成功经验时，应该着重考虑哪些方面？

参考文献

[1] 顾乃华. 科技服务业发展模式研究 [M]. 广州: 暨南大学出版社, 2019.

[2] 管泉, 刘瑾, 厉娜, 等. 青岛市科技服务业发展战略研究 [M]. 青岛: 中国海洋大学出版社, 2016.

[3] 广东省生产力促进中心. 粤港澳大湾区科技服务业创新发展研究 [M]. 北京: 经济科学出版社, 2021.

[4] 刘志阳. 众创空间: 创业型社会新群落 [M]. 北京: 社会科学文献出版社, 2017.

[5] 宋泓明. 科技园区建设与城市发展 [M]. 上海: 同济大学出版社, 2020.

[6] 天津市高新技术成果转化中心. 技术经理人实务教程 [M]. 天津: 天津大学出版社, 2020.

[7] 王康, 李逸飞, 李静, 赵彦云. 孵化器何以促进企业创新? ——来自中关村海淀科技园的微观证据 [J]. 管理世界, 2019, 35 (11): 102–118.

[8] 吴泗著. 科技服务业发展生态研究 [M]. 北京: 光明日报出版社, 2012.

第七章

创新转化投融资管理

第一节　创新转化投融资概述

经过 30 余年的发展，我国形成了规模庞大、结构完整和主体多样的创新转化投融资体系，创新转化投资机构在吸纳社会资本、平衡收益与风险、促进科技成果转化方面发挥了重要的作用。创新转化的长期性、风险性、复杂性需要专业的投融资模式与之匹配，对创新转化投融资概念、主体和类型进行梳理是提升管理水平的基础。

一、创新转化投融资概念

创新转化投融资是一个广义的概念，泛指实现创新商业化的投资与融资行为，在金融实践中，创新转化投融资一般由专业的投资机构来运营，多以有限合伙制基金的形式来组织，投资端主要是对具有商业化前景的科技项目、创业项目、创新项目进行筛选、投资与管理，融资端的主要工作是资金募集、管理与分红。按创新的形式划分，创新转化涉及自有资金和 FFF 融资①、知识产权融资、众筹融资、公共补贴、家族信托、股权投资、企业风投（Corporate Venture Capital，CVC）、银行融资等多种投融资模式。概言之，创新转化投融资管理是以创新转化主体——企业为切入视角，主要指以非公开方式

---

① FFF（Family，Friends and Fools）融资属于创业公司最早期的融资阶段，早于天使轮、种子轮，融资来源于家人、朋友，甚至是傻子投资者。

进行融资，根据创新转化的具体模式实施投资策略，以实现创新技术产品化、创新产品市场化以及创新模式产业化为目标，进而获取财务回报的投融资管理活动。

上述界定主要从运作形式、募集方式、投资模式三个维度分析了创新转化投融资的管理。第一，创新转化投融资以企业的投融资运作为基础，以公司制、基金制和信托制为主要组织形式，不仅契合国内金融实践，也是国内资产管理行业的一个重要细分行业。第二，创新转化融资的方式多为非公开向特定投资者募集资金，资金的募集方式与运作需要符合相关法律法规与监管要求。第三，创新转化投资聚焦于新技术、新模式和新业态领域的创新项目，多以非公开交易的股权形式实现，投资收益来源于股权退出和创新项目的盈利。

二、创新转化投融资主体

一般投融资活动的参与主体包括资金供给方与资金需求方，当资金供给侧的预期收益与资金需求侧的预期风险相匹配时，投融资决策就会达成。创新转化早期的融资需求占了绝大多数，由于创新转化的复杂性、创新创业的风险性以及创新产出的不确定性，创新转化面临较高的融资约束，创新转化的资金需求方与资金供给方之间存在较为严重的代理问题与信息不对称问题，需要专业化的投融资机构，通过科学的运营模式与严格的风控体系规避创新转化投融资的潜在风险。在此基础上，可把创新转化投融资参与主体分为三大类：资金需求方、投融资机构和资金供给方，中介服务机构、监管机构和自律组织等参与主体作为三大主体的补充，共同构成了创新转化的投融资生态系统。中介服务机构包括基金销售机构、会计师事务所、律师事务所、财务顾问机构等，监管机构主要是证监会、银保监会以及相关政府部门，自律组织主要包括中国证券投资基金业协会、中国证券协会、注册会计师协会等。

（一）资金需求方

一般的投融资分析框架多采用资金需求方与资金供给方来作为投融资双方的简称，创新技术、创新模式、创新工艺等来源于不同的技术创新主体，其融资模式又有较大差别，部分创新成果无法直接进行融资。比如基础性的研究成果，创新资源供给方可定位为创新转化投融资活动的源头，也是创新转化的资金需求方。创新资源供给方是提供新技术、新产品和新模式的市场机构或个人，包括科研院所、研发机构、创业企业以及行业领军企业等。他们既是创新的主体，也是创新转化的重要受益人。不同类型的创新供给方在创新转化链条的不同环节上供给创新资源，科研院所和研发机构的创新技术多是发明专利、知识产权等；高科技创业企业主要通过技术商品化吸引战略投资者，借助资本的力量推动产品的市场推广，实现技术商业化；行业领军企业是推动产业技术前沿的主要力量，既可以推动产业技术边界，引领行业变革，也可以利用雄厚的资本，实现创新技术与商业模式的融合，开发新业态与新模式。

（二）投融资机构

创新转化投融资的主要运营模式是通过公司制、合伙制以及契约制等形式进行资金的募集和管理。投融资机构基于对创新技术的尽职调查、投资分析以及行业分析制定投资决策，谋求管理资金通过技术产品化和商业化实现增值，并降低投资风险，为创新转化资金提供方争取更高的回报。私募股权投资基金、企业风险投资基金和政府产业基金已成为最主要的投资机构，富有家族和个人投资者成为创新转化投融资机构的重要补充。

专业的投资机构在新技术转化过程中发挥了关键作用，通过专业的投资决策过程、规范的交易结构设计以及系统的风险管控体系缓解了资金需求方与资金供给方之间的信息不对称，通过投资组合管理、投资回收期测算等资产管理措施实现了投资风险的分散。投资机构的专业化运作提高了创新要素与资本要素的融合效率，成为创新转化的催化剂。

（三）资金供给方

创新转化资金供给方可分为专业投资者和个人投资者。专业投资者主要包括金融机构、社会保障基金、政府引导基金等，普通投资者包括工商业企业、自然人投资者等。创新转化具有较大的不确定性与投资风险，投资回收期更长，资金供给方的机构化成为创新转化资金供给的基本特点。

有限合伙基金组织形式的广泛应用，为创新转化融资提供了便利的渠道，投资者以有限合伙人（Limited Partner，LP）[①] 身份将资金注入投资机构，成

[①] 有限合伙企业由普通合伙人和有限合伙人组成，有限合伙人以其认缴的出资额为限对合伙企业债务承担责任，有限合伙人不执行合伙事务，不得对外代表有限合伙企业。

为基金的出资人、基金财产的所有者和基金投资回报的受益人，按其所持有的基金份额享受收益和承担风险。股权投资有限合伙基金一般要求资金供给方为合格投资者，即只有满足特定标准的投资者才属于"合格"的投资者，才可以参与股权投资基金。根据《私募投资基金监督管理暂行办法》的规定，合格投资者是指"具备相应风险识别能力和风险承担能力，投资于单只私募基金的金额不低于 100 万元且符合下列相关标准的单位和个人：①净资产不低于 1000 万元的单位；②金融资产不低于 300 万元或者最近三年个人年均收入不低于 50 万元的个人。"

三、创新转化投融资类型

科学技术的商业化可划分为科研成果—创新产品—商品市场—产业发展四个阶段，不同阶段创新转化的目标、主体和投融资类型都不相同，选择的投资标的与融资工具也不尽相同。根据不同阶段、不同投资标的以及其他因素可将创新转化投融资划分为不同的类型。

（一）按投资阶段划分

根据科学技术商业化的不同阶段，创新转化资金来源包括天使投资者、众筹投资、风险投资基金、企业风险投资基金、成长基金、并购基金等。

天使投资者是创新转化初期最重要的投资者，高度多样化是天使投资者的重要特征，天使投资者的专业背景、资金来源以及投资方向都有明显的区别。天使投资者除了具有资金优势，也对新技术、新工艺的市场前景有较深刻的认知，容易与创业者形成密切的伙伴关系，并在委托代理关系中谋求较弱的控制权。

众筹投资可以分为回报型众筹、捐赠型众筹、股权型众筹以及 P2P 借贷。回报型众筹又是与新技术商业化最相关的类型，回报型众筹的收益通常不是经济回报，而是技术型初创企业生产的实物产品。从事数字产品经营的初创企业能够快速、廉价地与潜在客户进行互动，而硬件类初创企业现在也能通过众筹实现这一目的。一些回报型众筹项目只是为了测试一下市场对新产品的接受程度，与传统的市场潜能测试花费的成本相比，采用回报型众筹的成本要小很多。

风险投资基金专注于高风险、高回报的技术转化项目，利用有限合伙人的资金来投资，很少使用财务杠杆。不同的风险投资基金在专业知识、市场知识、信息资源等方面存在明显的差异，大多数风险投资基金都专注于特定的投资阶段和特定的行业。风险投资基金一般约定明确的投资退出期，这也是创新技术转化面临的最大挑战，依赖科技创新驱动的项目通常需要更长的时间才能产生经济效益，并且面临更大的不确定性，风险投资基金要求的退出期可能无法达到项目运营盈利的时间节点。

企业风险投资基金是由大型企业组建的投资实体或是由专业职能部门完成的战略资产获取型投资，其投资的动机是获取关键技术、人力资本、新工艺、新产品或是新的市场渠道。企业风险投资基金对创新转化的推动作用是一柄双刃剑。企业风投通常以集团整体价值最大化为目标，不仅有效解决了创新项目的融资问题，还可将大企业的管理体系、市场资源、创新能力赋能给被投资的项目；但是，被投资企业也面临着研发产品和创新技术被集团窃取的风险。

成长基金是私募股权投资基金最为常见的一种类型，其一般投资于技术实现产品化和市场化之后，商业模式已经形成，并进入快速发展阶段的项目。成长基金通常进行少数股权投资，不谋求企业控制权。与风险投资相比，成长基金的投资风险更小，主要是分享技术市场化带来的分红收益。成长基金的投资标的相对分散，会兼顾特定细分行业中的多家企业，多数项目的成功率不高，收益率也不高，但部分项目甚至是个别项目的成功便可贡献该只基金绝大部分的收益。

并购基金主要通过财务杠杆的运营，首先借助调配大量的资金获取目标企业的控股权，然后通过重整运营实现企业价值的提升，最终通过上市、股权转让等方式实现资本的退出。并购基金的单笔投资规模大，每一次投资的成功对并购基金的安全运作都至关重要，其资产组合相对集中，多是专注于某一行业或某一类企业，如有专门进行破产重整的并购基金。并购基金强大的资本实力和专业的资本运营能力使其成为推动技术产业化、赋能技术前沿公司发展全产业链的重要动力。

（二）按投资标的划分

处于技术转化阶段的项目多数没有盈利，股权投资成为其融资的主要手段。股权投资是一个广义的概念，进行权益属性工具投资的机构成为创新转化的投资机构。根据投资标的不同可分为 FOF 基金、S 基金、夹层基金等。

夹层基金专注于投资夹层融资，夹层融资是介于普通债务与普通股权之间的一种融资模式，风险小于股权融资，收益高于债权融资，它的作用是填补一项收购在考虑了股权资金、普通债权资金之后仍然不足的收购资金缺口。夹层基金作为介于债权与股权融资之间的次级债权，多出现在管理层收购中，多为有限合伙制。作为股本与债务之间的缓冲，夹层融资使得资金效率得以提高。由于夹层融资常常用于帮助企业改善资产结构和迅速增加营业额，所以融资企业通常会提供上市或者被并购时的股权认购权。夹层基金主要投资于可转债、优先股、附认股权的劣后债权等，这些融资工具都是初创企业在没有稳定盈利和大规模抵押资产的情况下，为了拓宽融资渠道，经常采用的融资模式。

FOF 基金①一种专门投资于其他投资基金的基金，它并不直接投资于初创企业，其作为母基金，专门投资于其他的基金，通过其他基金间接投资于企业。一方面，FOF 将多只基金捆绑在一起，投资 FOF 等于同时投资多只基金，但比分别投资的成本大大降低了；另一方面，与基金超市和基金捆绑销售等金融产品模式不同，FOF 基金按照法律要求进行注册和运营，是一种可长期投资的金融工具。政府引导基金、国有企业参与设立的母基金、民营企业主导的市场化母基金都是我国 FOF 基金的重要形式。

S 基金②是一类专门收购其他私募股权基金份额的基金。与传统的私募股权基金直接从企业中购买股权不同，S 基金则直接从机构投资者中收购股权等资产，交易对象是机构投资者，这类似于股市的一级市场和二级市场的区别。广义的 S 基金也可以直接购买基金份额对应的全部或部分资产组合，而非购买基金份额。S 基金的投资组合种类丰富，既可以是基金中 LP 的二手份额，也可以是基金的投资项目组合以及年份较早的基金等。不同的 S 基金往往采取不同的投资策略，既有针对特定品种、特定行业或特定地区进行投资的专注型 S 基金，也有广泛投资各类资产的综合性 S 基金。S 基金可以解决私募股权基金投资退出面临的困境，比如成长基金的锁定期经常在 10 年以上，LP 投资者中途想退出的话，可以把份额卖给感兴趣的 S 基金；有些投资项目的运营周期可能超过基金年限，但是投资者又不想低价变现，也可以与 S 基金合作转让基金份额。

---

① 基金中的基金（Fund of Funds，FOF）与开放式基金最大的区别在于母基金是以基金为投资标的，而开放式基金则是以股票、债券等有价证券为投资标的。

② S 基金（Secondary Fund，简称 S 基金）是专门从投资者手中收购另类资产基金份额、投资组合或出资份额的基金，S 基金的交易对象主要为其他投资者。

四、创新转化投融资发展历程

风险投资基金、私募股权投资基金等专业的投资机构是创新创业项目的主要投资方，我国企业的创新转化投融资实践也伴随着私募股权投资基金行业的发展而发展，先后经历了美元基金主导、人民币基金崛起、创投发展热潮、高质量发展阶段。国家在该领域的政策和法规体系不断完善，促进了创新转化投资机构数量和规模的扩张，成为服务实体经济、释放结构性产能、促进经济动能转换的重要力量。

（一）美元基金主导（1985～2001年）

1985年3月，中共中央发布了《关于科学技术体制改革的决定》，指出："对于变化迅速、风险较大的高技术开发工作，可以设立创业投资给予支持。"这一决定使得我国高技术风险投资的发展有了政策上的依据和保证。其后，由国家科学技术委员会和财政部共同出资成立的中国新技术创业投资公司，标志着中国风险投资事业的开端。继中创公司之后，地方政府纷纷效仿，成立基金对国有企业进行投资以促进科技进步，资本金大都由当地的政府机构（科委）提供，如上海信息投资股份有限公司、深圳高新技术产业投资服务公司、中国长和科技基金等。

1995年通过的《设立境外中国产业投资基金管理办法》鼓励众多外资投资机构进入中国。国际风险投资的开路先锋是美国国际数据集团（International Data Group，IDG），1992年美国太平洋技术风险投资基金进入中国，分别在北京、上海和广州设立分公司。IDG技术创业投资基金对搜狐、百度等风险企业成功实现了投资。与此同时，世界银行所属的金融公司发起组建的华登风险投资基金对深圳等地的高成长型技术企业或项目成功进行了投资。

1998年"政协一号提案"的提出，使风险投资受到了科技、金融、企业界的关注。此后连续两年形成了"风险投资热"，一批新的风险投资机构纷纷成立，以民营上市公司投资为主的民间资本也开始进入风险投资领域。2000年，新浪、网易、搜狐等一系列门户网站，在外资风投的支持下，掀起中国互联网行业上市第一波浪潮。2001年中国加入世界贸易组织（World Trade Organization，WTO）后，外商投资随之增长。在2001年之前，美元基金加速进入中国，基金融资在国外、退出在国外的"两头在外"模式获得发展，中国逐渐成为亚洲相对活跃的股权投资市场。

（二）人民币基金崛起（2002～2006 年）

2003 年，《中华人民共和国中小企业促进法》中提出"国家通过税收政策鼓励各类依法设立的风险投资机构增加对中小企业的投资"，政府支持通过发展风险投资解决中小企业融资难问题。此后几年，国家对风险投资的政策体现为左右摇摆的势态，本土风险投资机构数量及风险投资资本总量在 2003 年和 2004 年较上一年都有减少，但是我国风险投资活动总数量及投资额相对活跃，主要是这期间外资风险投资机构的投资活动仍然保持活跃。2004 年 5 月，深圳中小企业板正式登场，一批符合条件的成长型中小企业获得上市融资机会，此举为创业板市场建设打下基础，为本土风险投资退出创造了另一种国内途径，推动了国内风险投资机构的复苏。

2006 年 8 月通过新修订的《中华人民共和国合伙企业法》，正式确立了有限合伙企业的形式，为有限合伙制人民币股权基金的设立提供了法律依据。2007 年 2 月，财政部、国家税务总局发布了《关于促进创业投资企业发展有关税收政策的通知》，规定了对创业投资企业的优惠政策：创业投资企业按投资中小型高新技术企业投资额的 70% 抵扣应纳税所得额。同年 3 月颁布的《中华人民共和国企业所得税法》，规定了创业投资企业从事国家需要重点扶持和鼓励的产业投资可以按投资额的一定比例抵扣应纳税所得额。税收法律和政策优惠体现了政府促进中国创投市场发展的意愿和决心。

受政策和法规对风险投资大力支持的影响，2005～2007 年三年间风险投资活动极为活跃，国内风险投资市场规模迅速扩张，投资金额年增长均超过 50%。根据科技部统计，截至 2005 年底，全国已有创业投资机构 319 家，管理的资本达到 631 亿元，累计投资 3916 项，其中高新技术投资项目达 2453 项，投资额达 326 亿元。

（三）创投繁荣发展（2007～2017 年）

2007～2017 年政府陆续出台了一系列规范和促进股权投资基金发展的政策，国内的私募股权投资基金经历了近十年的快速发展。此外，《政府投资基金暂行管理办法》（2015 年）、《政府出资产业投资基金管理暂行办法》（2016 年）相继出台，政府引导基金的数量与规模日益提升。越来越多的机构纷纷入场，为股权投资市场注入活力。截至 2017 年底，活跃投资机构约

3500 家，市场规模约 7 万亿元①。

2008 年 10 月，国务院颁布《关于创业投资引导基金规范设立与运作的指导意见》，创业引导基金是由政府设立并按市场化方式运作的政策性基金，主要通过扶持创业投资企业发展，引导社会资金进入创业投资领域。风险投资基金通过与当地政府创业引导基金的合作，不仅获得了政府资金的支持，还可以借助政府平台挖掘当地具有技术商业化潜力的项目。

2009 年创业板的正式推出意味着风险投资在国内可以通过创业板上市获得收益，标志着私募股权投资基金"募投管退"全链条的打通，"本土募集、本土投资、本土退出"的模式终于形成，大大激发了本土私募投资机构业务扩张的热情。2009 年，人民币风投基金开始在国内占据绝对主流的地位，越来越多的外资机构开始尝试在国内设立人民币基金。2012 年修订的《中华人民共和国证券投资基金法》颁布，将"非公开募集基金"纳入法律调整范围，私募股权投资基金首次取得法律身份。2014 年 8 月，中国证监会发布《私募投资基金监督管理暂行办法》，包括对创业基金、并购基金在内的各类私募股权基金，以及私募证券基金和其他私募投资基金实行监管。私募股权投资基金逐渐走向规范化运营。

2015 年"双创"政策的发布和 2016 年的"创投国十条"明确了支持创新创业的政策方向。2015～2016 年，财政部和国家发改委先后发布《政府投资基金暂行管理办法》及《政府出资产业投资基金管理暂行办法》，各级政府出资设立的政府引导基金和私募股权投资基金成为创新转化的重要力量。2017 年，财政部、税务总局发布《关于创业投资企业和天使投资个人有关税收试点政策的通知》，税收优惠政策进一步助力创业投资。

（四）高质量发展阶段（2018 年至今）

2018 年《关于规范金融机构资产管理业务的指导意见》（以下简称《资管新规》）出台，私募股权投资走上了高质量内涵发展的道路。在金融去杠杆的大背景下，影子银行信用收缩，股权投资市场也结束了非理性繁荣，募资规模、投资金额出现回调。随着 2019 年科创板设立、2020 年创业板注册制改革完成、2021 年北京证券交易所设立，IPO 退出方式迎来重大利好。在 2018 年之后的高质量发展阶段，管理人的投资能力、风险控制、投后管理变

---

① 中信证券. 变局赋予新使命，政策护航新征程［R］. 2022－10－27.

得愈发重要，随着尾部机构的逐步出清，头部机构的规模效应日益凸显。

2020 年 3 月，《中共中央关于制定国民经济和社会发展第十四个五年规划和二〇三五年远景目标的建议》发布，"创新"一词贯穿始终。2021 年 3 月，国家出台了更详尽的"十四五"规划，并提出一系列具体创新目标：全社会研发经费投入年均增长 7% 以上、基础研究经费投入占研发经费投入比重提高到 8% 以上、战略性新兴产业增加值占 GDP 的比重超过 17% 等。此外，2021 年 4 月，国家发改委发布《创业投资主题划型办法（征求意见稿）》，提出"充分发挥创业投资对创业创新创造的支持作用，增加经济内生动力，服务经济高质量发展"。由此可见，创新转化的重要性被提到国家战略高度，创新投资行业也迎来了蓬勃发展期。2021 年 VC/PE① 市场新成立基金共计 9350 只，认缴规模共计 8175 亿美元，数量和规模同比分别上升 70.53% 和 80.95%②。2021 年 VC/PE 市场的显著特点是更多的大额专题基金陆续成立，单笔募资规模持续突破。

纵观近十年数据，2014 年之前我国创新投资行业处于起步阶段，虽然天使基金、私募股权基金的数量及规模在逐年攀升，但进展缓慢。自 2015 年起，国内的资产管理业务快速发展，截至 2018 年《资管新规》推出前，我国的资管规模已经达到了百万亿元，新成立基金数量超万只，但过快的增速导致创投行业的风险也在积聚。《资管新规》直接冲击了创新投资行业的融资渠道，2019 年底暴发的新冠肺炎疫情更让创投行业雪上加霜，2020 年创投行业的规模虽降幅有所减小但仍处于行业低谷。而 2021 年得益于我国对新冠肺炎疫情的有效控制和经济的复苏，创新转化投资为促进创新资本形成、支持科技创新和产业结构调整发挥的作用日益凸显。

第二节　创新转化投资管理

在 21 世纪初互联网泡沫破灭之后，投资机构更加专注前沿技术领域的业务机会，投资策略呈现多样化的特点，创新项目的价值甄别难度提高，投资

---

① 风险投资（Venture Capital，VC）主要是指向初创企业提供资金支持并取得该公司股份的一种投资方式；私募股权投资（Private Equity，PE）是指投资于非上市股权，或者上市公司非公开交易股权的一种投资方式。

② 2021 年中国创业投资及私募股权投资市场统计分析报告［R］．投中研究院，2021 – 01 – 26.

事后管理与风险控制更加复杂。我国的创新转化投资在发展过程中形成了特有的风格，本节以企业作为创新转化投资的主体分析视角，梳理创新转化投资管理的主要内容与方法。

一、创新转化的投资战略

（一）创新转化投资战略的形成

战略定义了企业的行为模式和优先事项，明确了要达成的目标，以及一系列连贯、相互促进的政策或行为承诺（加里·皮萨诺，2019）。在公司层战略的指引下，管理者会定期制定业务战略，进一步明确价值创造方式、服务客户类型以及差异化特点等，管理层还为研发、营销、运营、人力和财务等各种职能如何支持整体业务制定了职能层战略，然而少有管理层明确公司的创新行为与业务战略如何相协调，缺少创新战略的制定与创新体系的建设。

1. 创新战略的内涵

创新战略需要明确公司实现竞争目标的具体创新类型，如何为潜在客户创造价值，以及公司如何从创新中获取价值。创新战略还需要将组织的资源和能力集中在建立创新体系上，创新体系是一系列相互依存的过程和结构，决定公司如何寻找新的问题和解决方案，将想法融入商业概念和产品设计，并选择哪些项目获得资助。许多学者和企业家都探讨了创新的战略意义和经济意义，对创新战略有意义的分类为创新转化投资战略的形成奠定了基础。基于创新回报的视角，可将创新战略大致分为两大类：一类是以占领市场为目的的创新，即企业通过创新提高产品质量或增加产品品类，借助产品差异化策略在某一领域内占领市场；另一类是以降低成本为目的的创新，即企业通过创新得以降低产品的单位成本，增加单位产品利润（Klette & Kortum，2004）。

2. 创新转化投资战略

创新转化投资战略回答了创新转化"怎么投"的问题，有效的创新转化投资战略可以提供投资方向，加快投资决策制定。

创新战略的形成帮助投资者明确不同创新转化项目的发展方向和盈利特点，以及创新转化项目的潜在价值，从而为创新转化投资战略的制定明确了投资方向和项目的优先级，帮助确定合适的投资时机和投资规模。总的来说，创新战略对创新转化投资战略的形成起到了引领作用。克莱顿·克里斯坦森在破坏性创新的基础上进一步提出了市场创造型创新、持续型创新和效率型创新的概念。该分类从市场、产品和成本方面对创新的价值进行了分析，与技术商业化的路径具有一定的匹配性。

（二）创新转化投资战略的框架

在创新战略基础上形成的转化投资战略明确了企业创新投资的方向，在不同创新战略的指引下，企业通过创新投资获取回报的方式不尽相同。下面结合皮萨诺教授提出的创新分类，梳理与之相匹配的创新转化投资方向。

1. 创新转化投资方向的分类

哈佛商学院教授加里·皮萨诺（2019）基于技术创新和商业模式创新的不同程度，形成了分析公司创新战略的框架，商业模式与技术创新结合形成了四种不同的创新类型，进而为风险资本投资方向、投资结构和投资策略的选择提供了基础，如图7-1所示。在现有技术能力和商业模式基础上开发新产品和新服务被视为企业的"主场优势"，定义为常规型创新；在现有技术能力的基础上，通过对产品和服务的创新，开拓新的客户，进行商业模式的创新是颠覆型创新；企业尝试通过研发新技术赢得竞争优势是激进型创新，创新转化投资的风险较大，不确定性高；同时，进行技术能力和商业模式的变革，定义为结构型创新。

需要新商业模式 利用现有商业模式	颠覆型 开源软件（软件公司） 共享乘车（出租车和豪华轿车公司）	结构型 个性化药物（制药公司） 数字成像（柯达和宝丽来）
	常规型 新一代英特尔处理器 新波音宽体客机 亚马逊自动化仓库	激进型 生物技术（制药公司） 电动汽车（汽车公司）
	利用现有技术能力	需要新的技术能力

图7-1　公司创新战略分析框架

资料来源：〔美〕加里·皮萨诺. 变革性创新：大企业如何突破规模困境获得创新优势〔M〕. 北京：中信出版社，2019.

（1）常规型创新投资。常规型创新投资是利用公司现有技术能力，并与现有商业模式相适应的增量投资行为，可视为对既有产品线和业务模式的扩张投资，新增投资的结构与现有的资产结构相匹配，投资收益与企业目前的盈利能力高度相关，投资风险较小。英特尔推出的功能越来越强大的微处理器就是其中一例，英特尔通过自身在微处理器设计和制造方面的深厚技术积累，完美地融合了数十年来助力其发展的商业模式。波音的新型宽体飞机、华为的下一代手机、亚马逊的自动化仓库和网易的新游戏都属于常规型创新。值得强调的是，"常规型"创新投资并不意味着容易或微不足道。上述公司都投入了大量资源，努力解决棘手的技术问题，这是企业在现有能力范围内进行的创新投资。

（2）颠覆型创新投资。颠覆型创新是哈佛商学院的克莱顿·克里斯坦森教授提出的一种创新类型，颠覆型创新要求一种新的商业模式，但不一定是技术突破。颠覆型创新投资以市场营销拓展、组织架构调整、管理资源整合等软实力为投资重点，对技术创新的投资并不是第一位的，在新的商业模式形成过程中，需要短期内投入大量的资金以快速占领市场，获取竞争优势，挑战和破坏了行业内现存的商业模式。颠覆型创新投资的退出以市场份额扩张换来的估值提升为基础，投资风险较大。谷歌针对移动设备开发的安卓操作系统对苹果和微软这样的公司来说是一项潜在的颠覆型创新，但并不是因为存在巨大的技术差异，而是因为其商业模式不同：安卓操作系统使用免费，苹果和微软的操作系统不免费。阿里巴巴搭建电子商务平台，去掉了原有贸易供应链中层层代理的环节，为上游工厂和终端消费者创造了价值，也是基于商业模式的颠覆型创新投资。

（3）激进型创新投资。与颠覆型创新截然相反，激进型创新面临的挑战完全是技术方面的。激进型创新投资的主要内容是对技术研发的投资，技术创新具有长期性和不确定性的特征，投资回收期长，并且需要资金的持续投入，短期内很难形成投资收益，与激进型创新投资相匹配的一定是能追求长期收益的权益类资金。IBM发明的电子打字机就宣告了所有手工打字机制造者的终结，不仅如此，电子打字机在之后几十年里一直占据着办公用品市场的支配地位；微软的Word、Excel、PowerPoint在满足人们书写、计算与讲故事需求的同时，也成功地开创了便捷办公模式；存储领域的激进型创新则体现在存储方式、容量、尺寸上，每一次的技术突破都给产业和行业带来巨大改变：固态硬盘与机械硬盘、大容量与小容量、移动存储设备与固定存储设备等。

（4）结构型创新投资。结构型创新融合了重大技术和商业模式变革，需要企业研发新技术，开拓新的市场盈利模式，这类创新投资需要的资金量最大，投资周期最长，具有较大的投资风险。以数码摄影为例，对于柯达和宝丽来这样的公司来说，进入数字世界意味着掌握固态电子学、相机设计、软件和显示技术等全新的能力。这也意味着找到一种从相机而不是"一次性用品"（胶片、相纸、冲印化学品和服务）赚取利润的模式。再比如，通信技术由 2G 升级到 3G，通信方式由电话和短信转变为网络语音和社交通信，并且三大运营商的盈利模式，由按分钟计费的模式，变成了流量包月，由通信服务商变成通信基础设施服务商。毋庸置疑，结构型创新投资是最难成功的创新转化投资，但一旦成功则将为企业带来垄断竞争优势。

2. 创新转化投资的动态视角

皮萨诺基于技术能力和商业模式分类的创新分类框架没有考虑创新转化的周期问题，在企业发展的不同阶段，技术转化投资和商业模式创新投资具有明显的区别（加里·杜什尼茨基等，2021）。进行颠覆式创新的公司破坏了其他公司商业模式，如谷歌推出免费的安卓操作系统，对苹果的 iOS 系统和微软 Windows 系统的市场份额形成了挑战，形成了商业模式上的颠覆型创新，但是在计算机技术方面，这三家公司推出的产品之间并没有明显的技术壁垒。风险资本具有逐利性，更倾向于对处于颠覆式创新早期阶段的公司进行投资，利用资本的力量直接撬开新的商品市场，获取公司估值成长的收益。与商业模式创新转化相比，技术变革的创新转化不仅要经历更长的等待期，还会受到商业模式可行性的制约，对纳米技术的投资就是典型的案例。纳米技术是一种前沿的通用技术，具有重要的创新价值，但风险投资在纳米技术的商业化过程却举步维艰，因为与纳米技术相关的市场和行业还都未出现。技术创新转化投资与大多数风险投资相比具有更明显的"尾部特征"，技术创新转化投资的损失可能远超过收益。为了充分了解创新技术的商业前景，并为自己的投资创造良好的估值，投资者需要提前获取大量被投资项目的信息。

创新转化投资的战略框架不仅要分清创新的类型、价值来源与价值获取方式，还要综合考虑时间维度的影响。投资于商业模式创新公司初创期更有可能获得成功，但过早投资于技术创新公司有可能需要面对更多失败的风险。在企业生命周期的视角下思考创新转化投资的战略框架将更具有实践指导意义。

3. 创新转化投资战略框架内容

企业存在生命周期现象，在不同的生命周期阶段，大多数企业都遵循大致相同的规律。创新企业的发展具有阶段性，可以划分为四个阶段，即种子期、初创期、扩张期和成熟期。处于种子期和初创期的创新企业，其产品还处于初级阶段，经营计划还在完善过程中，因此投资这两个阶段的企业，不仅投资风险较大，而且投资成功率也不高，但是创新项目一旦成功其投资回报非常可观。以"专精特新"为发展模式的初创企业和迈过死亡谷进入高速发展阶段的瞪羚企业都是属于这两个阶段的创新企业。处于扩张期和成熟期的创新企业，企业的产品已经完成，企业逐步形成经济规模，开始达到市场占有率目标，甚至有些企业已经成功上市，因此投资这两个阶段的企业面临的风险较低，收益稳定，但是投资回报可能不如投资种子期和初创期的企业高，专精特新"小巨人"企业、隐形冠军企业和独角兽企业都是属于这两个阶段的创新企业。

在创新战略框架和企业生命周期视角下，如果被投资公司是处于种子期和初创期的创新公司，那么进行常规型创新投资和颠覆型创新投资取得成功的概率较大。如果目前市场仍具有较大的增长空间，目标市场客户的需求尚未被满足，技术改进的机会仍然很丰富，那么常规型创新投资能加固企业的护城河，更好地将创新能力转化为企业盈利；如果当前细分市场的增长开始放缓，客户越来越多地关注服务质量，市场对新产品的诉求越来越强烈时，则需要企业创造新的商业模式，利用市场风格切换的时间窗口实现盈利模式的转变与市场份额的快速扩张，进行颠覆型创新投资更加契合该情境下企业的创新战略。

处于扩张期和成熟期的企业，面临日益激烈的市场竞争与盈利能力快速下降带来的威胁，需要进行激进型创新投资或者结构型创新投资，从而改变以往粗放的盈利模式，实现高质量的发展。如果当前行业内新的技术范式具有很强的竞争力（即很难模仿，容易通过法律机制保护），那么行业在新技术冲击下将发生价值创造模式的重大变革，进行激进型创新投资应当是维持企业发展的必然要求；如果行业既有的运营模式、技术水平以及盈利能力都处在趋势性的下降过程中，企业处于成熟期发展阶段，则只有通过技术创新与商业模式的同时变革才有可能再次步入快速发展的轨道，进行结构型创新投资应该是必然趋势。

二、创新转化的投资模式

在创新转化投资战略的指导下，创新投资模式解决了如何投的问题，互联网和数字经济的繁荣对技术创新的投资生态造成了冲击，逐渐改变了创新转化的投资方式（马军等，2018）。如今，商业模式创新投资正在将风险资金从技术创新领域迅速抽离，对前沿技术商业化进程造成了重要影响。在一个需要 15 年时间才会轰动世界的抗癌药物，和一个在几年之内就能获得巨大成功的社交媒体应用之间，风险投资机构可能更倾向于投资社交媒体应用。云计算、开源计算、5G 等技术的进步大幅降低了软件企业的基础设施成本和开发成本，使得大量的软件开发人员在没有筹集资金的情况下就可以启动公司，当今的互联网创业企业相比阿里、搜狐、百度等第一批互联网企业更容易获得服务和产品的分销渠道，并成功地实现创业融资。

（一）投资机构模式

数字技术的发展改变了创新转化的投资方式，从大规模长期性的资本运营逐渐转向了敏捷迅速的"微风投"模式。20 世纪 90 年代末，美国典型的"A 轮"风投规模在 500 万~1000 万美元，可如今其规模已大致缩小至 25 万~50 万美元之间。由于以互联网和软件企业为代表的商业模式创新企业的成长周期短于技术研发型企业，许多风险投资机构不仅投资于早期阶段，更开始关注后期阶段的投资，创新转化的分周期融资模式日益模糊。在如今的投资环境下，涌现出越来越多的天使投资、孵化器、共同基金和对冲基金。从投资机构的角度可将创新转化投资分为直接投资（Direct Investment，简称 D 策略）、一级投资（Primary Investment，简称 P 策略）和二级投资（Secondary Investment，简称 S 策略）三种投资方式。

直接投资是私募股权投资基金等投资机构，以股权形式直接投资于初创企业，通常以直投和跟投的形式进行，也包括追踪式和追加式的投资，对于前期进行投资的优秀项目进一步追加资本，提高投资收益率或维持控股权。一级投资指私募股权投资母基金直接投资私募股权基金，这是母基金发展初期的主要业务，这种投资方式的周期长，要经历一个完整的基金封闭期。二级投资即私募股权投资母基金在二级市场进行的投资，主要有两种方式：一是购买其他私募股权投资基金的份额或后续出资权，二是购买其他私募股权投资基金投资的股权份额。从 2018 年开始，受宏观流动性收紧、社会融资规模下降等因素影响，许多私募股权投资基金的资金来源方遇到了资金流动性问题，S 基金引起了广大管理机构和投资机构的关注。在国内，S 基金的交易仍处于市场摸索期，2019 年 12 月 10 日，目标规模 100 亿元的深创投 S 基金宣告成立。

投资机构的创新转化投资模式已经形成了联通一二级市场、融合多种业态、综合多种策略的创投生态，投资模式不仅丰富多样，伴随着结构性金融产品的发展，投资模式的创新迭代也日益加快。

（二）公司创投模式

企业作为创新转化主体进行的创业投资已成为促进新技术、新模式和新业态发展的重要力量。公司创投是指大型集团公司对独立运作的创业企业进行的少数股权投资（Dushnitsky，2012）。一般来说，公司创投具备三个典型特征，并使其区别于其他投资活动：第一，尽管财务回报是一项重要考虑，但战略目标通常是大公司开展公司创投的主要动机；第二，被投资的创业企业是创业者（个人或团队）所有，独立于大公司而运作；第三，大公司投资之后，只获取创业企业的少数股权。公司创投模式可以划分为：内部创投模式和外部合作模式，这两类模式与集团公司之间的关系从紧密到松散，当集团公司更渴望向创业企业学习时，他们更有可能选择内部创投而不是外部合作（加里·杜什尼茨基等，2021）。但是集团公司采用的创投运营模式不是一成不变的，企业在发展过程中可能会调整公司创投的架构模式，或者衍生出多种组织形式。例如，华为除了通过专门负责投资的部门对科创企业投资，还在 2010 年底第一只国家级大型人民币 FOF 国创母基金设立时，首度以 LP 的身份出资母基金，并且在 2019 年作为唯一股东成立了哈勃投资。

1. 内部创投模式

内部创投模式是指大型集团公司自主进行创新转化投资的运营模式，通常以创新投资管理部门或者专业创投子公司来推进具体的创新转化投资项目，内部创投模式具有效率高、掌控力强、与集团业务发展方向相契合的特点。

（1）创新投资管理部门。集团公司制定创新转化投资计划，由创新投资管理部门负责进行创新投资活动的组织与执行。例如，华为有专门负责投资的"企业发展部"，投资了昆仑万维和暴风科技等互联网项目，取得了丰厚的收益。与外部投资机构相比，集团内部的投资部门作为职能管理部门，没有资金筹集的压力，能更好地执行集团的创新战略，更多地考虑与公司战略密切相关的投资项目。

（2）创业投资全资子公司。集团公司成立专门从事创业投资活动的子公司或者是 CVC 基金①，一般以集团附属公司的形式存在，集团有绝对控股权和话语权，集团的战略目标决定了它的投资方向，这种形式避开了烦琐的企业审批流程，有独立的决策自主权，但运作成本高。CVC 全资子公司主要进行早期的风险投资，并且 CVC 全资子公司的资金主要来源于集团，不存在筹资和固定退出期的压力，有条件根据母公司的战略进行长线布局。例如，联想集团在 2016 年成立了联想创投集团，联想创投专注于科技产业投资，已投出近 200 家优秀企业，包含宁德时代、美团、蔚来、寒武纪、中控、珠海冠宇等 10 余家 IPO 企业，以及旷视科技、第四范式、思特威、比亚迪半导体、芯驰科技、云迹科技等 40 多家细分领域独角兽企业。

2. 外部合作模式

外部合作模式是集团通过合营或参与专业投资机构进行的投资，利用外部投资机构的市场资源和专业资源，拓展集团的创新转化资源和路径。根据集团是否参与投资管理，分为成立合营投资公司和投资创业投资基金两种方式。

（1）合营投资公司。集团与外部投资机构联合成立投资咨询公司、私募股权投资基金等专业的投资机构，合营投资公司独立开展风险投资业务，但在业务开展上围绕母公司的战略进行布局。2018 年新东方教育科技集团携手一批国内外金融机构、政府引导基金、知名上市公司及家族办公室等投资人共同成立新东方教育文化产业基金，基金重点关注科技进步带来的产业变化，目前已投资的项目包括凯叔讲故事、家有学霸、掌通家园、西瓜创客等。

（2）投资创投基金。在投资创投基金模式下，公司创业投资不直接投资项目，而是以 LP 的身份来参与专业的创投基金，以出资份额享受投资回报，基金由普通合伙人（General Partner，GP）②负责投资管理和运营，这是大型

---

① 公司创业投资（Corporate Venture Capital，CVC），是指大型产业公司对独立运作的创业企业进行的少数股权投资。

② 普通合伙人（General Partner，GP）泛指股权投资基金的管理人，负责合伙企业的运营管理，以类似于企业法人的身份存在。

企业进行创业投资的一种普遍方式，这种方式不便于控制创业投资项目的风险和投资方向，但投资所需的资金压力较小。例如，腾讯投资了阿里系的云锋基金、美团旗下的龙珠资本、小米系的顺为资本、礼来亚洲基金、金沙江创投、峰瑞资本、纪源资本、红杉中国、南山资本、真格基金、高榕资本等众多知名创投机构的基金产品。

三、创新项目的价值甄别

实现创新转化成功的关键在于，对项目价值进行评估与甄别，由于创新转化投资的大部分都是未上市企业，评估这些企业的股权价值充满了挑战。对创新项目的价值进行甄别需要充分考虑投资的属性、背景、客观情况、目的等，并且需要把估值分析贯穿于从投资到退出的整个过程，同时也要结合对创新项目尽职调查的情况，对项目估值进行调整。

对创新项目价值进行甄别需要一个系统的工作流程，在项目来源—尽职调查—项目估值—投资决策—投后管理等各环节，都要挖掘影响创新项目价值的关键因素，形成对项目价值的准确评价。项目来源与尽职调查阶段的高质量工作，成为创新项目价值甄别的有效手段。

（一）项目来源

技术商业化项目的来源方式分为两种方式：研究驱动和信息网络。研究驱动是通过对创新技术的原理、创新生态、产业前景、市场空间、行业阶段、市场竞争者等进行系统的分析，理解行业的投资逻辑，判断技术商业化的关键路径，对投资的环节、时机、风险收益比和具体项目进行科学的筛选。以信息网络挖掘的创新转化项目需要企业具有丰富的项目储备、广泛的业务网络、通过多元化的投资网络挖掘技术转化项目。主要的项目来源渠道包括同行业风投项目、天使投资人的项目推荐；地方政府及职能部门的推荐，如各级经济技术开发区管委会、各地金融办、科创孵化中心等；高校及研究院所专家推荐的项目；政府引导基金推荐的项目等。

（二）尽职调查

通过研究驱动和信息网络两种方式，挖掘到有市场潜力的技术创新项目只是第一步，对依托项目的初创公司进行全面的尽职调查，才是甄别创新项目价值的关键。进行全面尽职调查主要为了实现三个目标：第一是对技术转化项目的历史进程、发展现状与未来方向进行全面的分析与掌握；第二是找出初创公司存在的短板，帮助企业更好地发展并补齐短板，提供有针对性的赋能服务；第三是挖掘技术商业化过程面临的潜在竞争者、技术替代者等威胁因素，为投资定价的博弈做准备。通过尽职调查评估初创公司的商业逻辑、盈利模式、合规情况与企业的投资策略、投资理念以及风险偏好是否匹配，这也是成功转化的关键。创新转化投资涉及多个行业、多个细分赛道、多种投资风格，技术转化投资多元化的特点对尽职调查的能力与专业性提出了挑战，利用专业中介机构的服务成为保证尽职调查质量的重要手段。专业顾问、券商、行业专家、咨询公司等都可以弥补企业在某个行业的能力短板与经验不足，投资企业借助这些外力对目标企业的技术实力、商业化可行性、市场空间以及未来行业的发展方向进行验证，实现对创投项目价值的准确评估。

尽职调查的具体方案需要根据初创企业的发展阶段、创新类型、行业结构等进行个性化的制定。问卷调查、现场走访、重要材料收集等，都是了解初创企业真实信息的有效手段，尽职调查关注的重点主要有业务尽职调查、财务尽职调查、法律尽职调查三个方向。业务尽职调查主要包括市场环境、监管环境、竞争环境、商业模式、技术实力和ESG情况[①]等，如果发现企业产品或服务在市场中的地位受到较大挑战、替代品全面超越企业所提供的产品和服务、行业市场整体萎缩等问题，需要直接终止投资计划；财务尽职调查一般与会计师事务所协同展开，主要目的是发现企业财务舞弊的证据、资产的权利瑕疵、伪造会计盈余等风险；法律尽职调查主要针对初创企业的基本情况、合规运营、独立性、业务开展情况、各类产权、同业竞争及关联交易、债务及诉讼情况等进行核查，从而合理评估目标企业相关利益方的合规情况，在法律尽职调查中若发现企业所有权存在疑点、牵涉较多未决诉讼、存在严重违法行为、知识产权欠缺保护、公司内部制度混乱、有腐败贿赂行为等重大合规风险，则可能直接导致终止投资。

（三）项目估值

创新转化投资一般聚焦于早期的初创企业，这些企业还未产生经营利润

---

① 环境、社会和公司治理（Environment, Social and Governance, ESG）是通过将环境、社会与治理因素纳入投资决策与企业经营，从而积极响应可持续发展理念的投资、经营之道。

和现金流，传统估值方法的核心在于如何评估出投资和退出时间节点上的股权价值，并以目标收益率作为折现率倒推当前的股权价值。这种估值方法的不确定性大、市场风险高、大部分数据是基于商业计划书中的预测数据，并且随着企业进行后续的增资扩股，会出现投资机构股权投资被稀释以及估值降低的风险，进而影响投资收益。所以对于科创公司的价值评估，估值方法的选择要结合企业具体类型，主要包括两个维度：一是企业所处的生命周期阶段；二是企业所处行业特征（陈希和徐洋，2019）。

1. 不同生命周期公司估值方法

由于科创企业在不同生命周期阶段具有不同的财务特征，因此适用的估值方法也有所不同。

在种子期和初创期，科创企业大量投入，业绩波动频繁且多处于亏损状态，尚未形成清晰的盈利模式，财务指标无法客观反映企业的价值，通常使用用户数、市场空间、市占率、流量等非财务指标衡量企业价值，主要的估值方法为历史交易法、可比交易法。

在扩张期，科创企业研发的产品或技术逐渐得到市场认可，快速成长并扭亏为盈，经营逐渐稳定，盈利模式逐渐清晰，投资者会寻找相对稳定、可预测的财务指标进行估值。当科创企业尚未达到盈亏平衡点时，可以采用基于收入的估值方法（P/S、EV/S）①、基于自由现金流估值方法（P/FCF、EV/FCF）②、基于税息折旧及摊销前利润的估值方法（EV/EBITDA）③；当科技型企业跨越盈亏平衡线，并仍保持较高的增速时，还可以使用基于盈利和增长率的估值方法（PEG）④。

当科创企业进入成熟期，企业的市场地位、盈利能力和经营状况构成了估值体系的核心。成熟期科创企业的产品营收、现金流和利润趋于稳定，已有稳定指标可与同行业进行对比，市盈率（P/E）估值法成为主流估值方法。

---

① P/S（市销率），市销率也称价格营收比或市值营收比，是以公司市值除以上一财年（或季度）的营业收入，EV/Sales（市售率）的计算方法为：企业价值（EV）/主营业务收入，或为股票价格与每股销售收入之比。

② P/FCF 为股价/每股自由现金流，EV/FCF 即企业价值/自由现金流。

③ EV/EBITDA 是企业价值倍数，是一种被广泛使用的公司估值指标，EBITDA（Earnings before Interest, Tax, Depreciation and Amortization）是企业的利息、所得税、折旧、摊销前盈余。

④ PEG 是从 P/E 衍生出的比率，用以弥补 P/E 对企业成长性估计不足的问题，其计算公式为 P/E/（净利润复合增长率×100）。

除了相对估值法之外，现金流贴现模型也同样适用于成熟期的科创企业。长期稳定分红的科创企业还可适用股利贴现模型（Dividend Discount Model，DDM）。而对于多种业务模式叠加的科创企业，则采用 SOTP 方法[①]对不同业务板块分别估值并加总得到企业整体估值。

2. 不同行业特征公司估值方法

估值方法的选择除了要考虑企业所处生命周期阶段，也需要结合所处行业的特征。按资产属性来看，重资产行业由于产生较大的折旧摊销，净利润可能无法准确反映公司经营情况，EV/EBITDA 是比较好的替代方法；如公司拥有大量固定资产且账面价值相对稳定，则适合用市净率（P/B）对公司进行估值。相应地，轻资产的行业就更适合用 P/E、PEG 等估值方法。

按行业周期性来看，强周期行业由于盈利、现金流在周期不同阶段极不稳定，不适合使用 P/E、P/FCF、DCF[②] 等估值方法，而应采用波动较小的 P/B 指标；弱周期行业对于大部分估值方法都比较适用。按行业资产结构来看，EV 系列指标由于考虑了企业资本结构的差异，在可比企业负债率差异较大的情况下，使用 EV 系列指标更为合适。

四、投后管理与投资退出

（一）创新转化的投后管理

创新转化投资项目的运营期较长，投资之后的管理与监控是基金顺利退出、获取投资收益的关键。投后管理主要解决两大方向的问题：第一个问题是创新转化项目的风险管理，尤其是技术商业化的投资项目盈利不确定性大，核心技术人员不稳定、后续资金不到位等任一环节出现问题都有可能导致项目终止，使得风险资金变为沉没成本；第二个问题是投资机构运营方面的问题，主要关注基金管理人的高效决策、管理机构与投资者之间的信息不对称、管理人的道德风险与逆向选择等。创新转化的投后管理不仅需要投资机构管理人重视，还需要得到融资方的重视。融资方通常以 LP 的方式注入资金，

---

① 分部加总法（Sum of the Parts，SOTP），是一种常见的集团估值方法。
② 现金流贴现模型（Discounted Cash Flow，DCF），通过预测公司未来的现金流量进行估值。DCF 估值法适用于那些股利不稳定，但现金流增长相对稳定的公司。

通过投后管理跟踪行业趋势、分析细分赛道、了解技术前沿等方式进一步提高 LP 机构的资产配置能力与资本运营能力。

私募股权投资基金是最常见的创新转化投资运营形式，主要的投后管理内容包括运营监测、风险管理、流动性管理和项目赋能。运营监测贯穿于基金运营的全生命周期，在项目投资的初期主要涉及投资进度、投资策略执行等，基金退出期主要关注退出情况、回款情况、盈利分析等，基金估值、业绩评价等运营监测环节则贯穿于基金运营的全生命周期。风险管理由创新项目风险、管理人违规风险、融资方风险等问题构成，创新项目风险来源于商业模式、竞争对手、市场需求等造成的项目失败风险，投资机构管理人与融资方之间存在多层的委托代理关系，管理人对投资项目具有信息优势，增加了 LP 投资者的代理成本与监督风险。流动性管理主要解决基金投资周期与融资周期错配带来的风险，技术创新转化项目需要较长的投资期限，风险资金的注入一般需要 5~6 年的时间，由 GP 管理人根据创投项目的运营情况对 LP 投资者进行催缴，难以提前准确预测项目现金流，可能出现创投项目急需资金，但 LP 投资者无法提供融资造成资金链断裂的情况，从而导致创投项目失败。项目赋能主要内容是 GP 管理人利用自身的投资经验、行业洞察能力、项目运营能力、管理咨询能力等为投资企业的稳定运营和创新发展提供支持。

（二）创新转化的投资退出

创新转化的投资退出是指股权投资的收回，可能盈利也可能亏损，股权投资退出的方式包括 IPO① 退出、股权并购与转让、股权回购、新三板挂牌、企业清算等，新兴的退出机制 S 基金正逐渐成为一种流行的方式。

IPO 退出是收益回报最高的方式，我国逐渐完善的多层次资本市场体系为创新转化投资的退出提供了良好的条件，股权市场体系由沪深主板、创业板、科创板、北交所、新三板、区域性股权市场组成，沪深主板主要针对处于发展成熟期的企业，创业板主要服务于具有较大成长空间的中小规模科技创新创业企业，科创板则更加针对硬科技公司，行业属性是重要参考，但更重要的是企业科技创新能力。2021 年 9 月 2 日晚，习近平主席在 2021 年中国国际服务贸易交易会全球服务贸易峰会致辞中宣布："我们将继续支持中小

---

① 首次公开募股（Initial Public Offering, IPO）是指一家企业第一次将它的股份向公众出售。

企业创新发展，深化新三板改革，设立北京证券交易所，打造服务创新型中小企业主阵地。"① 北交所的设立为"专、精、特、新"中小制造业的技术产业化提供了融资支持。注册制的推进与完善将更加有利于 IPO 的发展：2020年3月1日，新修订的《中华人民共和国证券法》正式实施，核准制向注册制转变；2020年4月27日，中央深改委审议通过了《创业板改革并试点注册制总体实施方案》，要求按照错位发展、适度竞争的原则，统筹推进创业板改革和科创板发展，并借鉴了科创板注册制的核心制度安排，北交所也按照注册制的理念对发行上市制度进行优化。2020年6月3日，中国证监会发布《中国证监会关于全国中小企业股份转让系统挂牌公司转板上市的指导意见》，明确了转板上市的程序，资本市场各板块间的转板对接机制开始形成。资本市场板块层次、发审制度以及板块衔接制度的完善为高科技创新型企业的投资退出奠定了良好的基础。

S 基金为创新转化基金的 LP 投资者在基金到期之前实现收益提供了可行的路径，LP 投资者根据自身的财务状况、融资约束、投资计划等，将所持有的私募股权投资基金份额转让给其他的 LP 机构投资者或者个人投资者，实现创新转化投资的提前回收。S 基金的发展缩短了 LP 机构投资者的回报期，降低了技术创投的风险，并为大型机构投资者对创新技术、新兴行业的资产配置提供了灵活的工具，降低了盲池风险。盲池是指私募股权基金募资时，底层资产尚未确定，基金投资人对基金未来投资的底层资产存在盲区，S 基金通过在基金运营较为成熟的阶段介入，此时的投资组合质量、基金运营情况以及财务数据指标能够有效地帮助预测基金效益，提高基金收益的确定性。

第三节　创新转化融资管理

创新转化融资管理的基础是对机构投资者的资产配置策略、投资风格、资金来源等进行系统分析，进而提高融资效率。政府引导基金、上市公司、银行金融机构、非银行金融机构等机构投资者日益增多，为创新项目的融资

---

① 新华社. 习近平在 2021 年中国国际服务贸易交易会全球服务贸易峰会上的致辞［EB/OL］.（2021－09－02）［2021－09－02］. http：//www.gov.cn/xinwen/2021－09/02/content_5635041.htm.

提供了日益丰富的渠道。创新转化融资管理需要通过标准化和规范化的运作，降低融资风险，为创新转化投资提供稳定的资金支持。

一、机构投资者与创新融资

创新投资风险大、资金大、周期长的特点决定了普通投资者很难承受创新投资的风险，机构投资者是创新转化融资的主体。分析机构投资者的投资策略、资产组合模式以及资金属性是实现融资目标的基础。

（一）机构投资者资产配置

1. 资产配置理论

随着资产配置理论和投资实践的发展，机构投资者将私募股权投资等另类资产纳入其投资组合，最具代表性的是以耶鲁基金为代表的捐赠基金模式，通过加大私募股权基金的投资力度获得了长期的超额收益。耶鲁基金过去几十年的成功，激发了全球机构投资者对另类资产配置价值的重视，通过另类资产实现投资组合风险收益特征优化的资产管理模式，被称为捐赠基金模式。私募股权基金等另类资产的发展也使社保基金、政府基金等机构投资者有机会成为创新转化资金供给的主体。

机构投资者的战略资产配置和战术资产配置贡献了90%以上的收益，恒定混合策略、现代投资组合理论、因子投资理论等构成了机构投资者资产配置理论的核心。20世纪60年代兴起的恒定混合策略追求投资种类最大限度的分散化，以降低资产组合的波动性，最经典的恒定混合型配置策略包括等权重投资组合（Equally-weighted Portfolio）策略和60/40投资组合策略。等权重投资组合策略是在有N种可投资的风险资产时，保持每种资产的投资权重为1/N。60/40投资组合策略是指将资产的60%配置于股票，而将剩余的40%资产配置于债券，从而达到分散投资风险的目的。

现代投资组合理论以资产间的相关性分析为基础，通过收益相关性较低的资产进行组合对冲非系统性风险，通过收益均值和标准差的分析，选择预期报酬下期望风险最小，或在给定的组合风险下，期望投资收益最大的组合。一些研究者在均值—方差模型的基础上又陆续开发出新的优化模型，如布莱克—利特曼（Black-Litterman，BL）模型等，由布莱克与利特曼就职于高盛公司期间提出，现已成为不少资产管理机构进行资产配置的主要工具。这一模型的核心是导入投资者对某项资产收益率的主观判断，从而将根据市场历史数据计算的客观收益率和投资者的主观看法结合在一起，形成一个新的市场收益预期，最终使得模型输出结果更加稳定和准确。

各类资产之间的相关性不稳定，原本相关性较低的资产在极端金融事件冲击下相关性大幅提高，导致投资分散化的效果大打折扣。在这种情况下，投资者开始重新思考驱动各类资产风险收益特征变化的深层次因素，因子投资思想和方法逐渐走上台前。在因子投资的视角下，资产配置的关键不是各类资产的分散化，而是各类因子的分散化，因子是能够驱动股票、债券和其他资产收益变化的深层次和持续性因素，资产配置的中心工作需要围绕因子的发掘、获取和管理展开。投资因子可以分为两大类：一是宏观因子，包括经济增长、实际利率、通胀、信用、流动性等；二是风格因子，包括估值、规模、动量等。宏观因子挖掘主要解决大类资产之间的相关性问题，风格因子主要关注资产类别内部的风险收益问题。因子思想最为人所知的应用在于风险平价策略，最早由桥水基金创始人达里奥在 20 世纪 90 年代的全天候（All Weather）策略中实践，风险平价策略的核心是在经济增长和通货膨胀两个因子维度实现资产的均衡配置，实现资产组合在各经济环境下稳定盈利。

以天使基金、风投基金、PE 基金等为代表的私募股权基金可以作为机构投资者配置的另类资产，与标准化的金融资产具有不同的收益和风险特征，并且与传统类别资产的相关性较低，机构投资者配置私募股权基金可以改变投资组合的收益曲线。私募股权投资等另类资产由于流动性较差、投资周期较长，更适合长期资金的配置，如社保基金、政府基金等。

2. 机构投资者实践

机构投资者作为创新转化资金来源的主体，主要通过三种方式实现对创新项目的支持，包括投资私募股权基金、投资二手基金、项目直投与跟投，不同类型的机构投资者结合投资目标、资金性质以及风险偏好选择不同的创新项目与投资方式。国内的机构投资者主要包括政府引导基金、保险机构、银行的理财子公司、社保基金等，由于监管约束和自身禀赋的差异，不同类型机构采用的投资方式各具特点。

政府引导基金一般多采取直接股权投资的方式，购买标的项目的收益权份额或标的公司的所有者权益份额，以股东或合伙人的身份参与项目，通过分红或股权溢价获得收益。近年来，随着 S 基金的兴起，一些政府引导基金也开始尝试 S 基金模式。在完成投资后，除了以出资人身份参与股东会议或者合伙人会议、委派监事或董事等手段外，政府引导基金通常还会设置相应的干预机制，对基金运作保留一定的话语权，包括加入投决会或管委会、设置一票否决权、设置返投比例等具体方式。

保险机构对私募股权投资的力度持续加大，主要有两种方式：一是自主开展直接股权投资，如中国平安、中国人保、中国人寿等大型保险机构都拥有专门的股权投资平台，股权投资通常为满足负债端要求的财务投资，但也有部分投资立足于业务或战略协同；二是委托私募基金管理人进行股权投资，具体为通过出资成为有限合伙人（LP）的方式与知名大型私募股权基金管理人合作开展投资。

对于银行理财子公司，其参与股权投资的方式主要为发行私募理财产品。与保险机构类似，银行参与私募股权投资的方式也分为两种，即直接股权投资和委托投资，其中限于自身直接股权投资力量不足，又以后者为主要模式。

全国社保基金理事会已发展成为国内最大的 LP 机构投资者，共投资超过 40 只股权基金，累计认缴出资近千亿元，穿透投资了近千个项目。社保基金重点投资成长期股权投资，注重"投资、管理、退出"全流程的协同管理，通过对 GP 的有效激励，完善基金治理结构和监督机制，缓解基金运营过程中的信息不对称问题，通过对投后管理体系的跟踪和动态调整，规避运营过程中潜在的风险。

（二）机构投资者投资组合

机构投资者基于资产配置理论进行投资组合构建，投资多个私募股权投资基金份额，作为机构 LP 参与基金运营。机构投资者关于创新转化项目的投资标准和评价体系影响了创新转化项目融资的可行性。

1. 创新转化投资标准

政府引导基金、社保基金等机构投资者都建立了关于创新转化私募股权投资基金的投资标准，这是获得较高投资收益的基石。机构投资者进行分散化投资，要从投资能力、运营能力、激励机制、规范运作四个方面进行分析而筛选出合适的 GP 管理人。投资能力包括未来经济洞察能力、投资策略制定及执行、创新项目挖掘能力等；运营能力包括丰富的投资项目储备、良好的历史业绩、明确的募集方案、良好的基金治理结构与投资人结构、优秀的管理团队等；激励机制包括具有与投资风险相匹配的预期收益水平、明确的投资策略、合理的基金期限、合理的收益分配和管理费收费机制；规范运作包括符合监管部门批准的投资范围、科学有效的组织架构、完整的规章制度等。

由于创新转化股权投资相比发展期和成熟期的企业具有更大的失败风险，机构投资者在不断调整完善投资标准的基础上，通过调研、访谈、第三方信息核验、大数据分析等手段，客观评价创投项目的真实价值和技术转化成功率，揭示投资风险，制定完善的投资决策。

2018 年《资管新规》最终版颁布，作为首个横跨各类机构的规范章程，《资管新规》以严控风险为底线，对于规范 VC/PE 基金期限错配作用很大，过去理财资金以滚动发行、开放式资金池的方式匹配股权投资的操作空间被完全禁止。LP 投资者普遍提高了对基金募集情况的重视程度，关注其他 LP 的资金性质、投资诉求、持续出资能力、特殊权利（如地方引导基金要求的返投比例）等。随着私募股权投资基金越募越大，基金规模与管理能力是否匹配、是否储备了较多的创新转化项目、管理团队对技术前沿的了解程度等都成为 LP 对创新转化投资 GP 管理人重点考察的内容。

2. 投资机构评价体系

技术创新转化投资需要更长的投资期和风险容忍水平，制定客观合理的评价体系对创新转化投资的成功至关重要，创新转化基金底层资产为非标资产并且流动性差，公开市场投资策略和组合构建理论缺少适用的前提，连续交易数据的缺失导致投资风险收益特征很难通过传统资产配置理论中的均值、方差等指标直观刻画，也很难利用单一指数（如夏普比率、特雷诺指数、信息比率等）进行衡量。投资机构在创新转化项目顺利推进的过程中发挥了关键作用，关于创新转化投资机构的评价要从定性与定量相结合的角度出发，定量分析主要关注历史业绩，定性分析用于评价投资能力、投资经验以及管理能力与创投项目风险的匹配程度。

创新转化投资项目需要穿透底层资产来全面分析基金的内部收益率（Internal Rate of Return，IRR）、投入资本总值倍数（Total Value to Paid-In，TVPI）、投入资本分红率（Distribution over Paid-In，DPI）等业绩指标。在具体实践中，机构 LP 往往会要求向其募资的 GP 提供全部的历史基金业绩，包括各基金成立年份、基金规模、项目投资情况、基金退出情况等；在项目投资信息中，会要求 GP 提供项目投资时间、投资金额、投资角色（领投还是跟投）、投资收益等信息。对于初创期的技术转化项目，现金大量流出，净内部收益率（Net Internal Rate of Return，NIRR）普遍为负，除非有股利分红，DPI 一般为 0，LP 机构投资者对 GP 的评价以 TVPI 为主，以 NIRR、DPI 为辅。对于技术转化后期的项目，有一定的投资收益并向 LP 分配，NIRR 大幅度提升，一般以 NIRR 作为评估的基准指标，同时兼顾 DPI 和 TVPI，对处于不同生命周期的创投项目，LP 机构投资者应综合使用多种不同的评价指标。

LP 投资者需要在量化评价体系的基础上，针对创新转化项目的特点完善定性的评价体系，定性的评价体系要覆盖项目的全生命周期，兼顾风险投资、PE 基金等的运营特点，以及创新转化投资的宏观影响和微观绩效。LP 可以从投资策略执行、投后增值服务、风险管控等方面设置定性指标，在投资策略执行维度包括基金投资的年份、地域、行业阶段等是否明显偏离募集说明书；投后增值服务方面是否设置了专门团队、采取了哪些措施、执行效果如何、是否能提供跟投机会、是否开展专户投资等；在风险管控方面，定性评价指标主要包括管理机构战略定位及调整、市场化程度及激励机制、关联交易和利益冲突事项是否提交基金咨询委员会审议、是否及时处理了 LP 违约事件、是否按协议进行了提款和分配、基金估值和审计是否规范、定期报告或报表是否按要求及时提供等。作为创新转化投资重要融资方的机构 LP 与 GP 管理人的关系日益多元化，由盲池基金起步，到多产品组合，到"基金投资＋跟投"、专户投资，再到定制化产品，甚至还可能发展到共同开发新产品，GP 与 LP 的战略协同能力、业务协作能力以及赋能增值能力逐渐成为成功融资的重要影响因素。

二、创新转化融资的流程

创新转化一般采用私募的方式进行融资，即采用非公开发行方式向符合国家规定的合格投资者募集资金，由私募股权基金等投资机构进行融资流程的组织和实施，具体内容一般包括前期准备、募集说明书、路演、投资意向、签约合伙协议并认缴出资、注册并运行六个步骤（刘曼红和林博，2011）。

（一）前期准备工作

前期准备阶段的工作目标包括确定投资者引进策略、确定预期融资金额、确定融资工具及投资者范围、成立负责融资的项目小组。前期准备工作的主要任务包括聘请会计公司整理账务；聘请财务顾问、法律顾问制定投资结构；筛选会计师、资产评估师中介机构；进行估值测算；确认估值及确定投资者标准；做好投资计划和准备必要的文件：保密协议、信息备忘录、投资框架协议等。

（二）募集说明书

募集说明书是筹资者向投资者发出的要约，也是向投资人的初步承诺。一般而言，募集说明书包括以下内容：

1. 投资介绍

鉴于一些投资者对投资的相关知识和投资的形式并不了解，需要对投资项目进行一些基本的介绍。

2. 筹资人/基金管理公司介绍

基金管理公司介绍一般涉及筹资人的背景、经营记录和业绩、管理团队成员以及主要业绩、主要成功案例等内容。

3. 资金募集条款

资金募集条款一般包括基金组织形式、资金规模、基金份额、出资方式、存续期限、合伙人会议、投资决策、管理模式、资金监管、报告制度、管理费率、业绩奖励等内容。

4. 募集资金的运作模式

募集资金的运作模式包括设立形式、委托管理、管理报酬、跟投制度、风险控制等。

5. 基金如何投资

基金如何投资包括投资策略、投资分类、投资组合、投资标准、投资程序、投资决策、投资管理、风险控制制度等内容。

（三）路演

筹资企业/投资机构向潜在投资者进行路演，即现场演示的方法，向潜在的投资人介绍创新转化项目的具体情况、市场前景以及潜在投资收益等内容，目的是尽可能多地与潜在投资者达成投资意向，完成创新项目的融资。

（四）投资意向

随着募集说明书的发出和路演，有意向的投资者将会表达出投资意向，并对关心的问题进行详细调研，筹资企业/投资机构要对这些问题做出详尽解答和释义，将投资者的投资意向转化为真正参与投资。筹资人/风险投资管理机构在这一阶段的目标是与尽量多的潜在投资者签订投资意向书，投资意向书是向投资者发出的一份初步的投资意向合同。

（五）签约合伙协议并认缴出资

所有的投资人，包括有限合伙人和普通合伙人，将共同签订合伙协议，并认缴出资。

（六）注册并运行

根据合伙协议，认缴资金到位后，根据法律和工商管理规定进行注册登记，由基金管理人进行具体的项目投资与资本运作。注册登记后，首先选定基金未来实行资金托管的银行，其次与银行签署意向协议，最后召开基金发布会，会后基金管理人根据创新转化投资战略筛选投资项目，并提交拟投资项目的基础资料给投资决策委员会。

三、融资规范及合同条款

实现创新转化规范融资的基础是通过制定较为完备的合同，明确融资方和投资方的权利义务，防范委托代理风险。创新转化的融资多以私募股权投资基金的形式组织，股权基金具有非标属性，每只基金的合同都不相同，正如机构有限合伙人协会（Institutional Limited Partners Association，ILPA）在发布《ILPA 原则 3.0：促进透明、治理以及普通合伙人与有限合伙人的利益一致性》时所指出的那样，LP 不应将该原则作清单使用，因为每只股权基金都应独立、整体地进行考量（刘寒星等，2021）。

ILPA 是一家全球性的机构有限合伙人协会，起源于一个由几十个 LP 组成的非正式的网络俱乐部。截至 2019 年，其已经发展到覆盖全球 50 多个国家和地区的 500 多家机构 LP，这些机构 LP 投向私募股权领域的资金超过 2 万亿美元，在全球机构 LP 中占比超过 50%（刘寒星等，2021）。ILPA 的会员包括公共养老金、企业年金、捐赠基金会、主权财富基金、家族办公室、保险和投资公司等投资机构。2009 年 9 月，立足于促进 LP 和 GP 在私募股权基金层面的利益一致性，ILPA 发表了《ILPA 原则 1.0》。随后，ILPA 征求了 LP 和 GP 的反馈意见，于 2011 年发布了《ILPA 原则 2.0》，以解决更多实际问题。2019 年，ILPA 综合考虑私募股权基金行业发展的最新情况和监管政策的影响，推出了《ILPA 原则 3.0》。ILPA 强调，《ILPA 原则 3.0》的提出，旨在帮助 LP 和 GP 建立合同谈判过程中的基础共识，并以此促进 GP 和 LP 在基金募资过程中实现高效沟通，但 LP 不应将该原则作为清单使用，因为每只股权基金都应独立、整体地进行考量。《ILPA 原则 3.0》包括原则概要、GP 和基金经济机制、基金期限和基金结构、关键人士、基金治理、财务信息披露、通知和政策披露、向 LP 的信息披露八个主要关注点。

LP 机构投资者与 GP 管理人的战略一致性、利益一致性以及目标一致性对创新转化投资基金的稳定运作至关重要，合同条款的制定要充分考虑技术转化项目的时间周期、潜在风险以及预期收益，需要结合具体的创投项目制定更具前瞻性与长期性的合同条款。可以关注的内容包括：①明确创新转化投资机构跟投出资的比例和金额，通过提高投资机构的跟投出资比例，实现与 LP 机构投资者利益的绑定；明确基金延期的规定，针对创新转化项目无法按时退出的情况，提前约定基金期限外延的协议。②明确投资方式等方面的限制条款，真正发挥资本支持科技创新的作用，主要投资初创期高科技企业的权益类资产，夹层投资、标准化证券产品投资等要有比例限制，不得过度集中投资于单一行业和单一项目等。③核心人员锁定的条款，通过制定条款锁定管理机构中掌握技术创新项目核心信息人员的服务期限。④对利益冲突的规定，如果管理人旗下管理多只股权基金，则应有明确的投资机会分配机制。⑤对关联交易的规定，管理人须经合伙人会议或咨询委员会批准后方可对关联方的创新创业项目进行投资。⑥信息披露方面的要求，机构 LP 投资者不仅需要获取定期的财务报告，还需要获取关于技术发展前沿、替代技术发展情况、技术研究进展等方面的信息。⑦其他要求，如果机构 LP 在投资项目、权益转让等方面有相应的监管要求，那么也可要求管理人在合同协议中预留未来的操作空间。

创新转化项目具有异质性、独特性与非标性，合同内容的不完备性成为创新转化融资的主要特征，在签订融资条款的过程中，须利用规范性的合同条款作为协议谈判的起点，保持合同内容的灵活性，促进技术转化项目的顺利落地。

四、创新转化的融资方式

采取不同的投资策略，所面临的投资风险、投资周期、资金需求具有较大差别，所以在不同的投资策略下所选择的融资方式也不同。本节将融资方式与创新转化投资策略相匹配，分析在不同投资策略下可采用的融资方式。

（一）与常规型创新投资匹配的融资方式

常规型创新投资可视为对既有产品线和业务模式的扩张投资，新增投资的结构与现有的资产结构相匹配，投资收益与企业目前的盈利能力高度相关，投资风险较小。其所对应的融资方式有产业链融资、"债贷结合"企业债券、中小企业"信贷工厂"融资等（吴维海，2019）。

产业链融资是指金融机构分析整条产业链上的企业状况与一体化程度，通过掌握核心企业的财务状况、信用风险、资金实力等信息，对产业链上的多个企业提供金融产品和服务的一种融资模式。

"债贷结合"企业债券是指银行通过代理公司发行中期票据，与贷款发放结合，满足特定企业经营管理资金需求的金融产品。

中小企业"信贷工厂"融资指地方政府为了支持中小企业发展，联手银行等投资机构，打造中小企业"信贷工厂"，为地方企业提供标准化服务，发挥地方政府的组织优势与银行的资金优势，建立中小企业代理机构与银行各网点对接的机制，采用工厂式的流水线运作和专业化的分工，专门针对中小企业提供小额贷款的融资模式。

（二）与颠覆型创新投资匹配的融资方式

颠覆型创新投资以市场营销拓展、组织架构调整、管理资源整合等软实力为投资重点，资金需求量大，需要短期内投入大量的资金以快速占领市场，获取竞争优势。颠覆型创新投资的退出以市场份额扩张换来的估值提升为基础，投资风险较大。其所对应的融资方式有对赌协议融资、"三表"融资、中小企业"统贷统还"融资、"国开行统贷统还"融资等。

对赌协议融资指投资方和融资方达成某种条款与协议，如果约定条件出现，投资方有权行使某种权利，如果约定条件没有出现，融资方行使约定的权利，进而达成对融资企业或特定项目进行投资的一种融资模式。对赌协议广泛运用在高风险项目的资本运作领域。

"三表"融资指商业银行或小贷公司等金融机构为了解决中小微企业的财务报表缺失、财务资料不规范、业务规模小，盈利能力难以核实等融资制约瓶颈，以小微企业等的水表、电表、税表（"三表"）作为财务审核和盈利能力预测的基础，对特定申请主体进行贷款调查，进一步确定融资额度、融资价格和融资条件的一种创新型融资模式。

中小企业"统贷统还"融资指为了解决中小企业的资金需求，采用中小企业担保公司、国家开发银行或其他银行、政府三方共同承担风险的方式，以单户贷款不超过规定额度，多家中小企业抱团贷款为主要模式，通过助贷机构专门解决中小企业的融资难问题。

"国开行统贷统还"融资是指国家开发银行为了解决中小企业融资难的问题，通过构建社会各方参与的合作机制和内部管理体系，用批发和标准化的方法解决中小企业融资的业务零售问题，用统一的标准解决中小企业的共性融资问题，提高融资效率，支持中小企业发展。

（三）与激进型创新投资匹配的融资方式

激进型创新投资的主要内容则是对技术研发的投资，技术创新具有长期性和不确定性的特征，投资回收期长，并且需要资金的持续投入，短期内很难形成投资收益。与其所对应的融资方式有新三板、私募股权、私募基金、私募债、软件企业"资金池"融资等融资方式。

新三板，也称"代办股份转让系统"，股票来源有主板退市股票、原法人股市场关闭后转来的股票、一些直接上该板的科技公司股票。新三板与以前的老三板最大的不同是配对成交，现在设置30%的幅度，超过此幅度要公开买卖双方信息。新三板主要为创新型、创业型、成长型中小微企业发展服务，这类企业规模较小、尚未形成稳定的盈利模式。新三板的投资者以机构投资者为主，这类投资者具有较强的风险识别与承受能力，投资周期长，适合为激进型创新融资。

私募股权融资指通过私募形式对私有企业，即非上市企业进行的权益性投资，在交易实施过程中一并考虑了通过上市、并购或管理层回购等方式，出售持股获利的退出机制。私募股权按照投资阶段可以划分为创业投资、发展资本、并购基金、夹层资本、重振资本、Pre – IPO 资本、上市后私募投资、不良债权、不动产投资等。

私人股权投资（又称私募基金）是指对任何一种不能在股票市场自由交易的股权资产的投资。被动的机构投资者可能会投资私人股权投资基金，然后由私人股权投资公司管理并投向目标公司。私募基金多采取权益型投资方式，较少涉及债权投资。PE 投资机构对被投资企业决策管理享有一定的表决权。反映在投资工具上，多采用普通股、可转让优先股或可转债的工具形式。私募基金一般投资于私有公司，即非上市企业，投资期限长，一般 3～5 年或更长。

私募债指发行者向有特定关系的少数投资者发行的债券。私募债券的发行相对公募而言有一定的限制条件，私募的对象是有限数量的专业投资机构，如银行、信托公司、保险公司和各种基金会等。

软件企业"资金池"融资指地方政府、开发区或软件园为了解决当地软件企业经营发展急需的资金，与商业银行、软件园区、信用担保机构等多方联合，遵循优势互补、平等自愿、诚实守信的原则，设立软件企业资金池，为轻资产、重科技的软件企业增信，进而为软件企业提供银行贷款等资金融通的融资模式。

（四）与结构型创新投资匹配的融资方式

结构型创新融合了重大技术和商业模式变革，需要企业研发新技术，开拓新的市场盈利模式，这类创新投资的资金量最大，投资周期最长，具有较大的投资风险。与其所对应的融资方式有产业投资基金、众筹、风险投资、股转 PE 融资、整体授信融资等。

产业投资基金是一大类概念，一般指向具有高增长潜力的未上市企业进行股权或准股权投资，并参与被投资企业的经营管理，以期所投资企业发育成熟后通过股权转让实现资本增值。根据目标企业所处阶段不同，可以将产业投资基金分为种子期或早期基金、成长期基金、重组基金等。

众筹，译自 Crowdfunding，即大众筹资或群众筹资。融资者借助于互联网上的众筹融资平台为其项目向广泛的投资者融资，每位投资者通过少量的投资金额从融资者那里获得实物（如预计产出的产品）或股权回报。

风险投资，根据美国全美风险投资协会的定义，风险投资是由职业金融家投入到新兴的、迅速发展的、具有竞争潜力的企业中的一种权益资本。风险投资是把资本投向蕴藏着失败风险的高新技术产品研究开发领域，促使高新技术成果商品化、产业化，以取得高资本收益的投资过程。

股转 PE 融资指企业通过购买股份，转换为公司股东，通过被投资公司的新三板上市等实现顺利退出的一种融资新模式，LP 换股成为股东，出现了 LP 退出方式的转变，公司通过登陆新三板，LP 转换的份额短期内可以通过股转系统转让完成退出。例如，九鼎于 2014 年 6 月发布第一次定增方案，以 LP 换股的形式，涉及金额 35.37 亿元。

整体授信融资指银行为产业聚集区或工业园发放的，专门支持特定产业或园区的贷款，可以按照产业园、特定行业等分类进行整体授信。工业集中区整体授信融资指银行为地方政府或园区的工业集中区发放一定的年度授信额度，用于园区和产业聚集区的基础设施建设和企业融资，支持工业集中区建设与发展。

第四节　创新转化投融资管理的问题与展望

以资本赋能创新转化需要在融资端培育聚焦于新技术的长线资金、拓宽资金来源，发展长周期和多元化的融资生态；在投资端加强深度科学领域的投资力度，更加关注对技术创新企业初期发展阶段的投资。本节在分析创新转化投融资管理现状的基础上，对创新转化投融资的优化发展进行了展望。

一、投融资管理存在的问题

我国创新转化投资快速发展，但也存在长期资金不足、机构规模分化以及追求短期收益等问题，融资端缺少能承担创新转化风险的长线资金、头部投资机构垄断行业资源，机构追求短期收益的投资偏好明显，影响了创新转化投资的高质量发展。

（一）创新转化长期投资不足

我国创新转化投资的发展时间较短，关于投资机构的公开数据和研究资料较少，资金提供者与投资机构之间存在信息不对称和道德风险问题。创新转化投资机构的专业水平参差不齐，投资策略较单一，并且机构投资的羊群效应明显。创新转化投资风险较大，养老金、保险资金等长线资金不敢轻易参与创新转化投资。在经济下行阶段，资金流动性紧张，LP 的出资违约率不断上升，LP 出资直接影响到创新转化投资机构的设立与有效运营。长期资金不足是创新转化投融资管理面临的首要问题。

（二）投资机构规模分化严重

我国创新转化投资呈现头部机构越来越大的特点，部分大型投资机构近乎对市场形成了垄断，根据清科研究中心的数据，2019 年规模在 5 亿元以上的基金数量在私募股权投资市场中仅占 21.8%，却募集了整个市场 85.7% 的资金。头部基金规模偏大会影响 GP 与 LP 之间的利益一致性。当基金规模过大时，GP 管理人可以轻易收取较多的管理费，缺乏进行高风险和高收益创新转化投资的动力。对于有较高预期回报的项目，投资机构可能以剩余的管理费进行跟投，而不是以个人资金进行跟投，不利于对投资机构管理人形成有效的激励。规模较小的投资机构又无法匹配创新转化资金需求大、投资回收期长、收益不确定性高的要求，从而加剧了创新转化面临的融资约束。

（三）创新投资追求短期收益

受融资成本和运营期限的影响，投资机构过度关注短期内容易获得高估值的"互联网＋"项目和商业模式创新项目，追求资本市场溢价带来的财富效应，对前沿科学、"卡脖子"技术以及基础研发的投资不足。虽然国内专业的创新转化投资机构越来越多，但投资到前沿技术产业化领域的资金较少，专精特新、深度科学、关键共性技术、高端装备等领域的创新技术都需要投资机构的资金和专业资源，进而实现技术创新的产业化发展。

二、投融资管理的优化建议

（一）完善创新转化投资业务链

创新转化投资是一个复杂的业务链条，涉及多个市场主体和业务环节，包括 GP、LP、被投资企业、投资机构、中介机构、监管部门、资本市场等多个利益相关方。我国创新转化投资业务链的各环节须在目前的发展阶段上进一步完善，增加各环节之间的业务协同性，为投资基金多环节多模式退出提供可行措施，吸引更多长期资金投资创新转化项目。

资本市场是实现创新转化投资退出的主要环节，资本市场改革迅速推进，北交所、科创板、公募 Reits^① 等一大批改革举措相继推出，推动资本市场注册制改革，直接融资比重快速提升，发挥资本市场对科技创新的促进作用，为创新转化投资提供了更加丰富的退出渠道。我国资本市场资源配置、发行机制、融资效率的提升将进一步促进创新转化投资业务链的发展。

机构投资者的资金来源日益丰富，包括养老基金、地方政府、金融机构、大型产业集团、高净值个人等，这些规模庞大的资金需要借助专业的投资机构才能配置到最有发展潜力的创新企业中去，母基金成为链接基金管理人和社会资本的纽带，国资基金的市场化运作与市场化基金的发展壮大将引导更多的长线资金、大规模的社会资本流向股权投资领域，为创新转化项目提供充足的资金支持。

（二）创新转化投融资一体化发展

随着国内资产管理行业的发展，FA^②、GP 和 LP 三者的业务边界已越来越模糊，投融资一体化的发展趋势日益明显。投融资一体化是快速提升中小投资机构规模，均衡行业资源的重要措施，有三种延伸模式：第一种是资产端到资金端，许多 GP 管理人已经积累了规模庞大的资金，完全有实力依靠自有资金进行投资，不仅进行直接投资，还会投资其他的非标产品，实现资产规模的迅速扩张，成为其他中小型投资机构的资金供给方；第二种是资金端到资产端，LP 机构投资者在与 GP 管理人合作的过程中，完善了自身的业务资源网络，培养了专业的投资队伍，LP 为了扩大投资收益，依托资金优势开展的直投的项目越来越多，形成了长期发展的趋势；第三种是以财务顾问（Financial Advisor，FA）为核心构筑的创新转化投融资生态，由于 FA 既服务于投资方机构也服务于融资方机构，并且财务顾问机构承担了创新转化投资

---

① 基础设施公募 REITs 是指依法向社会投资者公开募集资金形成基金财产，通过基础设施资产支持证券等特殊目的载体持有基础设施项目，由基金管理人等主动管理运营上述基础设施项目，并将产生的绝大部分收益分配给投资者的标准化金融产品。

② 财务顾问（Financial Advisor，FA），创投领域的财务顾问须同时面对资金提供方与资金需求方，给投资机构提供优质项目，给资金提供方推荐优秀的投资机构，扮演着一个既懂行业又懂资本运营的专业角色。

项目的尽职调查、估值分析、交易方案设计等环节的工作，对创新转化项目占有更丰富的信息，许多 FA 机构利用信息优势与专业服务优势对创投项目进行直接投资。

资产管理规模是资管行业业绩评价的重要指标，许多创新转化投融资机构探索快速扩大资产管理规模的投资策略与运营模式，转型 FOF 基金成为当下的流行趋势，S 基金的快速发展更是为 FOF 基金的投资退出奠定了基础，降低了 FOF 基金运营的风险，并且也出现了专注于 S 基金策略的 FOF 基金。生物医药、纳米材料等创新转化的细分领域具有较高的技术壁垒，行业投资资源掌握在较少数的"专家投资人"手中，形成了一批专业子基金，FOF 基金可以通过投资这些专业子基金将其纳入自身的投资生态，FOF 基金的繁荣加快了创新转化投融资一体化的进程。

（三）创新转化投融资特色化发展

为实现经济创新发展和产业链迈向中高端，各级政府和大型企业成立了规模庞大的产业基金，引导社会资本的优化配置，促进企业集团做大做强。按出资主体的不同可分为政府产业基金和企业产业基金，这些产业基金多聚焦于战略新兴产业，进行专业化与特色化的发展。例如，2018 年 1 月成立的山东省新旧动能转换基金，其主要的投资领域聚焦在新一代信息技术、高端装备、新能源新材料、智慧海洋以及医养健康五大新兴产业。

政府产业基金和企业产业基金的专业特色化发展对技术创新转化形成了不同的效果。政府产业基金加速了新兴产业和高技术产业的集聚，促进技术研发和商业化，"产业 + 基金招商"的新模式在创新资源聚合方面发挥了重要的作用。广州新兴产业发展引导基金曾与三一重工共同孵化了数控互联公司，三一重工把数控互联的总部从长沙迁到了广州，广州新兴基金与三一重工成立了 40 亿元规模的广州工业互联网基金，三一重工也在广州成立了工业互联网产业联盟，形成了集聚效应，并辐射了相关产业。企业级产业基金利用自身的资金优势，对风险较小的成熟期项目进行直接投资，对高风险的创新项目选择专业的 GP 管理人进行投资，通过挖掘优质的创新转化项目，提高了技术壁垒，与自身业务形成协同效应，增强了竞争优势。首钢基金投资的 GP 组合主要聚焦在 A 轮融资或更早期的项目，先后投资了北汽新能源、药明康德等高技术企业。

科技成果产业化引导基金在推动科研一体化、加速科技成果转化方面更是发挥了重要的作用，通过设计科技成果转化基金吸引社会资本，利用投资机构的专业优势为被投资的项目和企业赋能，吸引科研院所落地和科研成果当地转化，形成产业基金、社会资本、产业方、高校和研究机构之间的闭环，实现产学研一体化发展。2018 年，广州设立总规模 50 亿元的科技成果产业化引导基金，2019 年 10 月，安徽设立 20 亿元的科技成果转化引导基金，科技成果产业化引导基金已成为促进科技成果转化的重要举措。

案例 1

再鼎医药

再鼎医药创立于 2014 年，是一家专注于研发治疗癌症、自身免疫和感染性疾病药物的创新型生物制药公司。再鼎医药的创始人杜莹博士是美国辛辛那提大学的生物化学博士，中国生物医药产业的领军人物之一。再鼎医药创立后，引领了一种备受市场认可的业务模式，即"VIC 模式"。所谓 VIC，即"VC（风险投资）+ IP（知识产权）+ CRO（研发外包模式）"。采用 VIC 模式的公司，出于保护知识产权的目的，会组建独立的团队承担新药研发过程中的基础研究工作，即自主操作早期验证阶段的实验室工作。一旦确定先导化合物，公司就会把所有的开发工作外包给研发服务外包机构。在新药的开发阶段，需要实验设备和专业的科研团队，大多数中小型制药公司甚至大型跨国药企都不具备或者根本不需要投资建立专有的实验设备和科研开发团队。VIC 模式让创新药物生产全过程的各种要素实现更加合理的分工协作，降低了新产品的研发风险，加速了创新药物的产品化、产业化和证券化，让专业的人做专业的事，为新药研发提速以实现多方共赢。

再鼎医药的 VIC 模式既充分利用了 VC/PE 等投资机构的市场前瞻能力，利用资本促进知识产权的商品化，也充分利用了医药制造行业丰富的研发外包服务资源。再鼎医药是国内实行该模式企业中的典型代表，市场一度将"VIC 模式"称作"再鼎模式"。

资料来源：北京创投咨询有限公司. 中国 PE/VC 经典投资案例集［M］. 北京：清华大学出版社，2020.

案例 2

商汤科技

商汤科技成立于 2014 年，是计算机视觉和深度学习领域的算法提供商，基于其自主研发的深度学习平台提供人工智能服务产品。商汤科技从零开始研发底层技术，在公司成立前的 2011～2013 年间，全球计算机视觉 ICCV/CVPR 顶级会议中，深度学习领域共有 29 篇论交，商汤科技团队占了 14 篇，为了延续这种学术上的优势，公司把领域内的所有顶尖科学家全部收入席下，具有大量深度学习领域的人才，搭建起了从应届毕业生到技术专家的人才梯队。这期间，商汤进行了大量的研发投入，资金的提供者主要是各类风险投资基金，截至 2018 年 5 月，商汤科技总融资额超过 16 亿美元，估值超过 45 亿美金。2019 年 9 月 5 日，商汤科技联合创始人、首席执行官徐立在接受媒体专访时表示，商汤科技累计已完成超 30 亿美元总融资，2019 年估值超过 75 亿美元。

商汤科技之所以获得大量资金和较高的市场估值得益于其具有以下几个核心亮点：一是技术能力，商汤的人脸识别算法超过同期 Facebook 的准确率，在人工智能图像识别大赛上，表现仅次于谷歌，在 ImageNet 国际计算机视觉挑战赛中获检测数量、检测准确率两项世界第一，成为首家夺冠的中国企业。二是产品落地能力，在人脸算法识别的准确率超过 99% 后，商汤迅速投入不同领域的应用开发，如医疗诊断、商品识别（车型、衣帽服饰、药品包装、酒类）、动植物识别等。随着算法的公开，细分领域的识别准确率更依赖精确标注的数据，在结构化数据沉淀比较好的行业，视觉识别得到快速发展，商汤据此迅速推出了针对各行各业的应用。据报道，2017 年商汤实现了全面盈利，是头部 AI 公司中为数不多的盈利公司。三是业务增长能力，几轮融资高估值的背后，都伴随着业务拓展和经营数据层面的良好表现，2017 年商汤在获得创行业纪录的 4.1 亿美元融资之前，在 2016 年的客户和业务量相比于 2015 年实现了数十倍的增长，2015～2017 年商汤的业务营收连续三年保持 400% 同比增长。

资料来源：中国证券投资基金业协会. 全球创投风投行业年度白皮书（2020）［EB/OL］.（2020 - 05 - 08）［2021 - 01 - 20］. https：//www. baogaoting. com/info/539.

思考题：

1. 创新转化投资战略按投资方向可分为哪些类型？各类型的主要内容是什么？

2. 创新转化投资机构的退出方式有哪些？退出方式的主要内容是什么？

3. 如何通过尽职调查甄别创新转化项目的价值？如何对扩张期科创企业

进行估值?

4. 与结构性创新投资匹配的融资工具有哪些?

5. 创新转化融资合同需要重点关注的主要内容有哪些?

参考文献

［1］陈希, 徐洋. 科创企业估值方法研究［R］. 上证研报, 2019（47）: 1 - 23.

［2］加里·杜什尼茨基, 余雷, 路江涌. 公司创业投资: 文献述评与研究展望［J］. 管理世界, 2021（7）: 198 - 216.

［3］［美］加里·皮萨诺. 变革性创新: 大企业如何突破规模困境获得创新优势［M］. 北京: 中信出版社, 2019.

［4］刘寒星, 等. 中国私募股权投资［M］. 北京: 中国人民大学出版社, 2021.

［5］刘曼红,［美］林博. 风险投资学［M］. 北京: 对外经贸大学出版社, 2011.

［6］马军, 宋辉, 段迎晟. 科技投资新时代: TMT 投资方法、趋势与热点聚焦［M］. 北京: 人民邮电出版社, 2018.

［7］吴维海. 企业融资 170 种模式及操作案例［M］. 北京: 中国金融出版社, 2019.

［8］Dushnitsky G. Corporate Venture Capital in the 21st Century: An Integral Part of Firms' Innovation Toolkit［M］//Cumming D. The Oxford Handbook of Venture Capital, 2012: 185 - 219.

［9］Klette T J, Kortum S. Innovating Firms and Aggregate Innovation［J］. *Journal of Political Economy*, 2004, 112（5）: 986 - 1018.

［10］Pisano G P. You Need an Innovation Strategy［J］. *Harvard Business Review*, 2015（6）: 2 - 12.

第八章

创新转化与知识产权

第一节 知识产权的内涵和分类

知识产权问题贯穿于创新转化的全过程。创新转化首先源于新智力成果的诞生，随后由智力成果的转化延续到产品设计、试制、生产直至营销和市场化的系列活动。智力成果创造与保护、成果创新过程中的风险承担、智力成果的权益归属以及利益分配、智力成果的转化与实施以及后续成果的权利归属等一系列特殊及复杂的问题，都直接或间接地与知识产权密切相关。

一、知识产权的内涵

关于知识产权的概念，有多种表述方式，大致可以归纳为三种。①知识产权传统上包括专利、商标和著作权三个法律领域，或者将专利权、商标权与著作权等结合在一起称为知识产权。②世界知识产权组织编著的《知识产权法教程》一书认为，知识产权的对象是指人的脑力、智力的创造物。我国1990年以来袭用世界知识产权组织提法编写的部分教材，为知识产权下的定义是：人们就其智力创造的成果依法享有的专有权利。③完全列举知识产权保护对象来表述知识产权概念，其代表是两部重要的国际公约，分别是《与贸易有关的知识产权协定》（Agreement on Trade-Related Aspects of Intellectual Property Rights，简称 TRIPs 协定）与《建立世界知识产权组织公约》。其中《建立世界知识产权组织公约》第2条第8款列举了多种类型的知识产权，包括有关下列项目的权利：文学、艺术和科学作品；表演艺术家的表演以及唱片和广播节目；人类一切活动领域内的发明；科学发现；工业品外观设计；商标、服务标记以及商业名称和标志；制止不正当竞争；以及在工业、科学、文学或艺术领域内由于智力活动而产生的一切其他权利。

2017 年我国颁布的《中华人民共和国民法总则》（现已废止），在第一百二十三条中明确了知识产权的法律定义，即"知识产权是权利人依法就下列客体享有的专有的权利：（一）作品；（二）发明、实用新型、外观设计；（三）商标；（四）地理标志；（五）商业秘密；（六）集成电路布图设计；（七）植物新品种；（八）法律规定的其他客体"。2020 年颁布的《中华人民共和国民法典》（简称《民法典》）延续了这一规定。

知识产权与物权存在差异，知识产权的价值源于客体的使用价值。按照经济学理论，物作为劳动产品，其价值中质的规定性取决于人的劳动，量的规定性则取决于生产该产品的社会必要劳动时间。物本身是价值的承载者，虽然也受市场供求关系的影响，但终究不能摆脱价值规律的制约。知识产权则不然，创造成果和商业标记等知识本身就是无价的。知识产权作为一项财产权，其价值是通过人们对其客体的利用而表现出来的。知识产权的价值的本质，源于特定知识的使用价值，知识产权价值的量的规定性，则取决于其使用价值的市场价格。由于创造成果和商业标记可以无限复制，所以权利人可以因复制品得以大量出售而获得财产收益。物通常会因使用而减损，导致价值减少。知识的使用非但不会造成知识及其利用价值的减少，反而会增加，这是知识产权和物权的重大区别。

二、知识产权的特征

关于知识产权的基本特征，学界通常将其概括为专有性、地域性和时效性。

（一）专有性

知识产权是一种专有性的民事权利，它同所有权一样，具有排他性和绝对性的特点。知识产权的专有性有其独特的法律表现：第一，知识产权为权利人所独占，权利人垄断这种专有权利并受到严格保护，没有法律规定或未经权利人许可，任何人不得使用权利人的知识产品；第二，对同一项知识产品，不允许有两个或两个以上同一属性的知识产权并存。例如，两个相同的发明物，根据法律程序只能将专利权授予其中的一个，而以后的发明与已有的技术相比，若无突出的实质性特点和显著的进步，就不能取得相应的权利。

（二）地域性

知识产权作为一种专有权在空间上的效力并不是无限的，而是要受到地域的限制，即具有严格的领土性，其效力只限于本国境内。知识产权的这一特点有别于其他财产权。一般来说，对所有权的保护原则上没有地域性的限制。而知识产权则不同，按照一国法律获得承认和保护的知识产权，只能在该国发生法律效力。除签有国际公约或双边互惠协定外，知识产权没有域外效力，其他国家对这种权利没有保护的义务，任何人均可在自己的国家内自由使用该知识产品，既无须取得权利人的同意，也不必向权利人支付报酬。

（三）时效性

知识产权不是没有时间限制的永恒权利，其时间性的特点表明：知识产权仅在法律规定的期限内受到保护，一旦超过法律规定的有效期限，这一权利就自行消灭，相关知识产品即成为整个社会的共同财富，为全人类所共同使用。这一特点是知识产权与有形财产权的主要区别之一。知识产权在时间上的有限性，是世界各国为了促进科学文化发展、鼓励智力成果公开所普遍采用的原则。知识产权时间限制的规定，反映了建立知识产权法律制度的社会需要。根据各类知识产权的性质、特征及本国实际情况，各国法律对著作权、专利权、商标权都规定了长短不一的保护期。

三、与知识产权相关的国际组织

（一）世界知识产权组织

世界知识产权组织（World Intellectual Property Organization，WIPO）是关于知识产权服务、政策、合作与信息的全球组织。截至 2020 年，WIPO 有193 个成员国，我国于 1980 年 6 月 3 日加入。其使命是领导发展兼顾各方利益的有效国际知识产权制度，让创新和创造惠及每个人。

在知识产权的国际协调机制中，世界知识产权组织发挥着无可取代的主导地位。在已经缔结的知识产权国际公约中，除 TRIPs 协定由世界贸易组织管理、《世界版权公约》由联合国教科文组织管理，其余全部由世界知识产权组织单独或参与管理（蔡四青，2007）。

世界知识产权组织设立大会与成员国会议，大会是 WIPO 的最高权力机构。成员国会议由全体成员国组成。除此以外，世界知识产权组织设立协调委员会和国际局，协调委员会是为了保证各联盟之间的合作而设立的机构，国际局是 WIPO 的常设办事机构（王玉清和赵承璧，2005）。

世界知识产权组织的起源与发展：1883 年《巴黎公约》和 1886 年《伯尔尼公约》签订后分别成立国际局执行行政管理任务。1893 年，两个国际局合并设立保护知识产权联合国际局，总部设在瑞士的伯尔尼；1967 年 7 月 14 日，巴黎联盟和伯尔尼联盟的 51 个成员国在瑞典首都斯德哥尔摩签订《建立世界知识产权组织公约》，建立了世界知识产权组织。1974 年 12 月，世界知识产权组织成为联合国系统的 16 个专门机构之一。总部设在瑞士日内瓦，在美国纽约联合国大厦设有联络处。1995 年 12 月，WIPO 与 WTO 在日内瓦达成《世界知识产权组织与世界贸易组织的协定》，进一步扩大了 WIPO 在知识产权全球化管理中的作用。

世界知识产权组织的目标：有志于在尊重主权和平等的基础上，为谋求共同利益，增进各国之间的了解与合作而贡献力量；有志于为鼓励创造性活动而加强世界范围内的知识产权保护；有志于在充分尊重各联盟独立性的条件下，使为保护工业产权和文学艺术作品而建立的各联盟的管理趋于现代化并提高效率。

（二）联合国教科文组织与国际劳工组织

联合国教育、科学及文化组织（United Nations Educational, Scientific and Cultural Organization, UNESCO）属联合国专门机构，简称联合国教科文组织。该组织成立于 1946 年 11 月，其宗旨为：通过教育、科学及文化来促进各国间之合作，对和平与安全作出贡献，以增进对正义、法治及联合国宪章所确认之世界人民不分种族、性别、语言或宗教均享人权与基本自由之普遍尊重。联合国教科文组织的基本目标之一就是保护文学、艺术和科学作品。

国际劳工组织（International Labor Organization, ILO）成立于 1919 年，是根据《凡尔赛和约》作为国际联盟的附属机构成立的组织。1945 年联合国成立后，ILO 成为其负责劳工事务的专门机构，总部设在日内瓦。其宗旨是：促进充分就业和提高生活水平；促进劳资合作；改善劳动条件；扩大社会保障；保证劳动者的职业安全与卫生；获得世界持久和平，建立和维护社会正义。

《罗马公约》：确保对表演者的表演、录音制品制作者的录音制品和广播组织的广播节目予以保护。公约的行政管理工作由世界知识产权组织、国际劳工组织和联合国教科文组织共同负责。

《录音制品公约》：每一缔约国均有义务为属于另一缔约国国民的录音制品制作者提供保护，以禁止未经制作者同意而进行复制，禁止进口此类复制品（如果这种复制或进口以向公众发行为目的），并禁止此类复制品向公众发行。公约的行政管理工作由世界知识产权组织、国际劳工组织和联合国教科文组织共同负责。

第二节　创新转化中的知识产权运用

创新转化的根本目的是将研发投入所产生的有效成果，转化为现实的生产力，促进经济的发展。从系统要素的角度考虑，创新成果是创新转化系统所需的第一要素，也是系统开始运行的出发点。没有成果，转化便成了"无米之炊"。而运用知识产权转化的方式也是多种多样的。

一、知识产权运用的必要性和关键要素

在当代，知识产权制度不仅是一种法律制度，更是一种管理与运营制度（刘海波和张亚峰，2017）。就企业层面来说，知识产权制度在企业中的贯彻，在很大程度上体现为企业对知识产权的科学管理（许可，2020）。知识产权管理具有目标柔性化和管理过程人本化的特点，前者是指知识产权管理目标的非确定性使其具有综合性，后者是指知识产权管理强调以人为本，它在相当大的程度上是通过对拥有知识的人的管理来实现的。知识产权是重要的经济资源，随着知识经济的到来，知识产权这一法学术语已经深入渗透到经济管理领域。知识产权作为企业无形资产的核心，是企业保持竞争优势和实现持续竞争力的关键要素和基本内核。企业是知识产权管理的核心，在知识产权管理中，企业占据极其重要的地位，任何形式的知识产权最终都要由企业去实现其价值。知识产权管理是企业对知识产权开发、保护、运营的综

合管理，是对知识产权所进行的系统化的谋划活动。知识产权经济衍生出了知识产权管理，知识产权管理的目的是配合知识产权产生经济价值。

知识产权运用有七大关键要素，包括技术评价网络、商业开发网络、专利布局、政府支持、资源获取能力、业务领域和运营模式。从知识产权运营的系统内部来看，关键的要素包括人、专利、资金、管理、经营模式等（李黎明和刘海波，2014）。人涉及管理人员、技术人员、营销人员、投资人员、谈判人员和法务人员等，是构成参与知识产权运营获得的组织的个体；专利是知识产权运营的基本对象，处于知识产权运营系统的核心地位；资金是维持整个知识产权运营体系运行的有效保障；管理则决定了知识产权运营是否更加有效率；而经营模式和知识产权运营模式的选择是体系运转的一个外在呈现。

二、知识产权运用的方式

（一）知识产权许可

实施许可是指专利权人在约定的地域、期限和方式的范围内许可他人实施其专利技术并收取或者不收取使用费的专利权实现方式（吴汉东，2019）。实施许可和专利权的转让不同，实施许可仅授予专利技术的使用权，许可方仍拥有专利的所有权，被许可方只获得了专利技术实施的权利，并未拥有专利的所有权。在授予使用权的意义上，实施许可类似于民法上的租赁。但因权利对象的不同，实施许可又不同于租赁，实施许可可以分期限、地域和方式进行。目前，实施许可已成为专利权人实现其利益的最重要的手段之一。

根据不同的标准，实施许可方式可以进行不同的分类：

1. 独占实施许可、排他实施许可与普通实施许可

独占实施许可：以专利为例，独占实施许可是指专利权人在约定的地域、期限和方式的范围内，许可他人实施自己的专利技术，此后许可人不仅不得再向第三方许可实施该专利技术，自己也不得再实施该专利技术。采用这种许可方式的专利权人往往是不具备实施能力的纯科研单位、小企业或者个人，由于其本身不具备实施专利技术的条件，实施许可是实现专利利益的基本手段。同时，由于专利权人本身没有实施专利技术的条件，并不需要实施专利

技术，因此往往能够将专利独占实施许可给他人以获取最大收益。

排他实施许可：以专利为例，排他实施许可是指专利权人在约定的地域、期限及方式的范围内，许可他人实施自己的专利技术，自己也可在此范围内实施该专利技术，但不得再许可第三方实施该专利技术。采用这种许可方式的专利权人往往是自己具备一定的实施专利技术的能力，但因其规模相对比较小，并不能充分实施其专利技术，因此他除了自己实施自己的专利技术，还充分利用许可的方式许可他人实施其专利技术，以充分获取收益。

普通实施许可：以专利为例，普通实施许可是指专利权人在约定地域、期限及方式的范围内许可他人实施自己的专利技术，且自己仍可在此范围内实施该专利技术，同时也有权继续在此范围内许可第三方实施该专利技术。当专利技术的市场规模比较大时，专利权人可以采用这种实施许可方式以更充分地获取收益。

2. 基本许可与分许可

根据被许可的权利的来源，专利实施许可可以分为基本许可和分许可。

基本许可：前述分类中的独占、排他、普通专利实施许可就是基本许可。

分许可：以专利为例，基本许可中的被许可方许可他人在一定的范围内实施被许可的专利技术的专利实施许可就是分许可。分许可的前提条件是被许可方有权进一步许可第三方实施该被许可专利技术。《中华人民共和国专利法》规定，"被许可人无权允许合同规定以外的任何单位或者个人实施该专利"，这意味着分许可的许可人通常是没有分许可权的，因此，专利实施许可中的被许可人要获得分许可的权利，必须经许可人的明确授权。鉴于分许可相对于基本许可的从属地位，分许可显然只能在基本许可的基础上进行，在许可实施专利技术的地域、期限、方式等范围方面显然是不能超过基本许可的。

3. 单方许可与交叉许可

根据许可方与被许可方双方的权利义务状况，专利实施许可可以分为单方许可与交叉许可。

单方许可：是指专利实施许可双方中仅许可方向被许可方许可专利技术实施的许可方式。

交叉许可：是指专利实施许可双方当事人约定将各自拥有的专利技术相互许可对方实施，实现交叉或者交互许可的许可方式；单方许可通常都是有偿的，而交叉许可通常至少有一方是不需要支付许可费的。

（二）知识产权转让

专利权的转让是指专利权人收取约定价款将其专利的所有权移转给受让方的所有法律行为。和实施许可不同的是，转让是所有权的转移，是专利的全部权利的转移（是著作权除部分不能转让的人身权利的专利），不能分地域、分期限、分权利内容而转移，国家对知识产权（尤其是专利）转让有更多的限制，如向外国人转让专利要履行特别手续（王迁，2019）。

著作权的转让是指著作权人将其著作财产权的一部分或全部内容转移给他人所有，并使之成为新的著作财产权利人的法律行为。

1. 知识产权转让的条件

实体条件：《中华人民共和国专利法》第十条第一款规定，专利申请权和专利权可以转让。当然，这里的专利申请权必须是转让人合法享有的，专利权必须是有效的。我国专利法对专利权转让的转让人和受让人没有特别限定，只要符合民法所规定的具有权利能力和行为能力的民事主体均可以作为转让人和受让人。《中华人民共和国著作权法》第九条规定，著作权人可以全部或者部分转让本条第一款第五项至第十七项规定的权利，并依照约定或者本法有关规定获得报酬。

形式条件：《中华人民共和国专利法》第十条第三款规定，转让专利申请权或者专利权的，当事人应当订立书面合同，并向国务院专利行政部门登记，由国务院专利行政部门予以公告。专利申请权或者专利权的转让自登记之日起生效。这意味着专利权转让合同属于要式合同。《中华人民共和国著作权法》第二十七条规定，转让本法第十条第一款第五项至第十七项规定的权利，应当订立书面合同。权利转让合同包括下列主要内容：①作品的名称；②转让的权利种类、地域范围；③转让价金；④交付转让价金的日期和方式；⑤违约责任；⑥双方认为需要约定的其他内容。

2. 知识产权转让的效力

专利权转让一经生效，受让人取得专利权人的地位，转让人丧失专利权人的地位。为了稳定已经形成的经济秩序，除非当事人另有规定，专利权转让合同不影响转让方在合同成立前与他人订立的专利实施许可合同的效力。除合同另有约定，原专利实施许可合同所约定的权利义务由受让方承担。另外，在订立专利权转让合同前转让方已实施专利的，除合同另有约定以外，合同生效后，转让方应当停止实施。

著作财产权的转让具有以下法律特征。第一，著作财产权和著作人身权分离。即当著作财产权属于原作者时，著作财产权与著作人身权相结合；而当著作权人将财产权独立转让，则著作财产权与著作人身权分属于不同之人。第二，著作权人将著作财产权的一项、几项或者全部转让给受让人，从而使受让人成为该作品一项、几项或者全部著作财产权的权利人的法律行为。第三，著作财产权的转让并非作品原件物权的转让。著作财产权不同于所有权，作品载体所有权的转移并不导致著作财产权的转移。

（三）知识产权金融

知识产权金融是以相关法律法规为基础，以有关政策为牵引，以知识产权权利和金融服务工具相结合为手段，为市场主体特别是科技型中小微企业提供金融服务的一种创新型金融业务。知识产权金融作为知识产权与金融深度融合的产物受到了广泛关注，是经济高质量发展时期的重要创新业态，也是我国知识产权工作服务立足新发展阶段、落实新发展理念、构建新发展格局的重要内容（肖冰等，2020）。国家知识产权局 2015 年出台《关于进一步推动知识产权金融服务工作的意见》，提出："推动完善落实知识产权金融扶持政策措施，优化知识产权金融发展环境。"2019 年政府工作报告中明确指出"扩大知识产权质押融资"。2020 年，《中共中央 国务院关于构建更加完善的要素市场化配置体制机制的意见》提出，鼓励商业银行采用知识产权质押、预期收益质押等融资方式，为促进技术转移转化提供更多金融产品服务。《2020 年深入实施国家知识产权战略加快建设知识产权强国推进计划》强调："开展知识产权金融服务综合示范，完善知识产权质押融资业务模式。"2020 年财政部办公厅、国家知识产权局办公室发布《关于做好 2020 年知识产权运营服务体系建设工作的通知》，提出要"扩大知识产权质押融资规模，依法依规推进知识产权证券化。"

知识产权金融的本质是知识产权资本化、知识产权市场化的一种手段，由原始知识产权权利人、特设机构和投资者三类主体进行交易，以解决企业融资难的困境（焦洪涛和林小爱，2004）。可以从以下角度对知识产权金融进行初步划分：①从知识产权的类别分析，知识产权主要包括专利、商标、著作权、商业秘密等多种，目前在学术与实践中，多数提及的知识产权资本化指的是专利资本化,而其他类型的知识产权资本化相对较少。②从知识产权资本化的方式分析,其方式主要包括利用知识产权进行融资(包括股权融资与债权融资等)、将知识产权证券化、对知识产权进行保险等。

在政策层面,韩国国家知识产权局认为知识产权金融是知识产权作为担保物/抵押物从银行获取贷款的一种融资方式。新加坡知识产权局将知识产权金融定义为以知识产权(专利为主)作为抵押物向指定金融机构申请贷款。英国知识产权局将知识产权金融定义为知识产权股权融资、知识产权债权融资和知识产权保险。

世界各国知识产权金融发展的特点,可以总结为"两种类型与三种模式"(肖冰等,2021)。"两种类型"是以政府主管部门对知识产权金融服务是否直接干预作为标准,可以将现有知识产权金融服务模式划分为"政府主导型"和"市场主导型"两种主要类型。顾名思义,"政府主导型"的特点在于政府通过直接或者间接方式,引导知识产权金融服务的发展。对于采用"政府主导型"的国家而言,还可以细分为"规划"与"管理"两种具体的模式。其中,"规划"模式,主要是指政府主管部门通过发表各类的发展战略、发展蓝图和产业规划等方式,引导知识产权金融发展的方向,但是对知识产权金融发展所涉及的具体工作内容、业务流程则基本上不进行干预;"管理"模式通常是政府主管部门通过设立专门机构、制定专项政策、提供专项资金等方式,推动知识产权金融的发展。"市场主导型"的特点则在于知识产权金融服务的发展,完全依靠相对完善的市场机制。

第三节 创新转化中的知识产权保护

保护知识产权可以有效地提升创新转化的效率。本质上而言,可以像其他任何财产权一样去看待版权、专利和商标等知识产权。知识产权可以让知识财产的创造者或所有者控制其财产的使用方式,从而使他们从其工作或对发明创造的投资中获益。

一、知识产权保护概况

知识产权更需要保护。与物权不同,知识产权权利人无法通过对其"知识"实行"占有"来实现其利益，必须仰仗法律的保障。物权的客体多为有形有体或是可控的物质实体，物质是特定的，通常可以被权利人实际占有和控制。物权人占有和使用其客体物时，就已经有效地排除了其他人同时占有和使用其客体物的可能。但是，作为知识产权的客体的科学技术成果、文学艺术作品和商业标记，只是一种来自描述的"结构"和"形式"，这种知识形态的客体一旦被设计描述出来，就可以不依赖于特定的载体存在，只要被公开，就很难被权利人实际控制和占有。也就是说，作为一种表现形式，只要找到得以彰显其存在的载体，就可以再现，因而知识产权的客体在理论上具有无限再现的特点。因此，知识产权的客体难以被权利实际独自占有和控制，而导致其独占性和排他性不同于物权。

创新转化一个最为基础的条件就是与知识产权相关的法律制度，没有建立知识产权制度的国家或者地区是无从谈起创新转化的。知识产权法是国内法，其他国家的知识产权技术在这些地区得不到有效的保护。在建立知识产权制度和实施知识产权法的基础上，法律本身对于知识产权的保护强度和实际执法过程中对知识产权的保护强度也会对创新转化产生影响。

关于知识产权的保护，近年来国家也出台了一系列措施。例如，2018 年中办与国办印发了《关于加强知识产权审判领域改革创新若干问题的意见》，全面提升了我国知识产权司法审判的科学性与高效性。由于在本书其他章节中有对创新转化政策的详细论述，本章不再做详细分析。同时，由于商标与创新转化的关联相对较小，以下主要讨论对专利与著作权的法律保护。

二、创新转化中的专利保护

专利法保护的对象为人类的发明创造，但并非一切人类的发明创造都能成为专利法的保护对象。由于各国国情不同，法律规定的专利权的对象不尽相同。在德国、日本等多数发达国家，其专利法保护的对象仅限于发明专利，因而专利与发明在国际上常作为同义词。在《巴黎公约》中，专利一词就是指发明。不过，也有一些国家和地区在其专利法中同时规定多种专利类型，我国的专利法中就规定了发明、实用新型、外观设计三种专利；美国专利法则保护发明专利、植物专利和外观设计专利。此外在法律操作层面，按照创造成果是否属于技术方案，还将一些非技术类创造成果排除在专利法保护范围之外；同时，基于产业发展的需要，各国还规定了一些专利法不保护的领域。

不同类型的专利权的取得条件不同。发明和实用新型专利均为技术方案，因此这两类专利的取得条件大致相同。综合各国法律，发明和实用新型专利的实质条件主要有三个，即新颖性、创造性和实用性。专利权的保护是整个专利制度的核心，而要保护专利权不仅要判断何种行为构成侵害专利权的行为，更要对侵害专利权的行为追究法律责任。

三、创新转化中的著作权保护

著作权的内容体现为著作权人可以控制的作品的各种利用行为，是著作权人的利益的直接体现。著作权的内容不仅包括著作财产权，而且包括著作人身权，其中人身权与创新转化的关联相对较小。

著作权法当中涉及一个特定的权利——邻接权。邻接权，原意是相邻、相近或者相关联的权利。在国际上指表演者、录音制作者和广播组织所享有的权利；在德国称为"有关的权利"；《中华人民共和国著作权法》第一条称之为"与著作权有关的权益"；学术界称之为邻接权或者著作邻接权；《保护表演者、音像制品制作者和广播组织罗马公约》（简称《罗马公约》）把邻接权的内容界定为表演者权、录音制品制作者权、广播组织权。邻接权属于广义著作权的组成部分，同狭义著作权有着非常紧密的联系。一般情况下，二者都与作品相联系。二者具有某些相同的特征，如可以分地域取得和行使；有关著作权的一些规定也适用于邻接权保护，如合理使用、权利质押等。但邻接权也有其独立性。

著作权法在赋予著作权人以著作权的同时，又通过种种制度对著作权的范围进行不同程度的限制，其目的在于实现著作权人、作品利用人与公众间的利益平衡。

如果出现了侵害著作权的行为，那么将承担相应的法律责任。侵害著作权的法律责任，是指侵权行为人违反著作权法或相关法律法规，对他人著作权及邻接权造成损害时，依法应承担的法律后果。法律责任是针对侵权人而言的，对权利人而言，称为法律保护，是一个问题的不同方面。按照我国法律的规定，侵害著作权和邻接权行为应承担的法律责任有民事责任、行政责任和刑事责任。

四、创新转化中的商业秘密保护

商业秘密是知识产权中比较特殊的客体，纳入现代知识产权法律制度较晚。但是，人类对商业秘密的保护历史很长，它在很早时即已存在，所谓的"祖传秘方"就反映了对商业秘密的自我保护意识。现代意义上的商业秘密是随着商品经济的产生而发展，并作为法律保护的补充形式出现的。市场经济国家都建立了较为完善的商业秘密保护制度。当前，商业秘密已成为知识产权保护的重要内容。

商业秘密目前已成为国际上较为通行的法律术语，但国际上尚缺乏统一的定义。根据《中华人民共和国反不正当竞争法》的规定，商业秘密是指不为公众知悉、能为权利人带来经济利益，具有实用性并经权利人采取保密措施的技术信息和经营信息。

受法律保护的商业秘密应当具备一定的条件。第一，秘密性。秘密性是商业秘密构成要件最重要的一个。它是指商业秘密应当是非公开的、不为公众所知悉的信息。秘密性也是商业秘密具有价值的基础，如果一项商业秘密被公开，则无论其具有多大的技术或者经营上的价值，任何人都可以免费地、自由地使用。第二，价值性。价值性指的是商业秘密应当能够在生产经营实践中被利用，如产品技术信息能够在制造产品中利用，经营信息能够在商业活动中利用，或者该商业秘密利用能够为权利人在市场竞争方面取得优势。第三，保密性。这一条件指的是采取保密措施，即权利人不仅主观上有将某项信息作为商业秘密保护的愿望，而且在客观上采取了一定的防止该商业秘密被泄露的合理措施。

商业秘密与专利有区别也有联系。专利制度的本质特征是，以技术公开换取国家赋予的专有权的保护，专利法律制度以保护专利权为核心。与商业秘密恰恰相反，充分公开是授予发明和实用新型专利的基本条件。同时，商业秘密中的技术秘密也可以转化成专利，这就是将符合专利授权条件的发明创造申请专利并取得专利权。

五、知识产权的国际保护

知识产权涵盖了广泛的活动，在文化和经济生活中都发挥着重要作用。保护知识产权的法律众多，体现出对这种重要性的承认。知识产权法律很复杂，如有关于不同类型知识产权的不同法律，世界上不同的国家和地区也存在不同的国内法与国际法。长期以来，知识产权一直在诸多法律体系中得到承认。例如，早在15世纪，威尼斯就授予了保护发明的专利。通过国际法来保护知识财产的现代举措始于《保护工业产权巴黎公约》（简称《巴黎公约》）和《保护文学和艺术作品伯尔尼公约》（简称《伯尔尼公约》）。

（一）《保护工业产权巴黎公约》

《巴黎公约》签订于1883年3月，于1884年7月正式生效，是世界上最早签订的关于保护工业产权的国际条约。

《巴黎公约》适用于最广义的工业产权，包括专利、商标、工业品外观设计、实用新型（某些国家法律规定的一种"小专利"）、服务商标、厂商名称（工商业用以开展活动的名称）、地理标志（产地标记和原产地名称）以及制止不正当竞争。《巴黎公约》的实质性条款主要有三类：国民待遇、优先权、共同规则。

国民待遇：在保护工业产权方面，每一缔约国必须把它给予本国国民的同样的保护，给予其他缔约国的国民。非缔约国的国民，如果在某缔约国内有住所或真实和有效的工商业营业所，也有权享受本公约规定的国民待遇。

优先权：规定了对专利（和实用新型，如有的话）、商标及工业品外观设计的优先权。此项权利意味着，申请人在首次向缔约国中的一国提出正规申请的基础上，可以在一定期限（专利和实用新型是12个月；工业品外观设计和商标是6个月）内，向任何其他缔约国申请保护。在后申请的日期将视为与首次申请的日期相同。换言之，它们将比其他人在上述期限内就同一发明、实用新型、商标或工业品外观设计提出的申请优先（"优先权"一语即由此而来）。

共同规则：关于专利，①不同的缔约国对同一发明授予的专利是相互独立的，即一个缔约国授予专利，并不意味着其他缔约国也必须授予专利；任何缔约国均不得以某项专利在任何其他缔约方被驳回、撤销或终止为理由，而予以驳回、撤销或终止。②在采取立法措施规定可以授予强制许可，以防止出现可能滥用专利所赋予的专有权的缔约国，可以这样做，但有某些限制。关于商标，①未规定商标申请和注册的条件，这些条件由各缔约国国内法确定。②商标如果已在原属国正式注册，经请求，其他缔约国必须接受该商标以其原有形式提出注册申请，并对其予以保护。在有明确规定的情况下除外。③每一缔约国对于用于相同或类似商品，系复制、模仿或翻译任何被该国主管机关认为在该国驰名且已经属于某一有权享有本公约利益的人的商标，容易造成混淆的，必须拒绝注册，并禁止使用。④对于由缔约国的国徽、国家徽记以及官方符号和检验印章拒绝注册。关于工业品外观设计，工业品外观设计必须在每一缔约国受到保护，而且此种保护不得以包含外观设计的物品并非在该国制造为理由而被取消。关于厂商名称。厂商名称无须提出申请或进行注册，即在每一缔约国受到保护。关于产地标记。每一缔约国必须采取措施，制止直接或间接地使用商品原产地或生产者、制造者或商人身份的虚伪标记。关于不正当竞争。每一缔约国必须规定制止不正当竞争的有效保护。

（二）《与贸易有关的知识产权协定》

在 1883 年之前，知识产权的国际保护主要是通过双边国际条约的缔结来实现。1883 年《保护工业产权巴黎公约》问世后，《保护文学和艺术作品伯尔尼公约》《商标国际注册马德里协定》等相继缔结。在一个世纪左右的时间里，世界各国主要靠这些多边国际条约来协调各国之间差距很大的知识产权制度，减少国际交往中的知识产权纠纷。

世界贸易组织的 TRIPS 协议是 1994 年与世界贸易组织所有其他协议一并缔结的，它是迄今为止对各国知识产权法律和制度影响最大的国际条约（张乃根和马忠法，2018）。1995 年 1 月 1 日，《与贸易有关的知识产权协议》正式生效，自此贸易中知识产权问题成为世界贸易组织关注的一个重要方面，TRIPs 协定被称为"贸易中知识产权的国际标准"。该条约的目的是期望减少对国际贸易的扭曲和阻碍，并考虑到需要促进对知识产权的有效和充分保护，并保证实施知识产权的措施和程序本身不成为合法贸易的障碍。

与过去的知识产权国际条约相比，该协议具有三个突出特点：第一，它是第一个涵盖了绝大多数类型知识产权类型的多边条约，既包括实体性规定，也包括程序性规定。这些规定构成了世界贸易组织成员必须达到的最低标准，除了在个别问题上允许最不发达国家延缓施行之外，所有成员均不得有任何保留。这样，该协议就全方位地提高了全世界知识产权保护的水准。第二，它是第一个对知识产权执法标准及执法程序做出规范的条约，对侵犯知识产权行为的民事责任、刑事责任以及保护知识产权的边境措施、临时措施等都做了明确规定。第三，它引入了世界贸易组织的争端解决机制，用于解决各成员之间产生的知识产权纠纷。过去的知识产权国际条约对参加国在立法或执法上违反条约并无相应的制裁条款，TRIPs 协定则将违反协议规定直接与单边及多边经济制裁挂钩。

TRIPs 协定共分七个部分，73 条 + 附件（2017 年 1 月 23 日修订）。第一部分，总条款与基本原则；第二部分，有关知识产权的效力、范围及利用的标准；第三部分，知识产权执法；第四部分，知识产权的获得与维持及关当事人之间的程序；第五部分，争端的防止与解决；第六部分，过渡协议；第七部分，机构安排；最后条款。其中，基本原则是 TRIPs 协定中最重要的部分。

国民待遇原则：各成员在知识产权保护方面，给予其他成员国国民的待遇，不得低于其给予本国国民的待遇。对独立关税区而言，"国民"是指在该关税区内定居或拥有真实有效的工商业机构的自然人或法人。

最惠国待遇原则：TRIPs 协定首次将国际贸易中的最惠国待遇原则引入知识产权公约。第四条规定："对于知识产权保护，一成员对任何其他国家国民给予的任何利益、优惠、特权或豁免，应立即无条件地给予所有其他成员的国民。"

最低保护标准原则：凡协定规定的最低保护标准，成员均应遵守。根据协定第一条，成员可以根据其法律制度及习惯确定实施本协定的具体方式。

利益平衡原则：协定的第七条和第八条的标题分别为"目标"和"原则"，这两条反映了知识产权保护与社会公众利益应当保持平衡的立场。第七条规定："知识产权的保护和实施应有助于促进技术革新及技术转让和传播，有助于技术知识的创造者和使用者的相互利益，并有助于社会和经济福利及权利与义务的平衡。"第八条规定："①在制定或修改其法律和法规时，各成员可采用对保护公共健康和营养，促进对其社会经济和技术发展至关重要部门的公共利益所必需的措施，只要此类措施与本协定的规定相一致。②只要与本协定的规定相一致，可能需要采取适当措施以防止知识产权权利持有人滥用知识产权或采取不合理地限制贸易或对国际技术转让造成不利影响的做法。"

利益平衡原则具有重要的解释功能，应用国际法的习惯解释规则，TRIPs协定的每一条均应当根据协定所表达的目标和意图进行理解，特别是根据该协定规定的目标和原则来进行理解。此处的"目标"与"原则"即 TRIPS 协定第七条和第八条的规定。《多哈宣言》对公众健康与知识产权的关系的调整，是利益平衡原则的具体体现。

（三）《视听表演北京条约》

《视听表演北京条约》（简称《北京条约》）是世界知识产权组织管理的一项国际版权条约，旨在保护表演者对其录制或未录制的表演所享有的精神权利和经济权利。

2012 年 6 月 26 日，由世界知识产权组织主办，新闻出版总署（国家版权局）、北京市人民政府承办的保护音像表演外交会议，在京举办了闭幕式。历时 7 天的外交会议以正式签署《视听表演北京条约》为标志，在北京圆满落下帷幕。2014 年 4 月 24 日，第十二届全国人民代表大会常务委员会第八次会议表决通过批准《视听表演北京条约》。《北京条约》于 2020 年 4 月 28 日起正式生效。

表演者在视听产业中发挥着关键作用，但在许多国家，表演者的知识产权很少或根本没有得到承认。保护视听表演者的权利在网络时代尤为重要，因为电视节目、电影和视频越来越多地通过数字渠道跨境传送或获取。《视听表演北京条约》解决了一个由来已久的问题，即有必要将演员和表演者的经济权利和精神权利扩展到包括电影、视频和电视节目在内的视听表演。

《北京条约》把《保护表演者、音像制品制作者和广播组织罗马公约》（1961 年）中对歌唱家、音乐家、舞蹈家及演员的保护，针对数字时代进行了现代化更新。此前，《世界知识产权组织表演和录音制品条约》（WIPO Performances and Phonograms Treaty，WPPT）更新了对表演者和录音制品制作者的保护，但《北京条约》针对数字时代的更新构成了进一步的补充。《北京条约》涵盖表演者在不同媒介中的表演，如电影和电视，还包括音乐家通过 DVD 或其他视听平台录制的音乐表演。《北京条约》授予了表演者在已录制和尚未录制表演中的经济权利以及某些精神权利。

第四节 我国知识产权发展的问题与展望

一、面临的问题

（一）创新转化的开放性与知识产权保护制度地域性的矛盾

创新转化是无国界的，尤其是在当今开放式创新的环境下，创新成果会通过多样的方式转化为生产力，知识产权作为创新转化的重要微观载体在其中发挥着重要的作用。然而，正如本章第一节中对知识产权的特征的定义可知，知识产权保护与知识产权制度是有地域性的，一个区域内的知识产权未必在全球范围内通行。从国家层面分析，即使是一些全球大多数国家和地区都参与的国际规则，其内容也并非完全基于各国自愿，也存在部分内容为某些发达国家单方承认、设计并要求推行的标准。从企业层面分析，往往在企业参与国际竞争和进行创新转化时必然会给所进入市场的当地企业造成威胁，而具备知识产权优势的当地企业极有可能通过发起专利侵权诉讼，给外来企业设置市场进入障碍，部分企业在参与国际竞争时可能会应对乏力。

（二）创新转化对知识产权质量提出新要求

知识产权的质量是创新转化的必备条件，低质量的知识产权往往难以实现创新转化。诚然，数量是发展知识产权的基础。早在 2012 年，我国就已经成为第一专利申请大国，我国在实现经济赶超的初期面临着创新成果不足等问题，因此对创新成果产出的知识产权数量往往有着更为优先的追求（许可，2020）。直到 2017 年，党的十九大提出"中国经济由高速增长阶段转向高质量发展阶段"，因此，创新转化中利用知识产权的观念，应实现从数量到质量的转变。2013 年，党的十八届三中全会之后，国家知识产权局出台《关于进一步提升专利申请质量的若干意见》；2016 年国家知识产权局制定《专利质量提升工程实施方案》；2020 年，教育部、国家知识产权局、科技部联合印发《关于提升高等学校专利质量促进转化运用的若干意见》。目前，知识产权"大而不强、多而不优"的问题仍然存在，创新转化对知识产权质量的要求越来越高，只有高质量的创新成果才更容易实现创新转化。

（三）科技的进步将带来新兴的知识产权保护问题

随着科技的进步与发展，知识产权与创新转化远远不再是申请专利、应用专利这么简单的问题，一是诸如大数据、新模式等可能带来的新型知识产权及其管理、保护与转化问题；二是利用新技术进行知识产权的开发、运用与保护问题。经济的发展与科技的进步，都给知识产权和创新转化带来新的挑战。数字化是现阶段我国经济与科技发展的重要特征，数字经济、人工智能等各类先进技术，都促使创新转化与知识产权实现新的发展。2019年5月，国家网信办发布了《数字中国建设发展报告（2018年）》，报告显示，2018年中国数字经济规模达31.3万亿元，占GDP的比重达到34.8%（邵素军，2019）。但是，当前各国的知识产权制度仍主要以非数字经济时代的国际知识产权条约为主，面对人工智能等技术的快速发展和广泛应用，现行知识产权制度出现了各类问题，这些问题在国际上也尚处于无人区，如果解决得好，就有条件将中国的方案转化为国际通行的规则（张莉，2019）。

二、基于知识产权推进创新转化的对策建议

（一）加强国际合作提升国际影响力

首先，要利用已有的科技优势与制度优势，积极主导、参与各类国际知识产权规则、国际知识产权标准的设立。其次，要增强我国知识产权司法体系的国际影响力。知识产权司法不仅在知识产权保护中发挥着主导作用，还是增强我国贸易和竞争规则话语权的重要渠道。因此，要坚持国际视野，尊重国际规则，不断加强国际交流，扩大国际影响。最后，还要帮助我国创新主体开展国际创新转化，借助各类平台，充分调动各类资源为企业提供服务或援助。

（二）质量为先提升创新能力

首先，从知识产权管理的角度，应当特别注意加强知识产权审查力度，防止低质量创新"钻空子"行为，针对近年来的新兴领域、新兴技术优化审查流程，完善审查标准，加强审查人员的培训，提升知识产权的整体质量。

其次，强化政策引导，应当补足短板、因地制宜，建立分层分类的知识产权促进政策体系。最后，创新主体也应注重对知识产权的规划与布局，有效地开展知识产权运营管理，对创新产出是否通过知识产权形式予以保护、以何种知识产权形式予以保护等问题进行系统性规范，避免盲目申请与无用申请。

（三）优化各类相关政策的体系性与协调性

近年来，已经出台了大量促进企业知识产权管理的政策。未来应继续强化各部门的政策系统性，这样可以有效解决单项政策分散和力度不足的问题，实现政策效果的"规模效应"。各部门在出台政策之前应当建立统一的知识产权管理政策布局，将各项分散的政策进行有效串联，进而实现相互支撑的作用。目前国家层面已经将国家知识产权局与国家市场监督管理总局进行机构整合，但是知识产权本身的内容与科技创新、商品贸易等密切相关，而知识产权的运用则涉及产业发展、贸易开展、经济合作、技术合作、产品进出口等方面。这就决定了知识产权必然与多部门密切相关，为了更好地利用知识产权和知识产权制度，一定要更加注重政策制定过程中的跨部门协同。

（四）系统化加强科技创新与知识产权的保护

科技创新的保护与激励是实现可持续发展的重要保障。2020年11月，中共中央政治局就加强我国知识产权保护工作举行第二十五次集体学习，习近平总书记提出，"要认清我国知识产权保护工作的形势和任务，总结成绩，查找不足，提高对知识产权保护工作重要性的认识"[①]。2020年，《中华人民共和国民法典》通过审议，《中华人民共和国专利法》《中华人民共和国著作权法》都完成了修正，这都标志着我国科技创新的法律保护体系又迈上了新的台阶。未来，仍应当持续完善科技创新的司法保护体系。继续严格依法保护，找准阻碍和制约进一步加强知识产权保护的薄弱环节，完善知识产权保护制度建设的顶层设计，全面提升我国知识产权保护水平，强化统筹协调，全面优化科技创新的法治环境。

---

① 习近平. 全面加强知识产权保护工作　激发创新活力推动构建新发展格局 ［EB/OL］. (2021–01–31). www. cac. gov. cn/2021–01/31/c_1613685545180952. html.

案例1
佳能公司利用知识产权的突破与维持

将技术转化为专利，并最大限度地转化这些知识财富，可谓是佳能的看家本领。1934年9月，从佳能提出第一项照相机开发实用方案时，世界上首屈一指的光学器械制造公司，同时也是相机制造公司——尼康，已经取得当时大多数的照相机相关专利。如何在回避他人专利的情况下开展创新转化，是当时佳能创立者面对的最大难题。

十几年后，当佳能欲进军复印机产业的时候，美国施乐公司也是几乎垄断了所有的相关专利，为了阻止竞争公司的加入，施乐先后为其研发的复印机申请了500多项专利，几乎囊括了复印机的全部部件和所有关键技术环节。面对施乐公司强大的实力和几乎无懈可击的专利保护壁垒，佳能却没有望"机"兴叹。一方面，佳能力求在相应的技术基础上有所创新和突破；另一方面，广泛展开对施乐复印机用户的调查，终于发现了施乐的"软肋"——一些现有客户抱怨，施乐的复印机价格昂贵、操作复杂、体积太大等。最终，佳能决定抢先占领更有发展前景的小型复印机市场领域，佳能花了三年时间开发出了自己的复印技术，又用三年时间生产出了第一款小型办公和家用复印机产品。

1968年，佳能发表了复印机开发的提案后，向施乐提出了"希望在缔结秘密条约的基础上，派遣技术者参观复印机生产工厂"的请求。请求被接受后，很多佳能的技术人员来到了施乐。同时，施乐也向佳能的考察队伍了解信息，计划将佳能准备申请的专利项目全部提前申请。但是，当时佳能已经拥有大量的专利权，由于害怕佳能会用这些专利权对自己发起反攻，施乐最后放弃了原来的打算，提出了希望和佳能签订"相互供给条约"。这次事件后，佳能加快了实行知识产权战略的步伐，也由此产生了重视自己的专利，在专利交换中再给对手迎头一击的想法。"如果佳能没有这些专利，那支付给其他公司的专利使用费就是一笔不小的开支"，时任佳能知识产权法务总部长田中信义说。这种做法同时使佳能随时关注对手，从中发现没被注意到的资料和信息，在新产品开发中发挥了举足轻重的作用。

资料来源：刘海波，张亚峰. 专利运营论［M］. 北京：知识产权出版社，2017；郭巍. 佳能：突破与维持的平衡［J］. 当代经理人，2006（4）：60-62.

案例 2
唤醒"沉睡的生产力"

日前,浙江省先行先试专利开放许可制度,并进一步免除专利许可使用费,开放高校及科研院所 300 余项专利供企业免费使用,企业无须缴纳任何费用就能使用这些专利,使用期限在 1~5 年不等。这一利好措施大幅降低了专利许可的谈判难度和专利转化的应用成本,惠及高校及广大中小企业,受到普遍欢迎。这批对外公布的"免费专利"来自浙江大学、浙江理工大学等 14 所高校和科研院所,涉及信息技术、新材料、生物医药等多个高新技术领域。目前,通过大数据平台统计,已匹配 6000 余家企业,预计上述专利项目可惠及潜在意向企业上万家。

浙江理工大学产业技术中心主任杨晓刚表示,浙江省率先提出专利免费开放许可,对于民营经济发达的浙江意义重大,一方面可以大幅降低许可谈判的难度,减少专利转化应用的成本,促进众多中小微企业的健康发展;另一方面可以进一步促进高校科研成果赋能产业,更好地实现高校服务社会的职能。此前,一项专利从"纸间"转化为具有价值的产品并不容易。实践中,绝大多数专利研发人员并不直接接触市场,也没有专利运营能力,手中专利长期处于"沉睡"状态;而忙于市场的企业通常并不掌握目前有哪些新技术和专利可用于生产。专利供需双方信息不透明、议价成本高导致许多专利技术长时间不能实现价值转化。

创新可以失败但不能浪费。引导和鼓励更多的专利变成现实生产力和市场竞争力,让专利更好地服务经济发展和民众生活,才是科技创新的应有之义。杨晓刚介绍,此次浙江理工大学提供的 50 件专利均为发明专利,领域不仅涉及纺织、机械等学校优势特色学科,也包含"互联网+"、生命健康和新材料等浙江省三大科创高地。厦门大学知识产权研究院院长林秀芹介绍,专利许可免费开放后,企业与高校可后续合作激励政策也应跟上,如聘请科研人员作为技术顾问,开展指导工作,从而促进产学研深度结合,"长远来看,通过高校和企业产学研的紧密联系,可能激发更多科研创新思路,许多技术潜力也有望被发掘"。

资料来源: 符晓波,江耘.唤醒"沉睡的生产力"浙江率先试点"专利免费用"[N].科技日报,2021-10-21(第2版);符晓波.免费开放许可 让更多专利变成生产力[N].科技日报,2021-10-21(第2版)。

思考题：

1. 知识产权是什么？其与创新转化的关系是怎样的？

2. 如何利用知识产权的运营实现创新转化？以不同手段开展创新转化活动各自的优势劣势有哪些？

3. 创新转化中哪些环节可能涉及知识产权保护问题？如何进行知识产权保护？

4. 时代的发展给知识产权保护带来了哪些新的问题与挑战？如何应对？

参考文献

［1］蔡四青. 国际技术贸易与知识产权［M］. 北京：中国社会科学出版社，2007.

［2］焦洪涛，林小爱. 知识产权资产证券化——"金融创新与知识产权"专题研究之二［J］. 科技与法律，2004（1）：69 - 71.

［3］李黎明，刘海波. 知识产权运营关键要素分析［J］. 科技进步与对策，2014（10）：1 - 9.

［4］刘海波，张亚峰. 专利运营论［M］. 北京：知识产权出版社，2017.

［5］邵素军. 浅析知识产权保护与数字经济发展关系［J］. 人民论坛，2019（24）.

［6］王迁. 知识产权法教程（第六版）［M］. 北京：中国人民大学出版社，2019.

［7］王玉清，赵承璧. 国际技术贸易：技术贸易与知识产权（第三版）［M］. 北京：对外经济贸易大学出版社，2005.

［8］吴汉东. 知识产权法学（第七版）［M］. 北京：北京大学出版社，2019.

［9］肖冰，刘海波，许可. 政府主导型知识产权金融服务的实践与启示——基于韩国"KOTEC"的案例研究［J］. 科学学研究，2021，39（1）：53 - 62，92.

［10］肖冰，许可，刘海波. 自由贸易港知识产权金融创新发展——基于新加坡的经验与启示［J］. 海南大学学报（人文社会科学版），2020，38

（6）：42 – 49.

[11] 许可. 企业知识产权管理 [M]//中国工业发展报告2020，北京：经济管理出版社，2020.

[12] 张莉. 数字经济时代如何进行知识产权保护 [J]. 中国对外贸易，2019（7）.

[13] 张乃根，马忠法. 与贸易有关的知识产权协定 [M]. 北京：北京大学出版社，2018.

[14] 知识产权法学 [M]. 北京：高等教育出版社，2019.